Educação, Cultura e Reconhecimento

Rodrigo Manoel Dias da Silva
Roberto Rafael Dias da Silva
Dirceu Benincá

(Organizadores)

Educação, Cultura e Reconhecimento

Desafios às Políticas Contemporâneas

Alessandra Victor
Dayse Hora
Dirceu Benincá
Érika Christina Gomes de Almeida
José Rogério Lopes
Lígia Martha C. da Costa Coelho
Paulo César Carbonari
Roberto Rafael Dias da Silva
Rodrigo Manoel Dias da Silva
Rodrigo Saballa de Carvalho
Sidney Reinaldo da Silva
Solange Beatriz Billig Garces
Telmo Marcon
Zoraia Aguiar Bittencourt

SÃO PAULO
SALTA – 2015

© 2015 by Editora Atlas S.A.

O selo SALTA pertence à Editora Atlas S.A.

Capa: Leonardo Hermano
Projeto gráfico e composição: CriFer – Serviços em Textos

Dados Internacionais de Catalogação na Publicação (CIP)
(Câmara Brasileira do Livro, SP, Brasil)

Educação, cultura e reconhecimento : desafios às políticas contemporâneas / Rodrigo Manoel Dias da Silva, Roberto Rafael Dias da Silva, Dirceu Benincá. Organizadores. – – São Paulo: Salta, 2015.

Vários autores
Bibliografia.
ISBN 978-85-224-9843-7
ISBN 978-85-224-9844-4 (PDF)
ISBN 978-85-224-9845-1 (ePub)

1. Cultura 2. Educação – Brasil 3. Política e educação 4. Política educacional I. Silva, Rodrigo Manoel Dias da II. Silva, Roberto Rafael Dias da III. Benincá, Dirceu.

15-00679
CDD-379.81

Índice para catálogo sistemático:

1. Brasil : Educação, cultura e reconhecimento : Política educacional   379.81

TODOS OS DIREITOS RESERVADOS – É proibida a reprodução total ou parcial, de qualquer forma ou por qualquer meio. A violação dos direitos de autor (Lei nº 9.610/98) é crime estabelecido pelo artigo 184 do Código Penal.

Depósito legal na Biblioteca Nacional conforme Lei nº 10.994, de 14 de dezembro de 2004.

Impresso no Brasil/*Printed in Brazil*

SALTA

Editora Atlas S.A.
Rua Conselheiro Nébias, 1384
Campos Elísios
01203 904 São Paulo SP
011 3357 9144
atlas.com.br

SUMÁRIO

Apresentação, vii

1   Democracia, Educação e Reconhecimento, 1
    Sidney Reinaldo da Silva

2   O Caráter Formativo da Ação Social e o Princípio-
    -Educação nos Movimentos Sociais, 18
    José Rogério Lopes

3   Políticas de Educação Escolar Indígena: da
    Homogeneização à Diversidade, 40
    Telmo Marcon

4   Por uma Educação *Direitoshumanizante*, 60
    Paulo César Carbonari

5   Alunos do Programa *Mais Educação* na Região
    Metropolitana do Estado do Rio de Janeiro: política
    focal para uma situação universal?, 74
    *Alessandra Victor, Dayse Hora, Érika Christina Gomes de Almeida,
    Lígia Martha C. da Costa Coelho*

6   Políticas Contemporâneas de Constituição do Conhecimento
    Escolar: entre a perícia e a meritocracia, 95
    Roberto Rafael Dias da Silva

7   Agenciamentos Formativos nas Políticas Culturais Brasileiras, 114
    Rodrigo Manoel Dias da Silva

8   Meio Ambiente em Questão: problemática
    e desafios educativos, 132
    Dirceu Benincá

9   Redenção, Salvacionismo e Pedagogia da Infância:
    problematizando discursos presentes nas diretrizes
    curriculares nacionais de educação infantil, 151
    Rodrigo Saballa de Carvalho, Zoraia Aguiar Bittencourt

10 Memórias e Projetos de Vida: ações que transformam
    os idosos em atores sociais, 169
    Solange Beatriz Billig Garces

Considerações finais, 183

Sobre os autores, 187

APRESENTAÇÃO

A compreensão dos modos de construção de políticas democráticas, na atualidade, exige a investigação da multidimensionalidade de suas expressões materiais e simbólicas. Essa multidimensionalidade expressiva acompanha os processos e dispositivos de negociação das identidades, individuais e coletivas, e informa sobre a formulação e a implementação de agendas dos movimentos socioculturais contemporâneos. De certo modo, explicita-se sob dois planos de análise: no primeiro, as identidades se inscrevem em projeções de políticas (públicas ou não) à cultura e à educação nas mediações entre movimentos, instituições e sociabilidades; no segundo, fornecem tempos e espaços para a autonomia dos atores, nas mediações entre os processos educacionais e a produção de uma sociedade democrática.

Nessa situação, o horizonte de problematizações políticas reposiciona-se, recuperando a concepção de "reconhecimento" como condição de realização de si mesmo, tal como proposta por Charles Taylor. As disputas por reconhecimento acontecem em um mundo marcado por inúmeras desigualdades materiais (de renda, de propriedade, acesso a emprego, dentre outros) e também simbólicas (identificações, por exemplo). Alain Touraine, por sua vez, observa que uma sociedade democrática produz-se pela compreensão do outro e pelo reconhecimento institucional da diversidade. Sob esta dinâmica, Nancy Fraser reafirma que a formulação de projetos neste campo exige um entendimento de justiça que trate tanto de reconhecimento quanto redistribuição, isto é, quando desvantagem econômica e desrespeito cultural estão entrelaçados nas práticas sociais.

Estas múltiplas demandas decorrem de uma dupla percepção da injustiça. Por um lado, a socioeconômica, enraizada nas dimensões políticas e econômicas da sociedade, sendo exemplar neste debate a visão de Amartya Sen sobre as garantias de igualdade no uso das capacidades. De outro, as injustiças culturais ou simbólicas, as quais estão arraigadas a padrões sociais de representação, interpretação ou comunicação, sendo as leituras filosóficas de Charles Taylor e Axel Honneth expressões exemplares nessa linha.

Hoje, a agenda das políticas de escolarização tem traduzido um conjunto de novas temáticas, ampliando-se e estendendo-se por novos campos de ação, reverberando em documentos institucionais, antes não conformadores de interesse político em educação, tais como: questão étnico-racial; educação indígena; educação do campo; educação inclusiva a pessoas com deficiência; educação ambiental; educação de jovens, adultos e idosos; educação de crianças e adolescentes em situações de risco; entre outras. Tais temas, especificamente, são expressivos de campos de tensionamentos e negociações políticas que reconstroem trajetórias individuais e coletivas, além de ampliar as esferas de discussão.

Essa nova agenda político-educacional, em certa perspectiva, poderia ser definida como um conjunto de demandas específicas em educação endereçadas a grupos culturais específicos, não tratando mais de uma agenda universal para o setor. Cada uma das novas temáticas atende a lutas, mobilizações e agenciamentos de recursos de segmentos distintos da educação nacional, respondendo, pois, a lógicas de ação política distintas, heterogêneas e incongruentes. Por outro prisma, permitem observar que as políticas educacionais têm sido entrecruzadas pelas disputas por direitos culturais presentes no mundo contemporâneo, materializando pautas de discussão carregadas de discursos que reivindicam identidades e diferenciações, o que comporia uma pauta democrática (ou mais plural) para o setor.

O presente livro consiste em uma coletânea de artigos produzidos por pesquisadores brasileiros em torno das políticas contemporâneas de escolarização. Para além dos importantes debates produzidos no campo acerca das reformas educacionais, importa evidenciar que um conjunto de novos temas e outras perspectivas teóricas emergiram nas últimas duas décadas nas políticas de escolarização.

No primeiro capítulo, intitulado *Democracia, educação e reconhecimento*, Sidney Reinaldo da Silva examina as relações entre educação e democracia, a partir de um questionamento sobre as possibilidades de a escola constituir-se em um espaço de formação participativa para a democracia, isto é, como uma comunidade democrática pode interferir na educação para resguardá-la como esfera de sua reprodução. Para tal, fundamentado no pensamento de Axel Honneth, elabora uma pertinente reflexão a partir das definições de reconhecimento e suas implicações para o aprendizado da vida democrática.

Na sequência, o capítulo *O caráter formativo da ação social e o princípio-educação nos movimentos sociais*, de José Rogério Lopes, apresenta-nos uma abordagem das relações estabelecidas entre educação e movimentos sociais, em particular nos princípios formativos (princípio-educação) que orientam a ação dos atores e os processos de reconhecimento sociocultural.

Outra temática emergente visibilizada nas atuais políticas de escolarização é a questão indígena, a qual é tratada por Telmo Marcon. No texto *Políticas de educação escolar indígena: da homogeneização à diversidade*, Marcon problematiza os conceitos de diversidade e de igualdade para fundamentar uma crítica aos modelos homogeneizadores que predominaram nas experiências de educação indígena até a década de 1980.

Em *Por uma educação direitoshumanizante*, Paulo César Carbonari analisa se a educação é capaz de promover os direitos humanos, não apenas em sentido abstrato, mas de forma contextualizada ao processo histórico de afirmação/violação dos direitos humanos. Afirma Carbonari que os direitos humanos não podem mais ser apenas um expediente de interesse das conveniências do poder e menos ainda discurso retórico ilustrado.

A seguir, Alessandra Victor, Dayse Hora, Érika de Almeida e Lígia Coelho analisam uma das principais políticas de escolarização de nosso tempo, a educação integral em tempo integral. No texto *Alunos do Programa Mais Educação na Região Metropolitana do Estado do Rio de Janeiro*, as autoras abordam a dissociabilidade entre os conceitos de educação integral e de tempo integral, porém advogam que a aliança entre ambos pode se reverter em prática emancipadora.

Roberto Rafael Dias da Silva, no capítulo *Políticas contemporâneas de constituição do conhecimento escolar: entre a perícia e a meritocracia*, analisa e problematiza os modos pelos quais o conhecimento escolar é produzido nas políticas curriculares contemporâneas no Brasil. Ancorado em autores de perspectivas teóricas distintas, o autor parte do pressuposto de que, hoje, o conhecimento escolar tem sido secundarizado nas políticas e nas práticas curriculares, o que pode estar encaminhando, consequentemente, a um cenário de ressignificação das funções sociais da instituição escolar.

Agenciamentos formativos nas políticas culturais brasileiras é o sétimo capítulo deste livro. No artigo, Rodrigo Manoel Dias da Silva interpreta os projetos culturais que circulam pelas instituições de ensino, assim como os cruzamentos entre as políticas culturais e as políticas de educação. Nesta relação, analisa os agenciamentos formativos e sua contribuição para a construção de projetos culturais democráticos, na razão em que pautam seus fazeres pelo respeito à produção das culturas populares, ao reconhecimento da diversidade cultural e das múltiplas formas de expressão.

Na sequência, Dirceu Benincá, em *Meio ambiente em questão: problemática e desafios educativos*, discute a educação ambiental e suas configurações enquanto processo coletivo e permanente de aprendizagem e de valorização dos múltiplos saberes. Na proposta do autor, o principal desafio é a construção de um *sujeito ecológico*, sem o qual não haverá educação ambiental nem cidadania planetária. Para tanto, se faz necessário fortalecer formas de desenvolvimento capazes de garantir justiça e dignidade para todas as pessoas.

Rodrigo Saballa de Carvalho e Zoraia Aguiar Bittencourt analisam outra dimensão fundamental das políticas de escolarização contemporâneas, a saber: a infância e a educação infantil. No capítulo *Redenção, salvacionismo e pedagogia da infância: problematizando discursos presentes nas diretrizes curriculares nacionais da educação infantil*, os autores oferecem uma análise dos ordenamentos legais que constituem as diretrizes políticas para a educação infantil e seus atravessamentos com a cultura e o mundo contemporâneo.

Por fim, Solange Beatriz Billig Garces, no capítulo *Memórias e projetos de vida: ações que transformam os idosos em atores sociais*, aborda os processos formativos desenvolvidos entre idosos e as possibilidades de uma educação ao longo da vida. Assim, objetiva demonstrar as ações sociais realizadas por idosos do Brasil e que permitem refletir sobre sua subjetivação na contemporaneidade, em uma perspectiva educacional e cultural.

Em suma, o presente livro pretende produzir um mosaico de reflexões em torno destes novos temas, considerados por nós como relevantes às políticas brasileiras de escolarização na atualidade. Daí a importância de elaborar diagnósticos sobre estas realidades e abordá-las em perspectiva crítica, contribuindo para o processo de construção de políticas democráticas.

Os organizadores.

01

DEMOCRACIA, EDUCAÇÃO E RECONHECIMENTO

Sidney Reinaldo da Silva

Introdução

> Früher hatten politische Philosophie und Pädagogik viel miteinander zu schaffen. Heute sind sie sich von Herzen gleichgültig. Das ist ein Fehler (HONNETH, 2012a).

Uma formação democrática da cidadania depende de condições sociais e institucionais que possibilitem aos indivíduos a participação cooperativa nas mais diversas esferas da vida social, entre as quais a escolar, como expressão coletiva da liberdade de cada um. Este texto examina a questão de como constituir a escola em um espaço de formação participativa para a democracia, ou seja, como uma comunidade democrática pode interferir na educação para resguardá-la como esfera de sua reprodução. Especificamente objetiva-se mostrar o que se propõe como prática de formação democrática no âmbito da teoria do "reconhecimento" de Axel Honneth. Partindo do pressuposto de que tal teoria se forjou no âmbito do debate ético-político entre liberais e republicanos, retoma-se a tensão normativa entre o "justo" e o "bem" para expor a proposta de Honneth sobre a educação democrática.

Uma educação democrática e para a democracia pode ser pensada segundo as exigências e o conflito em torno do reconhecimento. Mas como ensinar o reconhecimento? Em que sentido ele pode fazer parte do currículo oficial? Como exigi-lo sem recair numa obrigação pedagógica heteronômica ou autoritária no âmbito de uma escola obrigatória?

O justo e o bem

> "recognition itself is not the condition of things being good for us, nor is it constitutive of various goods, but it is instead itself one of many goods, perhaps even one of the most important of them, and thus the denial of recognition would be an injury to the agent or to the collective of agents who are denied it" (PINKARD, 2010, p. 129).

O *direito* ou *justo* refere-se a algo necessário moralmente, ou seja, que tem que ser feito (*that you ought to do it*). O *bem* diz respeito àquilo que pode ser objeto de recomendação ou preferência, quer dizer, algo que vale a pena ser escolhido (*worthy of your choice*) segundo as inclinações de cada um. A discussão da forma como essa correlação deve ser estabelecida tem sido crucial para a abordagem normativa da democracia.

A questão do *justo* e do *bem* diz respeito ao estabelecimento da diferenciação e correlação entre o que se pode exigir de forma universal para todos e o que pode ser deixado ao âmbito das preferências e inclinações individuais. A partir de Kant, o *justo* passou a se referir a princípios legais e às questões de direito, e o *bem*, aos modos de ser relativos à vida ética.[1] Trata-se de uma maneira de lidar com o antagonismo da insociável sociabilidade do homem.

Uma das formas de justificar a democracia é a afirmação de que ela tem como arcabouço uma estrutura procedimental que visa garantir um diálogo razoável (desacordo e tolerância entre tolerantes contra os intolerantes ou os que não aceitam os princípios liberais). O diálogo liberal é assegurado via recurso a princípios cuja não aceitação, afirma-se, não seria razoável independentemente das convicções éticas, de vida boa ou de bem às quais alguém se filia ou nas quais foi formado. Assim se fala na prioridade do *justo* (arcabouço jurídico, regras procedimentais) sobre o *bem* (valores éticos, vontade popular, concepções de bem viver e de objetivos de vida) como moldura do procedimento democrático.

---

[1] "For both Hegelians and Kantians, the 'right' has to do with the conditions for the realization of freedom, and thus whatever constitutes the right also constitutes the conditions under which something can count as a legitimate good; thus, there could be possibly be many different 'goods' that fit under the rubric of the 'right'" (PINKARD, 2010, p. 131).

Para os liberais, o *justo* seria também uma garantia da igual consideração e respeito para todos perante o público e a lei. No âmbito do *justo*, se aceita então falar da exigência de igualdade, o que não seria desejável para com o *bem*, se toma a pluralidade como um princípio democrático. Assim tem sido aceitável que todos os cidadãos tenham um registro de identidade e mesmo um título de eleitor, mas não que sejam batizados em alguma igreja ou filiados a algum partido político. Os liberais exigem limites precisos para a ação do Estado, advogando a neutralidade como um princípio democrático. Os liberais defendem a necessidade de se limitar a ação do Estado de modo a evitar que ele se comprometa com alguma concepção de *bem*. Nesse sentido, o princípio da neutralidade exige a pluralidade e vice-versa.

Na filosofia política de Rawls (2000), o *justo* e o *bem* estão ligados a duas capacidades morais cuja formação é necessária: a racionalidade e a razoabilidade, respectivamente, a capacidade de conceber um bem, um projeto de vida e de buscar os meios adequados para realizá-los e a capacidade de propor e aceitar acordos justos, de negociar regras e normas com ponderação e reciprocidade. A primeira mantém correlação com a razão estratégica e a segunda com a civilidade e a capacidade de negociar consensos e contratos justos. A razoabilidade diz respeito a valores da esfera cívica e exige uma formação que favoreça o florescimento de virtudes políticas, sem as quais a pessoa não poderia participar do debate público e não compreenderia a exigência da reciprocidade e solidariedade como base para a equidade. Assim a primazia do *justo* sobre o *bem* passa a ser fundamental para a democracia deliberativa de cunho liberal.

Mas a supremacia do *justo* sobre o *bem* não deixa de ser uma blindagem "ética" contraditória, pois os princípios procedimentais da "justa" deliberação não deixam de ser um "bem" a ser levado em conta em primeiro lugar, o que torna o liberalismo uma espécie de tradição comunitária, como tem acentuado Charles Taylor (2000). Contudo, para os liberais, a questão da neutralidade procedimental tem sido considerada como um modo de evitar que o bem se imponha ou tenha precedência sobre o justo.

Na perspectiva hegeliana, tal como assumida por Honneth, autor que, juntamente com Taylor, Fraser, entre outros, é fundamental para se discutir a relação entre democracia e reconhecimento, o *justo* e o *bem* harmonizam-se um com o outro, sem deixarem de guardar certa dissonância. Essa harmonia refere-se à "ideia de uma ordem normativa e fatual reconciliada" (PINKARD,

2010, p. 137). Em tal ordem, a diversidade de compromissos dos indivíduos mantidos, de modo geral, no âmbito das comunidades locais, concilia-se com as exigências mais gerais da cidadania. Mas o *justo* não é pensado como prioritário frente ao *bem*, tal como defendem os liberais. Negociar aquele como se não estivesse já enraizado num solo da vida ética seria uma forma de alienação. O *justo* somente se estabelece se for, outrossim, um *bem*: "One cannot be an agent for whom the right is prior to the good without also being motivated by such social and historically shaped goods." (PINKARD, 2010, p. 137). Os genuínos bens, ao constituírem as condições segundo as quais alguém pode levar uma vida significativa, não se dissociam do processo de reconhecimento recíproco, sem o qual alguém não é tomado como bom cidadão, bom trabalhador, boa esposa etc. (PINKARD, 2010, p. 137). Para os comunitaristas, "o bem nos orienta" mesmo na definição do justo.

Habermas, a seu modo, busca superar um suposto abismo entre o *justo* e o *bem*, trazendo-os juntos no plano unificado da esfera pública (PINKARD, 2010, p. 131). Ele apresenta uma base de legitimação da ordem constitucional do Estado secular moderno incorporando os direitos fundamentais e integrando em um todo coeso a dinâmica do livre mercado, juntamente com o poder burocrático administrativo e a demanda por justiça. Assim, o direito torna-se uma forma de triagem de um variado contingente empírico de concepções de bem aceitáveis ou não (PINKARD, 2010, p. 131). Os "princípios do direito" enraízam-se em duas formas de compromissos, uma no âmbito ético e outra no do justo.[2]

Democracia

A democracia liberal em suas origens, tomando a forma de agregação de votos, baseou-se no atomismo individualista, na regra da maioria e na *accountability*. Ela surgiu em torno da bandeira das eleições periódicas, da abolição do poder monárquico e do princípio da hereditariedade como critério para definir o chefe maior de um povo, na divisão do poder em legislativo, executivo e judiciário e no mercado livre. Supôs-se que isso resultaria no máximo de benefícios para os cidadãos. A política tornou-se uma atividade apartada

---

[2] "Agents who are already committed to justifying their 'validity claims' vis-à-vis each other are also thereby committed to some fairly abstract commitments governing the rules of such justification, and he gives a controversial account of how this itself requires an intersubjective rather than transcendental account of agency." (PINKARD, 2010, p. 130).

da sociedade, da economia, da cultura e da vida familiar, restringindo-se, sobretudo, às atividades governamentais no âmbito das instituições públicas (HELD, 1995).

Em relação à educação, qualquer forma de doutrinação oficial contrastaria com o princípio liberal da neutralidade do Estado no que concerne à ética, à concepção de bem e vida boa. Nas democracias constitucionais de uma sociedade pluralista, não caberia à escola obrigatória promover uma doutrina abrangente como única e exclusiva fonte de valores para a formação da cidadania. Uma doutrina abrangente é, segundo Rawls (1993), uma concepção geral que se aplica universalmente a um vasto aspecto da vida ou a um grande leque de objetos. Ela organiza valores de modo que sejam compatíveis entre si e expressem uma visão de mundo inteligível. Doutrinas abrangentes são coerentes sistemas e perspectivas de vida relativos a visões de mundo, de pessoa e de sociedade, valores e crenças comuns sobre como as coisas devem ser.

As pessoas têm afeições, saberes e devoções, dos quais não poderiam se distanciar para avaliá-los com objetividade. Seria mesmo impensável alguém sem vínculos de lealdade, convicções religiosas, filosóficas e morais. Pessoas se expressariam através de concepções abrangentes. Contudo, Rawls defende um mínimo de formação cívica necessária para a formação de um cidadão razoável, baseada em um restrito conjunto de valores "políticos", sem o que o recorte e a modulagem do *justo* e o *bem* não alcançaria êxito prático nas sociedades pluralistas liberais. O Estado "justo" atuaria de maneira neutra, no sentido de operar sobre as regras institucionais para manter a equidade, sem, contudo, ser indiferente ou cético em relação às concepções abrangentes.

O republicanismo retomou a tradição participativa da democracia, fazendo disto um valor a ser publicamente fomentado. A tradição coletiva tem primazia sobre os direitos individuais. Entende-se que os direitos individuais subordinam-se à comunidade e não a um contrato fictício. O *bem* é, então, definido de forma independente do *justo*, do direito. A suposta liberdade liberal passou a ser criticada como intangível, pois não tinha um contexto concreto, o que desmobilizava a participação política. A liberdade de autodesenvolvimento individual não se dissociaria da participação política na solução dos problemas coletivos.

Liberto do temor liberal da tirania da maioria, o republicanismo afirma o patriotismo como um bem a ser preservado. Taylor (2000) define o bem como aquilo que "essencialmente tem valor para nós", isto é, não apenas "para você e para mim". O patriotismo está "entre a amizade ou sentimento familiar, de um lado, e a dedicação altruísta de outro" (TAYLOR, 2000, p. 204). Ele se efetiva no espaço público constituído com a "passagem do para mim-e-você ao para nós" (TAYLOR, 2000, p. 204). Isso exige uma educação que promova a participação como um bem, criando nos cidadãos a identificação com interesses de sua comunidade e com uma causa partilhada por todos.

A neutralidade do Estado não faz sentido para o republicanismo. Cabe a ele fazer com que os deveres cívicos dos indivíduos sobrepujem os seus direitos, de tal modo que chegue mesmo a utilizar o seu poder para "forçar o povo a ser livre" e a se dedicar à promoção do bem comum. A reação ao liberalismo chegou ao ponto de "subordinar a organização política e econômica da sociedade à obtenção de bons cidadãos" (GARGARELA, 2008, p. 202). Assim, tal como o comunitarismo, o republicanismo valoriza a ética da virtude e as suas exigências educacionais em termos de formação de certas virtudes cívicas indispensáveis para a manutenção do autogoverno, base para uma boa ordem pública. Mas eles se diferem quanto à base e ao alcance dessa formação.

O comunitarismo tende a apelar para o passado e a tradição comum, ao passo que o republicanismo valoriza mais o futuro e a abertura para um projeto comum (GARGARELA, 2008, p. 207). O republicanismo não exige, como querem certos comunitaristas, uma formação de valores tão abrangente que seria capaz de influenciar as mais íntimas escolhas vinculadas à vida privada. Este âmbito deveria ser deixado para a formação nas comunidades éticas às quais os indivíduos pertencem (GARGARELA, 2008, p. 209). Contudo, admitem os republicanos, o governo deveria comprometer-se com a formação de valores políticos capazes de reverter a apatia frente ao interesse público e isso exigiria o cultivo de certas virtudes ou qualidades de caráter (GARGARELA, 2008, p. 217).

A ética do discurso de Habermas "coloca no centro o processo político de formação da opinião e da vontade" como querem os republicanos, sem, contudo, secundarizar a constituição do Estado de direito, resguardando um princípio central do liberalismo. Assim, o autor defende o que chamou de forma coerente de institucionalização da formação democrática da opinião e da vontade. Contudo, isso deve ser feito sem pressupor uma totalidade social centrada no Estado (1997, p. 21). A institucionalização tem o sentido de mediar, sem centralizar, o processo de autoformação democrática da cidadania (HABERMAS, 1997, p. 105).

Numa era pós-convencional, tal como a concebe Habermas, nenhuma cultura ou concepção ética consegue ou deve se impor como ideário para a totalidade dos cidadãos. Com isso a democracia precisa articular direito e ética, justiça e o bem viver, com as questões morais que podem, em princípio, ser decididas racionalmente do ponto de vista da possibilidade de universalização de interesses ou da justiça. Essa perspectiva se distingue das abordagens valorativas que se apresentam como questões do bem viver (autorrealização) e que só são acessíveis a um debate racional no interior de um horizonte de uma forma de vida historicamente concreta ou de uma conduta de vida individual (HABERMAS, 1999).

Questões éticas, aquelas ligadas à vida boa, não podem ser avaliadas no interior do ponto de vista moral, no sentido de se definir politicamente se algo é bom para todos, pois o julgamento imparcial de semelhantes questões só pode ser feito segundo o autoentendimento e os projetos de vida de grupos específicos. Ao falar em estruturas de intersubjetividade intactas, de uma comunicação não distorcida, Habermas propõe um consenso em torno de procedimento deliberativo legítimo. Segundo ele, "enquanto as regras morais, ao formular aquilo que é do interesse de todos, exprimem uma vontade moral pura e simples, as regras jurídicas exprimem uma vontade particular dos membros de uma comunidade jurídica" (1997, p. 191). Destaca-se a democracia como espaço público onde se defrontam pretensões de validade da justiça que arrogam a universalidade e os valores que expressam as preferências e os bens que comunidades específicas ambicionam numa certa circunstância. Mas isto está longe da prioridade do *bem* sobre o *justo*.

Reconhecimento e democracia

Até que ponto a democracia requer uma formação de virtudes, valores e habilidades políticas que são passíveis de ser ensinadas na escola? Em que sentido isso pode satisfazer ou não as condições do reconhecimento mútuo? A resposta a essas questões depende do entendimento a respeito de como o sujeito democrático se constitui enquanto agência capaz de participar da deliberação pública e até que ponto tal deliberação pode decidir sobre a condição de sua própria formação no âmbito escolar. Essa questão vem sendo tratada no âmbito da teoria da luta por reconhecimento (HONNETH, 2003), pois isso se refere ao modo como necessidade, autonomia e autorrealização afetam e são afetadas pelas formas de educação e pelas práticas não democráticas. Essas três exigências do reconhecimento configuram-se em três padrões: o amor, o direito e a solidariedade.

O amor constitui-se na esfera primária do reconhecimento. Ele diz respeito ao sentimento de afeição mútua e ao cuidado em relação às vulnerabilidades e necessidades às quais um indivíduo está susceptível. No amor, os seres humanos se identificam como carentes e dependentes um do outro ao confirmarem-se como necessitando de atenção e cuidado, como manifestação de sentimentos e de afeições mútuas. Uma experiência bem-sucedida de reconhecimento no âmbito do amor é decisiva para a formação da autoconfiança individual, sendo uma "base indispensável para a participação autônoma na vida pública" (HONNETH, 2003, p. 178).

Na esfera do direito, o reconhecimento mútuo propicia o sentimento de ser uma pessoa com pretensões jurídicas asseguradas socialmente e a abertura para identificar nos outros essa mesma prerrogativa. O reconhecimento jurídico se dá com o desenvolvimento da capacidade de orientação segundo normas morais abstratas e com o "merecimento" das condições concretas ou o nível de vida necessário para o exercício de tal autonomia. Disso decorre o respeito de si, como a confiança em si advém do reconhecimento afetivo (HONNETH, 2003, p. 195).

A estima social é o padrão ao qual se refere a estima de si. Na esfera do direito, destaca-se a consideração do indivíduo com um fim em si mesmo, sem distinção baseada em mérito, desempenho ou traço pessoal específico. Na esfera da solidariedade, o respeito salienta o valor de um indivíduo segundo a relevância de suas realizações pessoais, dignas de estima social. Isso "permite a um indivíduo referir-se positivamente a suas propriedades e capacidades concretas" (HONNETH, 2003, p. 198).

A solidariedade depende de uma comunidade de valores ou horizonte avaliativo (eticidade), bem como da formação para o trabalho e as condições sociais para se integrar produtivamente. A constituição da autoestima é inseparável do trabalho e das expressões culturais e simbólicas dos indivíduos, grupos e classes sociais.

Honneth (2008) propõe uma nova forma de pensar a relação entre reconhecimento e democracia, buscando em Dewey não um equilíbrio entre liberalismo deliberativo e o republicanismo comunitarista, mas como uma terceira vertente ou alternativa. Defensores dos modelos anteriores reivindicam Dewey como um predecessor de suas propostas divergentes de democracia. O filósofo alemão busca aclarar o sentido desse desentendimento entre os supostos herdeiros de Dewey.

Dewey, segundo Honneth, sintetiza esses dois lados numa compreensão singular da democracia de modo que a prática deliberativa não se dissocia da assunção de fins comuns ou um bem comunitário (2008, p. 220). A democracia passa a ser vista como uma forma reflexiva de cooperação social. O Dewey jovem é aproximado de Hegel e do jovem Marx. Mas o filósofo americano mais tarde destacou a democracia como "procedimentos da formação democrática da vontade como os meios racionais através dos quais uma sociedade integrada cooperativamente busca resolver seus problemas" (HONNETH, 2008, p. 221). Nesse sentido, o modelo de Dewey superaria os demais, afirma o teórico da luta pelo reconhecimento.

Honneth destaca que Dewey evitou o reducionismo liberal, a concepção individualista dos sujeitos possuindo certa "quantia" de liberdade pessoal, o que reduziria a democracia a legitimar periodicamente o governo. Com o filósofo americano, a autonomia pessoal passa a ser entendida como algo que se obtém "somente em associação com os outros" (HONNETH, 2008, p. 221), conforme um conceito comunicativo de liberdade. Afirma-se que o autor americano estaria mais próximo de Marx do que de Tocqueville, pois teria salientado a divisão social do trabalho como base para uma associação livre de cidadãos realizar seus fins partilhados (HONNETH, 2008, p. 225). Assim Dewey apresentaria uma conexão interna entre cooperação, liberdade e democracia. Recusa-se, portanto, a democracia como uma fictícia apuração e formação da vontade democrática conforme a regra da maioria, uma estratégia aritmética para "lidar com os fins incôngruos dos indivíduos isolados". Do mesmo não se aceitaria também a forma como os contratualistas e liberais admitem a existência dos indivíduos isolados como prioritária para a formação do Estado.

Mas o que Honneth quer destacar é a forma como Dewey mostrou a dimensão pré-política da comunicação social, o que não foi feito nem pelos republicanos nem pelos procedimentalistas (HONNETH, 2008, p. 225). Salienta-se assim a forma como a cooperação no pragmatismo do autor americano remete à ideia de organismo social, segundo a qual as atividades individuais contribuem para a reprodução do todo. A cooperação torna-se uma característica primária de toda sociedade, dando assim um sentido ético e não numérico ao individualismo (HONNETH, 2008, p. 224). Nesse sentido, o Estado torna-se o olho da comunidade política, estando para esta como a linguagem está para o pensamento.

A educação passa a ser vista também como um processo de cooperação democrática, diferenciando-se da forma aristocrática de se impor a virtude aos cidadãos ignorantes por meio da força, doutrinação e/ou da persuasão. A educação produz reconhecimento quando se aceita voluntariamente a obrigação social, quando esta faz sentido e é vista como condição de autorrealização (HONNETH, 2008, p. 227). Há em Dewey a consciência de que a educação produz uma conexão interna entre desenvolvimento da personalidade e a comunidade democrática no seio de uma livre troca entre "grupos". Assim, os membros da sociedade podem realizar suas potencialidades com oportunidades iguais, o que produz o desejo de se tornar "um bom companheiro cooperativo". Afirma-se, portanto, uma dependência mútua entre autorrealização e formas democráticas de vida.

Desse modo, o método científico como modelo para a comunicação livre e a solução de problemas proposto pelo Dewey maduro abriu caminho para a democracia procedimental. O grande feito de Dewey teria sido o de articular o foco epistemológico do procedimento democrático com a noção de um ideal de *bem* juntamente partilhado por uma comunidade de valores democráticos. É reconhecido que ao primeiro Dewey faltou uma dimensão política da liberdade comunicativa, mas isso teria sido superado pela forma como ele apresentou a passagem da autorrealização cooperativa para a autoadministração coletiva, constituindo, com isso, o advento do público com seus procedimentos específicos para se lidar com a regulação das consequências indiretas da interação comunitária. O Estado apresenta-se como uma "segunda forma de associação", visando dar soluções racionais para os problemas mais abrangentes de coordenação social da ação que exigem a organização de instituições governamentais com funcionários do público e procedimentos apropriados (HONNETH, 2007, p. 229).

Cabe ao Estado, na perspectiva de Dewey, promover a educação para capacitar os membros da sociedade a praticar a cooperação e o reconhecimento no âmbito da divisão social do trabalho ou da vida pré-política, onde a participação torna-se fundamental para a autorrealização dos indivíduos. Assim se pressupõe uma forma democrática de procedimento que está baseada numa vida ética participativa, que necessita mais da consciência da cooperação social do que da aprendizagem de virtudes políticas. São as práticas ou associações pré-políticas no mundo do trabalho, referido como divisão social do trabalho que contam como formadoras da disposição para a cooperação democrática (HONNETH, 2008, 2012a, 2012b).

Em relação ao trabalho, Honneth associa Dewey e Durkheim, destacando o potencial normativo do labor humano e a forma como a estima social depende dele. Tal potencial apontaria mesmo para a superação do capitalismo, pois neste as condições da divisão social do trabalho nunca poderiam atender às exigências de autorrealização numa sociedade democrática e cooperativa. Nesse sentido, o ideal de democracia de Dewey seria muito mais do que um ideário político, mas um ideário social, afirma o filósofo alemão (2008, p. 236).

Dewey também passa a ser a referência para Honneth pensar a educação, especialmente no que diz respeito ao debate em torno dos valores e virtudes que devem ser ensinados. Isso, como foi visto, deve ser feito de modo a tomar a participação como um *bem*, como defendem os republicanos/comunitaristas, pois, caso contrário, uma democracia não se efetivaria ao longo do tempo. Entre os liberais, que são contrários ao perfeccionismo como forma de promoção de um bem como base da ação do poder público, prevalece a recusa do ensino da prática democrática como um ideal de vida, como um valor intrínseco a ser fomentado pelo Estado. Estes tendem a aceitar, no máximo, um mínimo de desenvolvimento de habilidades para o diálogo e o debate razoável nas esferas públicas. Dewey foi visto como alguém que superou esse impasse entre republicanos e liberais.

Honneth (2012a) lembra que, no discurso filosófico-político moderno, a pedagogia era a irmã gêmea do conceito de democracia. Contudo, isso foi se desfazendo à medida que a ideia de bom-cidadão (*guten bürgers*) tornou-se uma forma vazia nos discursos políticos. O que era compreendido como um desafio prático foi deixado de lado, pois as relações entre filosofia e pedagogia se desfizeram. A discussão teórica sobre a democracia não se interessa mais pela questão dos métodos escolares e pelo currículo. Mas isso espera respostas por parte dos que ainda defendem um Estado republicano.[3]

---

[3] Honneth coloca da seguinte forma o ideário educacional do Estado republicano: "Eine gute Erziehung und eine republikanische Staatsordnung sind komplementär aufeinander angewiesen. Erst der öffentliche Unterricht bringt im Individuum die kulturellen und moralischen Befähigungen hervor, mit deren Hilfe das republikanische Staatswesen gedeihen kann – und zwar so, dass die Bürgerschaft auch an der Emanzipation des niederen Volkes noch Anteil nimmt." (2012a, p. 1).

Como o diálogo entre a filosofia e a pedagogia se perdeu, nenhum dos lados escuta mais o outro para definir o que vem a ser uma boa educação. Os avanços sobre isso tendem a ser unilaterais. A questão refere-se à possibilidade de a democracia agir sobre si mesma, definindo como os cidadãos devem ser educados para praticá-la. Mas, para isso, é necessário relembrar o paradoxo de Böckenförde, ou seja, os limites autoimpostos pela democracia para agir sobre si mesma. O Estado liberal secular assenta-se sobre pressupostos que não pode garantir. Ele só se mantém se a liberdade que concede a seus cidadãos for regulada a partir do interior da vida ética dos indivíduos, o que não pode ser feito sem colocar-se em risco ou renunciar a si mesmo como Estado liberal, uma vez que tal liberdade pode levar a desentendimentos radicais e mesmo a guerras civis.

Frente a isso, afirma Honneth, na atualidade predomina a ideia de que a democracia tem apenas uma pequena margem de manobra (*geringen Spielraum*) para renovar suas próprias condições morais e culturais. Assim, não caberia mais à escola pública ensinar as atitudes morais necessárias para manter a prática democrática, tais como a tolerância, o colocar-se no lugar do outro, bem como a capacidade de se orientar conforme o bem comum. Essa formação ficaria a cargo do meio ético das comunidades pré-políticas (*ethischen Milieu vorpolitischer Gemeinschaften*). O descompasso entre a democracia e a escola se deve, então, especialmente à proposta bem-intencionada de garantir a diversidade social e o pluralismo cultural, que exigiu a imparcialidade educacional em relação à formação da vontade democrática.

Honneth menciona que foram Kant, Durkheim e Dewey que defenderam os limites do direito dos pais. Tal direito terminaria no portão da escola, pois cabe a esta ensinar o necessário para a formação dos futuros cidadãos. Sem isso não se promoveria a prática reflexiva necessária para participar na democracia. Mas hoje, isso foi colocado sob suspeita. Não se quer mais sobrecarregar a escola com a tarefa de formar o cidadão a partir de políticas impostas de fora dela. Mesmo os pais podem exigir o foco na formação direcionada para a vida profissional. Os professores já não são mais representantes do Estado, mas sim dos pais, sendo encarregados de inculcar apenas um mínimo de preceitos cívicos segundo as exigências da comunidade local, especialmente nas escolas particulares com suas visões de mundo fragmentadas. Com isso, a sociedade perde o importante meio para regenerar seus próprios fundamentos morais.

Honneth aponta que, para reverter essa situação sem regredir para formas autoritárias de Estado, é preciso retomar ensinamentos de Durkheim e Dewey, segundo os quais a formação da cidadania não diz respeito a um conhecimento adequado ou ao ensino de valores, mas à formação de hábitos e práticas. Trata-se de uma prática que permita a inserção moralmente confiante e consciente do próprio valor numa comunidade (*Verhaltensweisen, welche das moralisch selbstbewusste Auftreten in einer Gemeinschaft erlauben*), ou seja, que esteja ligada ao reconhecimento.[4]

Não obstante às diferenças entre Durkheim e Dewey a respeito do desenvolvimento da autonomia na escola primária, Honneth identifica algo em comum entre eles: cada um à sua maneira pensava que a escola deveria educar para a convivência democrática em termos de formar disposições adequadas. Conforme Durkheim, na escola a criança aprende a controlar suas tendências egoístas por meio da formação afetiva de hábitos de convivência democrática, compreendendo mais tarde a racionalidade de tais práticas.[5]

Dewey é destacado por defender que o adolescente se formaria para a democracia praticando a aprendizagem cooperativa como experiência da solução de problemas coletivos. Trata-se de incorporar atitudes de considerações positivas mútuas, de modo que se leve mais em conta o coletivo do que o individual, quando se trata de avaliar e ponderar sobre o *bem* e de encorajar ou censurar certas atitudes.[6]

A formação democrática, para Honneth, exige menos ensino de princípios morais ou sua inculcação e mais o desenvolvimento da prática cooperativa para fazer florescer a cultura da associação. Não se enfatiza a aprendizagem dos princípios da ação correta pelo indivíduo, mas o exercício da capacidade de assumir perspectivas e iniciativas morais, aprendendo a coordenação da

---

[4] Eis como o autor expressa esse ideário: "Im Unterricht müssen die Heranwachsenden durch kooperative Lernmethoden, durch Mitbestimmung und schließlich durch eher gemeinschaftsbezogene als individuelle Formen des Tadels und der Ermutigung daran gewöhnt werden, sich jenen Geist des demokratischen Zusammenwirkens anzueignen, der ihnen im Erwachsenenalter zu einem selbstbewussten Auftreten in der politischen Öffentlichkeit verhelfen kann." (2012a, p. 2).

[5] "Im Grunde genommen stellt daher für Durkheim das Aufbrechen des kindlichen Egoismus gerade nicht, obwohl er immer wieder davon spricht, einen Prozess der moralischen Disziplinierung dar, sondern einen Vorgang der affektvermittelten Gewohnheitsbildung: Das Kind lernt durch Teilnahme an ihm gemäßen, seine Neigungen also affizierenden Praktiken zunächst einmal nur, jene Regeln des demokratischen Zusammenlebens habituell zu beherrschen, die es sich dann später mit wachsendem Alter auch in ihrem rationalen Geltungsanspruch klarzumachen hat." (HONNETH, 2012b, p. 3).

[6] "Im Unterricht müssen die Heranwachsenden durch kooperative Lernmethoden, durch Mitbestimmung und schließlich durch eher gemeinschaftsbezogene als individuelle Formen des Tadels und der Ermutigung daran gewöhnt werden, sich jenen Geist des demokratischen Zusammenwirkens anzueignen, der ihnen im Erwachsenenalter zu einem selbstbewussten Auftreten in der politischen Öffentlichkeit verhelfen kann." (2012b, p. 2).

ação individual com a cooperação coletiva. Frente à diversidade cultural e à pluralidade social, cabe à educação proporcionar experiências de participação na comunidade investigativa de aprendizagem de modo que todos se sintam autoconfiantes, respeitados e estimados. Isso vai além da aquisição de competências para serem exploradas economicamente pelo mercado. Está em questão a aprendizagem coletiva da resolução de problemas públicos de maneira cooperativa. Assim se poderia reconfigurar as práticas para que as experiências de não reconhecimento sejam identificadas e transformadas de modo democrático.

Considerações finais

Como visto, para Honneth a democracia e o reconhecimento são bens e devem ser aprendidos simultaneamente na escola pública. Mas é preciso evitar práticas doutrinárias de educação e de ensino direto de valores, mesmo aqueles supostamente exigidos pela democracia, ainda que na forma de um mínimo de preceitos cívicos. Mas tal como o Estado, a escola não pode ser neutra frente às concepções de democracia. Contudo, o reconhecimento e a democracia são bens que devem ser aprendidos com uma abordagem pré-teórica e pré-política, ou seja, praticamente, no sentido de aprender fazendo, como na aquisição de um hábito na vida cotidiana.

Essa proposta de Honneth tem a ver com a sua desconfiança em relação aos espaços públicos da democracia deliberativa, o qual seria inapropriado para a expressão de certos sentimentos de injustiça presentes na vida cotidiana, nos contextos onde os "dominados" efetivamente vivem e sofrem. Trata-se de combater uma dominação ligada à desqualificação de seu mundo normativo e cultural. Os sofrimentos mais arraigados nas práticas cotidianas não repercutem como reivindicações normativamente válidas no espaço democrático ou deliberativo oficial, o que não teria sido levado em conta por Habermas.

Critica-se a visão racionalista do reconhecimento. Por isso, entende-se que a linguagem empregada pelos "dominados" não é adequada (polida, desprovida de re/sentimentos e de subjetividades) e contrariaria os princípios normativos superiores. Deranty (2009) afirma que, nessa perspectiva, a forma assumida pelas reivindicações normativas nos espaços marcados pelo predomínio do melhor argumento é incapaz de expressar o que se passa na esfera da experiência do não reconhecimento. Assim, uma vasta dimensão da experiência moral é relegada ou mantida num limbo político. As experiências mais primárias de não reconhecimento, ligadas à necessidade e ao cuidado, afetam as condições de participação nas esferas mais elevadas da democracia deliberativa. Antes de serem reconhecidos como cidadãos capazes de apresentar argumentos e justificar suas exigências, os indivíduos precisam ser reconhecidos como seres de necessidade. Por isso, a escola não pode preparar para a "democracia" meramente desenvolvendo competências deliberativas, mas, sobretudo, tornando-se ocasião de práticas cooperativas de reconhecimento mútuo em suas mais diversas atividades.

Alguns estudos têm abordado as práticas do reconhecimento na escola. Huttunen (2008), ao estudar o reconhecimento na escola, defende que a educação antidemocrática é doutrinária, pois não leva em conta a diversidade das pessoas. Práticas antidemocráticas não promoveriam positivamente as três formas de autorrelação exigidas pelo reconhecimento, ou seja, autoconfiança, autorrespeito e autoestima. O autor mostra como experiências positivas de reconhecimento na escola são possíveis, resgatando narrativas sobre a luta por reconhecimento de alunos, nas quais situações de humilhação e ofensas foram superadas com práticas cooperativas de aprendizagem. Isto, afirma Huttunen, esteve ligado também à forma como os professores se portaram evitando serem indiscretos ao dar *feedbacks* negativos, sem, contudo, deixar de oferecer as devidas correções, o que poderia produzir uma falsa autoestima. Ele fala da necessidade de um *feedback* crítico, no sentido de mostrar o devido valor ao trabalho do aluno, proporcionando o sentimento autêntico de que se é um membro respeitado e importante da comunidade. Mas até que ponto isso rompe com a alienação?

Rheingold (2012) também apresenta um estudo das práticas de reconhecimento na escola. Ele mostra que a educação democrática promove reconhecimento não alienado quando forma alunos engajados "politicamente", ou seja, envolvidos com a comunidade. Ele destaca a necessidade de uma educação que não condicione o aluno a trabalhar em vista da avaliação pela avaliação, ou seja, meramente com pontuações pelo seu rendimento de modo que a sua atividade só tem sentido como um meio para progredir no sistema escolar e se diplomar. O autor propõe o trabalho com projetos que deem autonomia para os alunos trabalharem coletivamente. Caberia à escola produzir-se como espaço público, no sentido dado por Dewey: "*I suggest that not only do particular forms of student work have value in the public space but the work itself comes to constitute a public space.*" (2012, p. 2). Assim, o trabalho escolar dos estudantes deveria se abrir para a comunidade não escolar, criando oportunidades para que os alunos sintam as consequências sociais de suas atividades acadêmicas.

Mas é possível combater a alienação com a fragmentação? Cabe lembrar que a pedagogia do projeto tende a fragmentar o trabalho escolar e com isso só se poderia falar em espaço público esfacelado, um risco fatal para as democracias atuais. Como poderíamos combater a fragmentação e alienação que ela produz?

Isso pode ser um beco sem saída para a teoria crítica. Em seus escritos sobre escola, democracia e reconhecimento, Honneth salta de Kant e Hegel para Durkheim e Dewey. Desses dois autores, ele retoma elementos para compreender a relação da educação com o trabalho. O que este texto "mostra" é a ausência da tradição marxista nessa discussão, sobretudo para se analisar a democracia e suas reais possibilidades nos países capitalistas. Mas a referência a Marx não está ausente na obra de Honneth, embora ela tenha se esmaecido cada vez mais. Alguns esforços têm sido feitos para reconduzir a teoria crítica às suas bases materialistas e históricas e Honneth pode ser ainda um interlocutor nesse processo. Mas isso exigiria muitas depurações.

Referências

DERANTY, J. P. La reconnaissance hégélienne et ses enjeux pour la philosophie sociale et politique contemporaine. *Politique et Sociétés*, v. 28, nº 3, 2009.

GARGARELA, R. *As teorias da justiça depois de Rawls*: um breve manual de filosofia política. São Paulo: Martins Fontes, 2008.

HABERMAS, J. *Direito e democracia entre facticidade e validade*. Rio de Janeiro: Tempo Brasileiro, 1997. v. I.

_____. *Comentários à ética do discurso*. Lisboa: Instituto Piaget, 1999.

HELD, D. *Models of democracy*. Cambridge: Blackwell Publishers, 1995.

HONNETH, A. *Luta por reconhecimento*: a gramática moral dos conflitos sociais. São Paulo: Editora 34, 2003.

_____. Redistribution as recognition: a response to Fraser. In: FRASER, N. HONNETH, A. *Redistribution or recognition?*: a political-philosophical exchange. London: Verso, 2003a.

HONNETH, A. Democracy as reflexive cooperation: John Dewey and the theory of democracy today. In: *Disrespect*: the normative foundations of critical theory. Cambridge; Malden: Political Press, 2008.

_____. Die verlassene Schule der Demokratie. Zeit-Online. 2012a. Disponível em: <http://www.zeit.de/2012/25/Erziehung-Demokratie>. Acessado em 14/02/2013>. Acesso em: 26 jun. 2012.

_____. Erziehung und demokratische Öffentlichkeit Ein vernachlässigtes Kapitel der politischen Philosophie. Zeitschrift für Erziehungswissenschaft (ZfE), v. 5, Issue 3, 2012b.

HUTTUNEN, R. *Habermas, Honneth and education*: the significance of Jürgen Habermas' and Axel Honneth's critical theories to education. Köln: Lambert Academic Publishing, 2008.

KORSGAARD, C. *The sources of normativity*. Cambridge: Cambridge University Press, 1996.

PINKARD, T. Recognition, the right, and the good. In: SCHMIDT am BUSCH, HANS--CHRISTOPHER; CHRISTOPHER, F. Zurn. *The philosophy of recognition*: historical and contemporary perspective. Plymouth: Lixinton Books, 2010.

RAWLS, J. *Political liberalism*. Nova York: Columbia University Press, 1993.

RAWLS, John. *A theory of justice*. Cambridge: Harvard University Press, 2000.

RHEINGOLD, A. Unalienated recognition as a feature of democratic schooling. *Democracy & Education*, v. 20, nº 2, 2012.

TAYLOR, C. *Argumentos filosóficos*. São Paulo: Loyola, 2000.

02

O CARÁTER FORMATIVO DA AÇÃO SOCIAL E O PRINCÍPIO-EDUCAÇÃO NOS MOVIMENTOS SOCIAIS

José Rogério Lopes

Introdução

O presente texto teve sua proposta definida a partir de dois elementos. O primeiro se refere a um questionamento surgido no decorrer do envolvimento do autor com alguns movimentos sociais:[1] se os movimentos sociais promovem a intenção de uma ruptura com a ordem dominante – ordem esta que traduz seus interesses em uma proposta de conhecimento sistemático (ciência) que orienta a transmissão de um saber autorizado pela educação formal. A par com esta pretensa ruptura, elaborariam também uma proposta diferenciada de construção do saber? Promoveriam uma ruptura com as formas autorizadas de transmitir o conhecimento?

Creio que é possível uma análise dessa hipótese, a partir da plausível constatação de que algumas teorias contemporâneas, ao negarem a elaboração de categorias universais explicativas, realizam um corte epistemológico que se assemelha à linha de pensamento do conservadorismo.

O segundo elemento seria um questionamento que parte da verificação das formas possíveis de análise da ciência, a partir do referencial de saber que os segmentos populares da nossa sociedade possuem. Aqui, é importantíssimo conhecer a imagem que tais segmentos fazem da ciência, reconhecendo os agentes que garantem tal transmissão, para tentar corroborar a hipótese de que o saber popular surge em contextos de vida recíprocos, entre indivíduos

---

[1] Outros questionamentos surgidos desse envolvimento estão registrados em Lopes (2007, 2007a).

pertencentes a um mesmo nível sociocultural. Contudo, este segundo elemento será tratado pelas margens, uma vez que minha pretensão é identificar de que forma os autores que propugnam as novas teorias de análise dos movimentos sociais constroem o referencial de ciência – logo, saber, teoria e técnicas de ação – e como a contrapõem à ciência estabelecida.

I A apreensão do real

O que é o real, a realidade?

Ao elaborar a pergunta desta forma só se consegue uma resposta filosófica, ou mesmo ideopolítica. Contudo, se a pergunta for "como a realidade se apresenta aos sujeitos?", pode-se ampliar o escopo das respostas. Dessa forma, um viés sociológico responderia que aquilo que se apresenta como dado da realidade, ao ser apreendido pela percepção dos sujeitos, é interpretado e reelaborado como sentido, podendo ser coletivizado[2] e traduzido em reconhecimento social. Assim, a interpretação é um fator primordial para o entendimento da elaboração da pergunta feita acima.

No que se refere ao reconhecimento da forma como as novas teorias de análise dos movimentos sociais apreendem o real, para, posteriormente, construírem uma ideia de ciência, procurarei iniciar a questão do seguinte modo: "Como a realidade é apreendida pela ciência, no seio da sociedade capitalista?"

Foucault (1985) afirma que a realidade é apreendida por teorias que pretendem expressar, traduzir e aplicar uma prática, através de explicações universais, totalizadoras, que consagram uma verdade, cristalizando-a em um saber autorizado, portanto investido de poder. Essa seria a prática tradicional da ciência que orienta, inclusive, as manifestações coletivas pela transformação da sociedade.

Ora, tal constatação traz, para Foucault, que a sociedade passa a se orientar por uma hierarquia correspondente à possibilidade de acesso ao saber

---

[2] A coletivização dos sentidos da realidade se processa por três mecanismos de elaboração das representações que, segundo Bertrand (1989, p. 16), constituem "sistemas simbólicos compatíveis": a identificação, a idealização e a projeção. Em seu texto, a autora acentua uma passagem de Marx, onde há um "enunciado segundo o qual o movimento social tem alguma relação com a poesia" (p. 25). Poesia que alimenta a transformação. Afirma a autora que "agir não é apenas fixar um objetivo racional, é colocar em funcionamento um poder de imaginação" (p. 25). Ao produzir-se algo, age-se sobre si mesmo, criando e transformando-se. Isso é ação histórica. Empenhados em transformar o mundo, porém, podem os homens não se aperceberem de sua própria transformação, de modo consciente.

autorizado, ou seja, àqueles que sabem mais cabe dar a direção que os movimentos sociais devem seguir. Isso seria válido em situações que favorecessem a ordem dominante – através da escala de saber autorizado – como em contextos de conflito, onde outro saber se oporia ao mesmo.

Tal construção se baseia na hipótese de que "existe um sistema de poder que barra, proíbe e invalida" (FOUCAULT, 1985, p. 71) discursos e saberes que não sejam autorizados. Assim, a sociedade estaria presa num impasse que ela mesma criou, envolta em "nós" que não saberia – nem poderia – desatar, uma vez que discursos e saberes autorizados, mesmo que em oposição, não seriam capazes de propor novas formas de entendimento da realidade social, que ajudaram a construir e na qual são válidos. No fundo, mesmo que em conflito, teorias e saberes opostos se expressariam como tais em função da procura de autoridade, de poder, como expressa o autor em seu debate com marxistas:

> "Quando vejo seus esforços para estabelecer que o marxismo é uma ciência, não os vejo na verdade demonstrando que o marxismo tem uma estrutura racional e que portanto suas proposições relevam de procedimentos de verificação. Vejo-os atribuindo ao discurso marxista e àqueles que o detêm efeitos de poder que o Ocidente, a partir da Idade Média, atribui à ciência e reservou àqueles que formulam um discurso científico." (FOUCAULT, 1985, p. 172).

Parece ser esta relação possível de elaboração do discurso científico a que orienta as emergências de teorias no âmbito da ciência estabelecida. As possibilidades de acúmulo de informações para utilização na prática da dominação gerariam, assim, os parâmetros para a autorização de transmitir determinados saberes. É isto que Foucault procura determinar ao afirmar que

> "não podemos nos contentar em dizer que o poder tem necessidade de tal ou qual descoberta, desta ou daquela forma de saber, mas que exercer o poder cria objetos de saber, os faz emergir, acumula informações e as utiliza [...]. O exercício do poder cria perpetuamente saber e, inversamente, o saber acarreta efeitos de poder" (FOUCAULT, 1985, p. 129).

Assim, é no pensamento de Foucault que se expressa tal relação de apreensão do real. No fundo, o horizonte da discussão não se remete, exclusivamente, a uma crítica ao marxismo – reconheça ou não Foucault o marxismo como ciência. Foucault dirá que Marx elaborou uma série infindável de conceitos que, por estarem ligados ao seu pensamento, não podem ser aplicados fora de determinadas regras, que compõem o "jogo analítico" que o mesmo construiu. Além disso, seria "impossível fazer História atualmente [...] sem se colocar num horizonte descrito e definido por Marx. Em última análise, poder-se-ia perguntar que diferença pode haver entre ser historiador e ser marxista" (FOUCAULT, 1985, p. 142-143).

Aqui, estamos diante da constatação de que a ciência se estabelece como autoridade para "discursar" sobre a realidade, na medida em que define os dados da realidade em acontecimentos. Tratar-se-ia, segundo Foucault (1996, p. 57), de pensar que:

> "certamente acontecimento não é nem acidente, nem qualidade, nem processo; o acontecimento é a ordem dos corpos. Entretanto, ele não é imaterial; é sempre no âmbito da materialidade que ele se efetiva, que é efeito; ele possui seu lugar e consiste na relação, coexistência e dispersão, recorte, acumulação, seleção de elementos materiais, não é o ato nem a propriedade de um corpo; produz-se como efeito de e em uma dispersão material".

Ainda, traduzido por Damico (2011, p. 37),

> "acontecimento é uma situação singular que se efetiva no âmbito das práticas cotidianas e que atualiza o presente a partir de movimentos de experimentação. Todo acontecimento expressa uma reativação permanente de uma prática ainda não instituída e implica uma atualização e uma problematização da realidade produzidas num lugar e um momento singular; é sempre uma possibilidade e uma experimentação; é provisório e não linear; constitui-se num encadeamento de descontinuidades superpostas".

Ao definir os acontecimentos, o discurso científico se estabelece e gera uma relação de poder sobre tal realidade apreendida, colocando na marginalidade "saberes ingênuos" que passam a não servir como parâmetros para análise. Seria, justamente, este estreitamento da apreensão da realidade que passaria a compor o quadro de poder de que se investe a ciência. Uma vez que estivéssemos de posse dos conceitos discursivos autorizados de determinado saber, relegaríamos experiências vivenciais desses saberes ingênuos que impregnam a sociedade,[3] mas, contraditoriamente, seria o produto dessas teorias que passaria a orientar as ações coletivas que pretendem transformar a sociedade.

Seria tal exclusividade que, ao eleger um discurso em detrimento de vários, geraria o poder e o saber que excluem uma visão de mundo diversificada, limitando a apreensão do real ao nível de interpretações ideológicas da ordem dominante.

Obstáculo e recorte epistemológicos

Para entender satisfatoriamente a teoria que Foucault esboça tem-se que buscar, primeiramente, quais seriam os "obstáculos epistemológicos"[4] sobre os quais ele reflete. Quando se trabalhou a questão da apreensão do real pela ciência, a intenção foi justamente esta. Agora, resta uma complementação desta relação, através da percepção de seu entendimento de história.

Ele afirma:

> "A humanidade não progride lentamente, de combate em combate, até uma reciprocidade universal, em que as regras substituiriam para sempre a guerra; ela instala cada uma de suas violências em um sistema de regras, e prossegue assim de dominação em dominação." (FOUCAULT, 1985, p. 24).

O autor estabelece, por tal caminho, que não é possível pensarmos a história dentro de uma continuidade, uma vez que ela se estabelece – e/ou acontece – dentro de um jogo de controle e de procura de poder, para dominação: "O grande jogo da história será de quem se apoderar das regras, de quem tomar o lugar daqueles que a utilizam, de quem se disfarçar para

---

[3] Essa concepção está presente, também, em um fenomenólogo como Alfred Schutz (2003), que distingue os "conhecimentos à mão" dos sujeitos, na vida cotidiana (caracterizados por tipicidades), dos "conhecimentos à mão" dos cientistas sociais (os construtos conceituais das teorias disponíveis), na análise da realidade.

[4] O conceito de *obstáculo epistemológico* foi cunhado por G. Bachelard (1996) e refere-se aos entraves cognitivos que afetam o desenvolvimento do conhecimento entre aprendizes, frente às problemáticas que ultrapassam suas capacidades de análise e resolução, em momentos determinados de seus desenvolvimentos.

pervertê-las, utilizá-las ao inverso e voltá-las contra aqueles que as tinham imposto." (FOUCAULT, 1985, p. 25).

No momento que reconhece tal descontinuidade, Foucault reconhece também que não é possível pensar a história como um estudo do absoluto, nem propriamente o sentido histórico deve ser encarado desta forma. "Ele deve ter apenas a acuidade de um olhar que distingue, reparte, dispersa, deixa operar as separações e as margens – uma espécie de olhar que dissocia e é capaz ele mesmo de se dissociar e apagar deste ser humano que supostamente o dirige soberanamente para seu passado" (FOUCAULT, 1985, p. 27).

Para opor-se, então, à concepção da história contínua e de sentido absoluto, Foucault constrói a ideia de "história efetiva", diferenciando-a, imediatamente daquela

> "dos historiadores pelo fato de que ela não se apoia em nenhuma constância [...]. É preciso despedaçar o que permitia o jogo consolante dos reconhecimentos. Saber, mesmo na ordem histórica não significa 'reencontrar' e sobretudo não significa 'reencontrar-nos'. A história será efetiva na medida em que ela reintroduzir o descontínuo em nosso próprio ser. Ela dividirá nossos sentimentos, dramatizará nossos instintos; multiplicará nosso corpo e o oporá a si mesmo" (FOUCAULT, 1985, p. 28).

Este momento é importante por dois motivos: primeiro, Foucault usará desses argumentos para afirmar, logo após, que essa descontinuidade e diversificação, como frutos da história, cortam a própria história em acontecimentos e acasos, gerados na luta proveniente do jogo de controle das regras da sociedade. Em segundo lugar, se utilizará desses princípios para construir o corte epistemológico que lhe "permite" realizar análises localizadas, no contexto da sociedade global.

Veja-se: quanto ao primeiro motivo, Foucault (1985, p. 29) afirma: "o sentido histórico está muito mais perto da medicina do que à filosofia", compreendendo que a história tem que se reconhecer como uma ciência que se sabe perspectiva e, acima de tudo, como uma "ciência dos remédios". Ao colocar dessa forma a história, pretende impor um critério básico de sua ação, como ciência: o intervencionismo. É este o sentido da genealogia da história que Foucault afirma, uma vez que não se pode fugir do sistema de sua própria injustiça. Essa "tendência" da genealogia da história caracterizar-se-á, então, nos usos possíveis que o sentido histórico comporta:

> "Um é o uso paródico e destruidor da realidade que se opõe ao tema da história-reminiscência, reconhecimento; outro é o uso dissociativo e destruidor da identidade que se opõe à história-continuidade ou tradição; o terceiro é o uso sacrificial e destruidor da verdade que se opõe à história-conhecimento. De qualquer modo trata-se de fazer da história um uso que a liberte para sempre do modelo, ao mesmo tempo metafísico e antropológico da memória." (FOUCAULT, 1985, p. 33).

Esse posicionamento é um momento propedêutico para a instalação dos argumentos do segundo motivo. Basta conferir as recorrentes intervenções de Foucault no sentido de reconhecer que o saber, como produto de outros saberes e práticas, se dá na luta. Ele é o resultado de conflitos e rupturas e é para tais momentos que é gerado, direcionado: "É que o saber não é feito para compreender, ele é feito para cortar" (FOUCAULT, 1985, p. 29).

Volta-se, então, ao sentido intervencionista da ciência, que consequentemente se projeta como papel do cientista, do intelectual, onde se concretiza a possibilidade de suas análises localizadas. Ao aceitar a afirmação de Deleuze de que "o intelectual teórico deixou de ser um sujeito, uma consciência representante ou representativa",[5] Foucault pretende desconsiderar a hierarquia científica, já que, uma vez abandonada a representação dominante pelo saber mais, que a ciência tradicional estabelecia, a consciência se transfere àqueles que agem. Assim, o papel do intelectual passaria a ser o de minar o discurso do saber que se apresente como poder, como consciência e verdade.

Se Foucault privilegia o saber como saber histórico, é porque ele reconhece no sentido histórico os princípios dos obstáculos epistemológicos que considera necessário romper. É que a história da verdade é totalmente diferente da verdade da história. Vale, por isso, reverter os papéis do cientista – da ciência mesmo – em função de se estar sempre descobrindo nossos erros históricos, que não seriam outra coisa senão os erros de interpretação de um saber que apreende a realidade. "É por isso que a teoria não expressará, não traduzirá, não aplicará uma prática: ela é uma prática!" (FOUCAULT, 1985, p. 71).

---

[5] Referência discutida por Foucault (1985, p. 70), no capítulo *Os intelectuais e o poder*.

Novas representações – 1º ato

Vou considerar aqui o termo *representação* no sentido positivo que carrega, como "sistema simbólico compatível" (BERTRAND, 1989, p. 16), ou seja, o de que a representação possibilita indicações preliminares para a apreensão do real.[6] Neste sentido, quando Foucault identifica o poder como produtor de saber elege uma representação que podemos utilizar concretamente. A positividade que tal poder possui, então, poderia gerar uma quantidade considerável de novos saberes. Se considerar que "cada luta se desenvolve em torno de um foco particular de poder" (FOUCAULT, 1985, p. 75), poder-se-ia eleger o princípio – coerente com o pensamento de Foucault – de que a diversidade de "instalação" do poder na sociedade requer uma gama diversificada de lutas. Assim, a prática das lutas seria o momento ideal para a elaboração de novos discursos, que se deslocariam, necessariamente, para a construção de novos saberes.

Este processo resulta em uma perspectiva que não gera uma nova ciência; pelo contrário, o horizonte destas discussões serve ao propósito de ser contra a elaboração da ciência, no que se refere à institucionalização do poder que "o funcionamento de um discurso científico organizado no interior de uma sociedade como a nossa" (FOUCAULT, 1985, p. 171) acarreta.

Assim como elege tais representações, independentemente de sua vontade ou não, Foucault parece meio "descoberto" quanto à possibilidade de invertermos seus referenciais. Ao afirmar implicitamente que o saber é sabido na luta, ele restringe o tempo e o espaço de tal saber, além de sua função, uma vez que servirá somente a ela. Além disso, uma vez que se tenha elaborado um princípio, uma representação, não se poderá fugir ao destino inevitável que resulta o uso de princípios, em análises científicas – institucionalizadas ou não. Se os saberes surgem ou são suprimidos no "acaso" da luta, a positividade do poder se expressaria com qualquer resultado, uma vez que um saber vitorioso se tornaria um saber autorizado.

---

[6] Aqui, a consideração utilizada difere da concepção de Foucault, para quem a representação configura uma terceira episteme na história da ciência ocidental, logo, um modelo de pensamento que discorre generalizadamente sobre o real e as práticas sociais (apud YÚDICE, 2006, p. 51).

Novas representações – 2º ato

Gostaria de voltar, um pouco, à apresentação do trabalho. Quando colocava a definição da proposta a partir dos elementos citados, estava interessado propriamente em seguir a linha de pensamento de Foucault, sem a preocupação de diferenciá-lo, aproximá-lo ou contradizê-lo frente a alguma outra teoria, mas, somente, de o entender.

Quanto ao questionamento inicial, seria justamente a possibilidade das análises locais o referencial básico que permitiria uma leitura diversificada da forma autorizada de transmitir o conhecimento. Contudo, não o seria pelo fato de se compreender o saber na luta, gerando novos saberes. Mais apropriado seria pensar que a representação nova – e importante – que talvez possibilite esta leitura está no deslocamento que Foucault opera para o reconhecimento destes novos saberes. Quando afirma a necessidade da reativação de saberes locais, definindo-os como ingênuos, propõe o estudo desses saberes dentro de esferas e parâmetros de conhecimentos específicos, onde o poder se exerce explicitamente. É o que ocorre, por exemplo, com seus estudos sobre a prisão, os hospícios e a loucura (FOUCAULT, 2009, 1997).

Esse elemento é necessário para a compreensão possível do segundo elemento apresentado na introdução: o reconhecimento possível dos referenciais do saber popular que criam uma imagem da ciência – ou pretendem se contrapor a ela – só pode ser buscado na forma como se contrapõem explicitamente a esta ciência estabelecida. Por isso citei a necessidade de reconhecermos os agentes responsáveis pela imagem da ciência que o saber popular formula. Ou seja, Foucault estabelece que toda relação de conflito – ou acontecimento – gera um espaço de lutas, onde os saberes se mostram mais abertamente.[7]

Nesse sentido, apesar de Foucault trabalhar tais elementos de forma autônoma, pretendendo uma análise que somente pode revelar "reflexos" da condição macroestrutural da sociedade, elege os campos específicos de conflito dos saberes, deixando um amplo referencial para análises sociais.

---

[7] Aqui, vale lembrar-se das elaborações de Brandão (1987, 1986) de que a educação popular constitui uma questão política.

II Movimentos sociais e educação

Desde as perspectivas pensadas em diálogo com Foucault, não cabe revisar novamente a história dos movimentos sociais, no Brasil, uma vez que as referências históricas que delimitam e cortam os espaços de conflitos e lutas sociais já foram discutidas em estudos brasileiros acerca dos movimentos sociais (GOHN, 2000). Importa mais, aqui, compreender como eles se reconfiguraram, recentemente, nos processos de democratização da sociedade brasileira, com a emergência de ações coletivas e lutas sociais diversificadas em torno de temas como identidade e diferença, sobretudo, nas camadas populares (SILVA, 2005; EVERS, 1984).

Essa reconfiguração ocorreu no período de democratização que antecedeu e sucedeu a Assembleia Nacional Constituinte, e compôs-se em apreensões conceituais que abarcam desde o surgimento de "comunidades reivindicantes" (DOIMO, 1995) no espaço urbano, à fragmentação dos movimentos sociais tradicionais, ou históricos, em formas de organização sociopolíticas e culturais específicas (as ONGs), na sociedade civil (GOHN, 1997), aos movimentos pela universalização da cidadania (TELLES, 2001), até os movimentos estudantis, feministas, por direitos civis, ecológicos, étnicos, entre outros (MELUCCI, 2001; SILVA, 2005).

Essas apreensões podem ser resumidas segundo alguns elementos convergentes:

1. O contexto histórico das décadas de 1960-80 é apontado como o período de transição das lutas sociais catalisadas pelo movimento operário, que tinham por finalidade reivindicações predominantemente socioeconômicas (redistributivistas), para a fragmentação ou difusão desse princípio reivindicativo em novas formas de ação ou reivindicação coletivas. Estas, por sua vez, passaram a se caracterizar pela emergência de "conflitos cotidianos" (DOIMO, 1995) ou pela focalização gradual de demandas setoriais por direitos às políticas públicas – o direito à igualdade ou à diferença (MELUCCI, 2001), até as "lutas por reconhecimento", segundo Honneth (2003).

2. A transição dos movimentos sociais centrados no caráter de afiliação a um projeto sociopolítico de transformação estrutural da sociedade capitalista, e em ações e mediações orientadas por tal

teleologia, para movimentos reivindicativos de ação direta, orientados pela experiência dos sujeitos (DOIMO, 1995; GOHN, 1997; MELUCCI, 2001).

3. A transição de um princípio universal de reivindicação redistributivista, centrado nas relações capital x trabalho, que afeta diretamente as relações de produção da sociedade capitalista (segundo uma lógica heterônoma e uma ética social baseada nos deveres), para uma esfera plural de sentidos e princípios reivindicativos situados fora das relações de produção da sociedade capitalista (HILSENBECK F., 2005; MACHADO, 2005), mas focalizados em processos que se enformam nas buscas pela autoprodução dos sujeitos (TOURAINE, 2006) (segundo uma lógica autonomista e uma ética baseada nos direitos) (CORTINA, 1995; LIPOVETSKY, 2000).

4. A erosão da capacidade de coesão dos atores sociais sistêmicos, estruturados em organizações ou entidades de classe hierarquizadas de forma simétrica, e a emergência de novas "sínteses comunitárias" (DOIMO, 1995), ou de "comunidades de sentido" (BACZKO, 1985), organizadas segundo uma hierarquia assimétrica. Estas últimas sendo estruturadas sobre novas formas de solidariedade (LOPES, 2002), ou sobre as relações interpessoais que assumem uma "concepção de organização que 'harmoniza' as decisões de base com o funcionamento de uma estrutura organizativa que naturalmente toma forma na medida em que crescem os movimentos" (MACHADO, 2005, p. 86-87).

5. Por fim, a passagem dos processos de socialização dos sujeitos, que pressupunham a internalização de identificações e idealizações institucionalizadas em bases sócio-históricas, aos processos de autoeducação baseados em um refazer-se constante no enfrentamento local/global com as formas de poder ou de anulação das diferenças, frente ao processo totalizador do capitalismo (HILSENBECK, 2005, p. 70-72), também definidos por Krischke (2000, p. 161-198) como "aprendizado da democracia". Pensando os conflitos sociais que emergem, nesse sentido, Melucci (2001, p. 81) afirma:

> "Os conflitos se movem, então, rumo à apropriação do sentido contra os aparatos distantes e impessoais que fazem da racionali-

dade instrumental a sua 'razão' e sobre esta base impõem identificação. As questões antagonistas não se limitam a atingir o processo produtivo em sentido estrito, mas consideram o tempo, o espaço, as relações, o si-mesmo dos indivíduos."

Historicamente, este quadro de mudanças estaria afetado, em princípio, pela "violenta reasserção do determinismo econômico na vigência do neoliberalismo" (BURITY, 2002, p. 36). Contudo, como o próprio Burity aponta (2002, p. 36),

"encontramo-nos, por toda parte, com um mal-estar explícito diante das explicações deterministas e objetivistas, em favor de uma postulação do caráter *construído* de toda ordem (social, política, cultural). Construção onde o *simbólico/discursivo e o material são coextensivos*, onde o sentido e as práticas se articulam permanentemente e tecem o real".

Tal percepção complementa-se com a análise de Baquero (1996) de que, em tempos de neoliberalismo, vivemos sob "uma política ativa de redução da sociedade civil a um agregado de indivíduos atomizados, cujo poder de barganha ficaria reduzido ao limite de suas possessões individuais" (BAQUERO, 1996, p. 135).

Assim, a imbricação da reasserção do determinismo econômico, na vigência do neoliberalismo, com a ideologia individualista, ou neoindividualista (da perspectiva ética, segundo Lipovetsky), parece tudo explicar sobre as mudanças dos e nos movimentos sociais. Parece, mas não explica tudo.

Embora a paisagem societária institucionalizada pelo neoliberalismo deva ser reconhecida em sua importância, reduzir o debate da questão causal que caracteriza a transição dos movimentos sociais a um determinismo econômico seria, no mínimo, um estreitamento de interpretação. Sociedades pluralistas como a brasileira, mesmo que convivendo com altos índices de desigualdade social, apresentam uma complexidade de interações entre as dimensões simbólico/discursivas e materiais da vida coletiva. Tal complexidade se projeta ou exterioriza cada vez mais como normas e valores sociais descentrados "de uma concepção de sociedade como totalidade para o território de vivência e concorrência entre múltiplos *ethoi*, no espaço plástico e móvel do social" (BURITY, 2002, p. 36).

E mesmo que essa projeção/exteriorização seja cada vez mais "definida como um processo constante de produção de sentido inseparavelmente ligado a práticas individuais e coletivas, por meio das quais a realidade social se constitui" (BURITY, 2002, p. 36), é importante seguir a orientação de

> "manter a conexão entre a identificação dos 'interesses' dos atores e a experiência concreta das determinações histórico-sociais por parte desses últimos, a qual é mediada culturalmente. Desta forma, a postulação da autonomia cultural no plano analítico pode ser 'demonstrada' por meio da análise da medida em que as pessoas fazem sentido (mediação cultural) das condições de sua experiência no processo de se posicionarem e agirem no mundo". (BURITY, 2002, p. 37).[8]

É nesse sentido que a permanência do reconhecimento dos deveres, por parte de indivíduos e grupos, mesmo que sem seus atributos absolutos, evita que todos os problemas sociais sejam tratados localmente, ou reduzidos a questões "tribais". Mais até, segundo Touraine (2006, p. 120), "o sujeito nunca se identifica totalmente consigo mesmo e continua situado na ordem dos direitos e dos deveres, na ordem da moralidade e não na ordem da experiência".

Ou seja, quando analisamos as configurações recentes dos movimentos sociais, é importante perceber que aqueles projetos sociopolíticos que idealizavam os movimentos históricos atualizaram-se em crenças dos cidadãos, que se enformam em "campos de consciência [que] aparecem como uma constelação de fatos e significados daquilo que é conscientemente vivenciado" (SANDOVAL, 1994, p. 61).

Nesse sentido, opera-se uma configuração de novas subjetividades e experiências, desdobradas de um plano de interações entre as esferas de ação contemporâneas que se deslocaram da macropolítica para mediações mais próximas e significativas às pessoas, nas últimas décadas.[9] Esse deslocamen-

---

[8] Burity indica, para além da relação entre a ação e seu sentido na tradição weberiana, outro referencial que joga com dois elementos: o reconhecimento do outro como dotado de singularidade e integridade, que leva ao respeito de sua alteridade (posição que lembra muito os argumentos da "luta por reconhecimento", de Honneth [2003]), e a compreensão de que ele "se define sempre pela sua posição num dado sistema de significação e práticas – que chamo discurso" (2002, p. 37, nota 6).

[9] "De esta manera, existe un privilegio por el análisis del 'espacio local' y de las dinámicas 'moleculares' que impulsan y impiden la formación de sujetos. Esto pretende focalizar aquellos microprocesos que

to gerou novas problematizações no universo simbólico da política, mostrando que ele "também é constituído pelas fontes mediatas e próximas de formação de classes" (SANDOVAL, 1994, p. 62).

O movimento dessas interações, nas sociedades brasileira e latino-americana, fez com que os movimentos sociais assumissem princípios éticos (TOURAINE, 2006; GADEA, 2004) e transitassem no sentido de uma aproximação com as necessidades coletivas que se projetam na esfera pública, como demandas às políticas sociais (PASTORINI, 1997), para onde confluem restritivamente a definição de "deveres não-absolutos". Esses deveres possuem e expressam uma teleologia enraizada nas experiências pessoais e nos agrupamentos enformados em "campos problemáticos ativos" (DELEUZE, 1988, p. 140) de luta contra as desigualdades.

Ou seja, a defesa ética dos direitos que está na base dos movimentos sociais contemporâneos não prescinde do dever, mas o nega como um absoluto exterior à experiência pessoal ou coletiva, definido por institucionalidades alheias aos sujeitos. E esse movimento implica na percepção de que

> "modalidades de consciência estão constantemente em processo de transformação, com a progressiva extinção das arcaicas, e a emergência de outras novas. A tarefa de analisar a consciência política deveria ser não apenas descritiva, em relacionando a consciência ao contexto das relações de classe, mas também interpretativa enquanto se preste ao exame do declínio de certas formas de pensamento e o afloramento de outras, e o que significa esse processo dentro de um dado contexto de rearranjos sociais" (SANDOVAL, 1994, p. 69).

Nesse sentido, os movimentos sociais contemporâneos se conformam pelo processo definido por Duarte (2005, p. 144) como de "negociação da realidade":

> "A ideia de uma 'negociação da realidade' sublinha a qualidade complexa, conflitiva ou contraditória do horizonte de possibilida-

---

llevan de lo individual a lo colectivo y de éste a una fuerza social y política. Así, abordar lo local no se circunscribe a una definición cultural ni geográfica-administrativa (municipio, por ejemplo), sino a la red de relaciones constituidas a partir de los espacios sociales en los que se genera la voluntad colectiva" (GADEA, 2004, p. 47-48).

des[10] em que se movem os sujeitos das sociedades modernas em suas decisões éticas. Isso envolve em primeiro lugar a mencionada preeminência do 'pluralismo', implicada no valor da liberdade. Mas acentua sobretudo a dimensão dialogal que tendem a assumir todos os atos (inclusive os mais subjetivos) num contexto como esse."

Assim, cabe identificar, reconhecer e analisar como os movimentos sociais realizam essa "negociação da realidade" na contemporaneidade. Para tanto, buscarei empreender uma análise, considerando os princípios que emergem na transição dos movimentos sociais, desde as estratégias operadas nos conflitos em que estão envolvidos.

O caráter formativo (princípio-educação) dos movimentos sociais

Desde o contexto histórico de lutas sociais onde ocorre a transição dos movimentos sociais "tradicionais" para os chamados novos movimentos sociais, emerge a percepção que desvelou "a face oculta dos novos movimentos sociais" (EVERS, 1984), configurada pela reivindicação de identidade, afirmando que a pluralidade de formas de ação/reivindicação coletivas projetadas na esfera pública define-se como autoatribuição de reconhecimento – sintetizada na frase "nós somos os novos movimentos sociais". Essa percepção instalou um mal-estar entre os analistas desses movimentos, em virtude da tensão teórica entre as concepções institucionalistas e as concepções autonomistas, baseadas na configuração ou definição dos potenciais antagonismos que se projetam nas lutas sociais.

A discussão central, nessa tensão teórica, assentava-se na interpretação dos institucionalistas de que a pluralização das ações coletivas fragmenta o

---

[10]   Essa noção de Duarte aproxima-se muito da noção de "campo de possibilidades", de Gilberto Velho (1994). Para este autor (VELHO, 1995, p. 230) a sociedade se estrutura cada vez mais de forma a superar visões lineares e unidimensionais da cultura humana. Para o autor, "os domínios da economia, da política, da religião", e das diversas dimensões da vida humana "não se encontram organizados em fila indiana ou em camadas geológicas ou em compartimentos estanques" (p. 230). Por isso, o autor sugere que uma visão linear da realidade "pode produzir uma imagem perigosamente esquemática dos processos socioculturais" que correspondem a "múltiplos ritmos, direções e modos da vida em geral" (p. 230). Assim a noção de campo das possibilidades para Velho (1994, p. 40) está relacionada a uma "dimensão sociocultural", vista como um "espaço para formulação e implementação de projetos". Dimensão esta que auxilia na compreensão de trajetórias individuais relacionadas ao mundo, "como expressão de um quadro sócio-histórico, sem esvaziá-las arbitrariamente de suas peculiaridades e singularidades" (VELHO, 1994, p. 40).

princípio do antagonismo e configura um campo de correlações de força disperso na ausência de oposições consistentes e de um quadro amplo e estrutural de localização dos atores no processo histórico. Como afirma Touraine (2004, p. 304):

> "O enfraquecimento do princípio de totalidade provoca a fragmentação do conflito. Não mais as classes que se chocam em conflito social, mas categorias sociais particulares que desenvolvem um combate, cheio de significações de classe, mas também de reação à crise e de pressão institucional."

Centrado no princípio diacrônico-estrutural dos processos de dominação, essa interpretação obscurecia as interpretações focadas na emergência de lógicas não institucionalizadas de ação coletiva.

A transição operada nos movimentos sociais, entretanto, evidenciou que a percepção de Evers apontava para um processo mais profundo de entendimento acerca das proposições dos atores organizados nos movimentos. O princípio até então operante do antagonismo referia-se às teleologias opostas e complementares que se projetam de amplos segmentos sociais em oposição, pela implementação de modelos normativos de organização da vida social, como na concepção de luta de classes. Esses modelos tendiam a consolidar as projeções normativas em quadros institucionalizados alheios aos sujeitos, mesmo quando negavam tal proposição para se contrapor às concepções funcionalistas ou às tradições liberais, por exemplo.[11] Dessa forma, as projeções institucionalizadas de tais teleologias retroagiam sobre a formação dos sujeitos, exteriorizando e consolidando um quadro institucional que, seja projetado como classe, seja como sistema educacional, possuía a legitimidade de formar e reproduzir uma consciência coletiva, ou social. Nesse contexto, os processos de formação remetiam a um padrão de ação (e de ator) que Dubet (1996) definiu como sistêmico.

A percepção de Evers, contrariamente, rompe com as implicações institucionais projetadas dos modelos normativos alheios à experiência dos su-

---

[11] Desde os utopistas dos séculos XVIII e XIX, até as teorias ocidentais do século XX, tais teleologias foram regularmente definidas como "projetos de sociedade". E mesmo que tais teleologias se apresentem como opostas, suas proposições estratégicas de normatização da organização social já evidenciaram proximidades paradoxais, ao menos. Nesse sentido, Harvey (1992) mostrou a correlação dos princípios de planificação social que, no início do século XX, aproximavam o projeto corporativo do planejamento fordista ao projeto do socialismo estatal elaborado por Lênin.

jeitos, e instaura o princípio do agonismo como central para a análise dos movimentos sociais contemporâneos. Assim, transita-se da perspectiva do pertencimento para a do reconhecimento social, na lógica dos atores. Nesse trânsito, a construção analítica que antes se focava na composição histórica de forças amplas em oposição, que definiam a identidade dos movimentos em um quadro histórico determinado (a totalidade evocada por Touraine), passa a focar-se em outra tríade de elementos que, segundo Melucci (2001), caracterizam a ação coletiva: os fins, ou sentidos da ação; os meios, ou possibilidades e limites da ação; e o ambiente, ou o sistema onde a ação se realiza. Dessa forma, antes que ser definida sistemicamente, a ação coletiva dialoga com o sistema em que se insere.

Outra passagem, todavia, torna-se essencial para a configuração e o estabelecimento do princípio do agonismo, nos movimentos e lutas sociais. É que subjacente aos referentes identitários que orientam os novos movimentos sociais encontra-se um questionamento e um sentimento de subalternidade, como exposto por Boaventura de Sousa Santos, quando afirma que perguntar sobre a identidade é questionar as referências hegemônicas: quem questiona "coloca-se na posição de outro e, simultaneamente, numa situação de carência e por isso de subordinação" (SANTOS, 1994, p. 135).

Assim, à percepção de Evers de que "nós somos os novos movimentos sociais", correlaciona-se um questionamento profundo do princípio agonístico presente na constituição dos sujeitos, na luta, que forma um "nós": um saber de si, coletivo e reflexivo. E esse saber que se faz na luta, nesse caso, não se limita ao tempo da luta, como afirmou Foucault. Aqui, trata-se mais de reconhecer que o princípio agonístico é constituidor de uma "economia das diferenças", seja ela evidenciada pela abordagem da utilidade das reivindicações de diferença (YÚDICE, 2006; DUBET, 1996), seja ela evidenciada pela abordagem da democracia radical, constituída por um pluralismo agonístico (MOUFFE, 2006, p. 14), onde

> "a sociedade democrática não pode ser mais concebida como uma sociedade que teria realizado o sonho de uma perfeita harmonia... a objetividade social é constituída através de atos de poder. Isso implica que qualquer objetividade social é definitivamente política e que se tem de mostrar os traços de exclusão que governa sua constituição".

Isso porque, diferente dos períodos de exceção que governavam os sentidos da ação coletiva pela orientação-imposição de uma unidade contínua do social – nos quais as lutas sociais eram qualificadas como descontinuidades disfuncionais – nos períodos democráticos o desafio está em preservar a coletividade, sem anular as contínuas reivindicações e interesses que têm de ser negociados.

Esse parece ser o caráter profundo de um princípio-educação operante nos movimentos sociais contemporâneos: o caráter agonístico das lutas sociais implica constituir estratégias e um lugar próprio de onde os sujeitos se constituem como coletividade política – um "nós" – e desde onde possam gestar suas relações com alteridades distintas. Ou seja, os processos de reconhecimento implicam um saber de si, que é coletivo e reflexivo na medida em que também reconheçam as fronteiras políticas que se estabelecem na negociação com um "eles". Sem estratégias, as lutas são como "a luz difusa do abajur lilás", que projeta luz, mas não clarifica a paisagem.

III Perspectivas investigativas das relações entre o princípio agonístico dos movimentos sociais e as políticas de reconhecimento

As considerações anteriores procuraram evidenciar que os princípios agonísticos que marcam as lutas sociais e ações coletivas contemporâneas derivam dos processos de reconhecimento que emergiram na transição dos movimentos sociais. E se esses processos possibilitam produzir um saber de si, coletivo e reflexivo, a inserção de pesquisadores e educadores no campo dos conflitos sociais deve considerar esse saber, constituído na diversidade. Dado como representações das lutas e tensões em que os atores dos movimentos se organizam e projetam suas identificações e reivindicações, tal saber permite compreender as estratégias de negociação da realidade, sejam elas orientadas para a continuidade ou descontinuidade das relações sociais.

Todavia, isso não significa que haja uma correspondência inequívoca entre o princípio agonístico das lutas sociais (e seu saber correspondente) com as políticas de reconhecimento. Uma vez que a diversidade de lutas sociais hoje existentes projetam agonismos contextualizados em esferas socioculturais de reivindicação também diversificadas, em muitas situações essas lutas concorrem pelos recursos necessários ao outorgamento de direitos. Como já afirmou Lifschitz (2011), ao analisar os processos constitutivos das neocomunidades contemporâneas, tal diversificação produz uma "justaposição de diferentes universos de ação social em um mesmo espaço comunitário" (p. 103), que produz tensões e conflitos e carece de investigação e análise.

E aqui, penso que essa justaposição de universos de ação social no espaço comunitário também pode ser reconhecida na sobreposição de agonismos em concorrência pelo outorgamento de direitos, na esfera pública. Trata-se de entender que as políticas de reconhecimento, em uma sociedade pluralista e em uma concepção de democracia radical, como sugerida por Mouffe, também será sempre parcial.

Assim, compete a pesquisadores e educadores analisar esses processos e evidenciar os cortes seletivos que operam atores sociais em negociação com as estruturas e sistemas institucionalizados. Daí, provavelmente se produzirá uma análise ampliada e comparativa dos princípios agonísticos que orientarão as novas elaborações de saber e seus valores, na sociedade contemporânea.

Referências

BACZKO, B. *A imaginação social*. In: ENCICLOPÉDIA Einaudi. Lisboa: Imprensa Nacional – Casa da Moeda, 1985.

BACHELARD, G. *A formação do espírito científico*: contribuição para uma psicanálise do conhecimento. Rio de Janeiro: Contraponto, 1996.

BAQUERO, M. Cultura política e neoliberalismo na América Latina. In: PINTO, C. R.; GUERRERO, H. (Org.). *América Latina*: o desafio da democracia nos anos 90. Porto Alegre: Editora da UFRGS; Associação de Universidades Grupo Montevideo, 1996.

BERTRAND, M. O homem clivado: a crença e o imaginário. In: SILVEIRA, P.; DORAY, B. (Org.). *Elementos para uma teoria marxista da subjetividade*. São Paulo: Vértice, 1989.

BRANDÃO, C. R. *A questão política da educação popular*. 7. ed. São Paulo: Brasiliense, 1987.

_____. *O ardil da ordem*: caminhos e armadilhas da educação popular. 2. ed. Campinas; São Paulo: Papirus, 1986.

BURITY, J. Mudança cultural, mudança religiosa e mudança política: para onde caminhamos? In: BURITY, J. (Org.). *Cultura e identidade*: perspectivas interdisciplinares. Rio de Janeiro: DP&A, 2002.

CORTINA, A. *Ética civil y religión*. Madrid: PPC Editorial, 1995.

DAMICO, J. G. S. *Juventudes governadas*: dispositivos de segurança e participação no Guajuviras (Canoas-RS) e Grigny Centre (França). Tese (Doutorado em Educação) – Universidade Federal do Rio Grande do Sul – UFRGS. Porto Alegre, 2011.

DELEUZE, G. *Diferença e repetição*. Rio de Janeiro: Graal, 1988.

DOIMO, A. M. *A vez e a voz do popular*: movimentos sociais e participação política no Brasil pós-70. Rio de Janeiro: Delume-Dumará/ANPOCS, 1995.

DUARTE, L. F. D. Ethos privado e justificação religiosa: negociações da reprodução na sociedade brasileira. In: HEILBORN, M. L.; DUARTE, L. F. D.; PEIXOTO, C.; BARROS, M. L. (Org.). *Sexualidade, família e ethos religioso*. Rio de Janeiro: Garamond, 2005.

DUBET, F. *Sociologia da experiência*. Lisboa: Instituto Piaget, 1996.

EVERS, T. Identidade: a face oculta dos novos movimentos sociais. *Novos Estudos Cebrap*, São Paulo, nº 4, p. 11-23, 1984.

FOUCAULT, M. *Vigiar e punir*: nascimento da prisão. 37. ed. Petrópolis: Vozes, 2009.

_____. *História da loucura na idade clássica*. 5. ed. São Paulo: Perspectiva, 1997.

_____. *A ordem do discurso*. São Paulo: Loyola, 1996.

_____. *Microfísica do poder*. 5. ed. Rio de Janeiro: Graal, 1985.

FRASER, N. A justiça social na globalização: redistribuição, reconhecimento e participação. *Revista Crítica de Ciências Sociais*, 2002. Disponível em: <http://www.ces.uc.pt/publicacoes/rccs/063/063.php>. Acesso em 25 out. 2006.

_____. Da redistribuição ao reconhecimento? dilemas da justiça na era pós-socialista. In: SOUZA, J. (Org.). *Democracia hoje*: novos desafios para a teoria democrática contemporânea. Brasília: Editora UNB, 2001.

GADEA, C. A. *Acciones colectivas y modernidad global*: el movimiento neozapatista. Toluca: Universidad Autónoma del Estado de México, 2004.

GOHN, M. G. *Os sem-terra, ONGs e cidadania*. São Paulo: Cortez, 1997.

_____. *Teorias dos movimentos sociais*: paradigmas clássicos e contemporâneos. 2. ed. São Paulo: Loyola, 2000.

HARVEY, D. *Condição pós-moderna*. São Paulo: Loyola, 1992.

HILSENBECK F., A. M. Democracia e governos autônomos: uma reflexão a partir da experiência do Exército Zapatista de Libertação Nacional. *Mediações*, v. 10, nº 2, p. 55-73, 2005.

HONNETH, A. *Luta por reconhecimento*: a gramática moral dos conflitos sociais. São Paulo: Editora 34, 2003.

KRISCHKE, P. J. *Aprendendo a democracia na América Latina*: atores sociais e mudança cultural. Porto Alegre: EDIPUCRS, 2000.

LIFSCHITZ, J. A. *Comunidades tradicionais e neocomunidades*. Rio de Janeiro: Contracapa/FAPERJ, 2011.

LIPOVETSKY, G. *El crepúsculo del deber*: la ética indolora de los nuevos tiempos democráticos. 5. ed. Barcelona: Anagrama, 2000.

LOPES, J. R. A questão social da terra como desafio para a Psicologia. *Psicologia em Estudo*, v. 12, nº 3, p. 583-592, 2007.

_____. Movimentos sociais, negociação da realidade e modos de modernização na sociedade brasileira. *Revista de Educação Pública*, v. 16, nº 31, p. 13-28, 2007a.

LOPES, J. R. Pobreza, subjetividade e cidadania. *Serviço Social & Sociedade*, nº 70, p. 160-172, 2002.

MACHADO, E. R. Na contramão do neoliberalismo: sem-terra e piqueteiros. *Mediações*, v. 10, nº 2, p. 75-90, 2005.

MELUCCI, A. *A invenção do presente*: movimentos sociais nas sociedades complexas. Petrópolis: Vozes, 2001.

MOUFFE, C. Por um modelo agonístico de democracia. *Revista Sociologia Política*, nº 25, p. 165-175, 2006.

MUCHAIL, S. T. A filosofia como crítica da cultura. In: FAVARETTO, C. F. (Org.). *Epistemologia das ciências sociais*. São Paulo: EDUC, 1984.

NOBRE, M. Luta por reconhecimento: Axel Honneth e a teoria crítica. In: HONNETH, A. *Luta por reconhecimento*: a gramática moral dos conflitos sociais. São Paulo: Editora 34, 2003.

PASTORINI, A. Quem mexe os fios das políticas sociais? Avanços e limites da categoria "concessão-conquista". *Serviço Social & Sociedade*, v. 18, nº 53, p. 80-101, 1997.

SANDOVAL, S. Algumas reflexões sobre cidadania e formação de consciência política no Brasil. In: SPINK, M. J. P. (Org.). *A cidadania em construção*: uma reflexão interdisciplinar. São Paulo: Cortez, 1994.

SANTOS, B. S. Modernidade, identidade e a cultura de fronteira. *Tempo Social*, v. 5, nº 1-2, 1994.

SCHUTZ, A. *El problema de la realidad social*. Buenos Aires: Amorrortu Editores, 2003.

SILVA, J. P. Teoria crítica na modernidade tardia: sobre a relação entre reconhecimento e redistribuição. (Paper apresentado no GT teoria social e multiplicidade da modernidade). In: ENCONTRO ANUAL DA ANPOCS, 29. Caxambu, 2005. *Anais...* Caxambu: ANPOCS, 2005. (CD Rom).

TELLES, V. S. *Pobreza e cidadania*. São Paulo: Editora 34, 2001.

TOURAINE, A. *Um novo paradigma para compreender o mundo de hoje*. Petrópolis: Vozes, 2006.

_____. *A busca de si*: diálogo sobre o sujeito. Rio de Janeiro: Bertrand Brasil, 2004.

_____. Os novos conflitos sociais: para evitar mal-entendidos. *Lua Nova*, nº 17, p. 5-18, 1989.

_____. Os movimentos sociais. In: FORACCHI, M. M.; MARTINS, J. S. *Sociologia e sociedade*. Rio de Janeiro: LTC, 1977.

VELHO, G. Estilos de vida urbana e modernidade. *Estudos Históricos*, v. 8, nº 16, p. 227-234, 1995.

_____. *Projeto e metamorfose*: antropologia das sociedades complexas. Rio de Janeiro, Zahar, 1994.

YÚDICE, G. *A conveniência da cultura*: usos da cultura na era global. Belo Horizonte: Editora UFMG, 2006.

03

POLÍTICAS DE EDUCAÇÃO ESCOLAR INDÍGENA: DA HOMOGENEIZAÇÃO À DIVERSIDADE

Telmo Marcon

Considerações iniciais

As lutas e reivindicações indígenas vêm ganhando, nas últimas décadas, dimensões que as políticas integracionistas dos anos de 1970 jamais poderiam imaginar. Questões envolvendo terra, cultura, identidade, diversidade, educação escolar intercultural e bilíngue ganharam espaços significativos não apenas no âmbito interno das comunidades indígenas, mas também como políticas de Estado que se efetivam em diferentes espaços formais e instituições educativas. Isso fica evidente na educação das relações étnico-raciais formalizadas pelas políticas educacionais no início do século atual, que deram destaque inicialmente aos afrodescendentes, mas, a partir de 2008, incluíram também os indígenas.

No âmbito das comunidades indígenas, mesmo com a diversidade de ritmos de integração e resistência, avanços e desafios, a educação escolar vem ganhando um espaço privilegiado na pauta das reivindicações atuais. Cresce a consciência nas lideranças indígenas de que a educação formal é uma ferramenta fundamental para que os povos possam estabelecer relações qualitativas e não de subordinação com os não índios. A educação pode contribuir no empoderamento tanto das comunidades quanto das lutas mais amplas. Que elementos constituem efetivamente uma educação escolar indígena intercultural e bilíngue? Em que medida esse desafio aponta para problemas político-pedagógicos mais amplos da educação na sociedade atual? Em que níveis se situam as principais diferenças entre as experiências históricas de educação indígena e as atuais? Como se dá a passagem de uma educação indígena homogeneizadora para uma educação que reconheça a diversidade e os desafios daí decorrentes?

Buscando dar conta dessas questões, pretende-se aprofundar, no presente texto, três pontos: a) problematização dos conceitos de diversidade e de igualdade com o objetivo de fundamentar uma crítica aos modelos homogeneizadores que predominaram nas experiências de educação indígena até a década de 1980; b) considerações sobre a história da educação indígena, especialmente a experiência de educação desenvolvida junto aos Kaingang na metade do século XIX na região norte do Rio Grande do Sul; c) finalmente, uma análise dos avanços nas políticas de educação escolar indígena após a Constituição de 1988 e a Lei de Diretrizes e Bases da Educação Brasileira (LDB) de 1996. O texto apoia-se em referências bibliográficas e em documentos relativos às justificativas da educação indígena.

Problematizando os conceitos de diversidade e igualdade

De modo geral, tomamos os conceitos com determinadas significações e dificilmente perseguimos suas origens e desdobramentos históricos. Com os conceitos de *igualdade* e *diversidade* não é diferente. Eles são complexos e polissêmicos, mesmo aparentando certa objetividade. O desafio, segundo Williams (1997, p. 21), é historicizar os conceitos, problematizando-os ao invés de tomá-los como dados.

> "Cuando los conceptos más básicos – los conceptos, como se dice habitualmente, de los cuales partimos – dejan repentinamente de ser conceptos para convertirse en problemas – no problemas analíticos, sino movimientos históricos que todavía no han sido resueltos –, no tiene sentido prestar oídos a sus sonoras invitaciones o a sus resonantes estruendos. Si podemos hacerlo, debemos limitarnos a recuperar la esencia en la que se han originado sus formas."

Partindo dessas considerações, indaga-se por que razões o conceito de *igualdade*, mesmo tendo grande expressão desde a modernidade, de modo mais acentuado com a Revolução Francesa, bem como o de *diversidade*, ressurgindo com intensidade nas últimas décadas, colocam-se no centro dos debates atuais? Não se trata de discussões especulativas, mesmo que estas continuassem a existir, mas da incorporação em projetos socioculturais, em políticas educacionais, em plataformas partidárias e sindicais, em movimentos e organizações sociais.

Os conceitos de igualdade e diversidade ganharam, no decorrer da história, distintos significados.[1] Foram incorporados por projetos políticos altamente questionáveis do ponto de vista democrático e cidadão. Não faltam exemplos na história de como a diversidade foi utilizada como pretexto para legitimar práticas de escravidão, nas quais o senhor no seu papel sempre se considerou distinto do escravo, assim como o senhor do seu servo, o comandante do comandado, o opressor do oprimido. Mais do que isso, em nome da diversidade e da diferença determinados povos e grupos sociais foram perseguidos, torturados e, em alguns casos, exterminados. Essas breves referências históricas servem para posicionar o problema de fundo: a diversidade pode ser pensada numa perspectiva emancipatória, mas também opressora. O mesmo ocorre com o conceito de igualdade quando utilizado de um ponto de vista formal para negar qualquer tipo de política discriminatória positiva.[2] Quais os significados desses dois conceitos no presente texto? Como eles ajudam a fundamentar e se fazem presentes nas políticas de educação indígena?

Para Santos e Nunes (2004, p. 19),

> "multiculturalismo, justiça multicultural, direitos coletivos, cidadanias plurais são hoje alguns dos termos que procuram jogar com as tensões entre diferença e a igualdade, entre a exigência de reconhecimento da diferença e de redistribuição que permita a realização da igualdade".

A emergência com força dos conceitos de *igualdade e diversidade* se dá num período histórico em que se fortalecem movimentos e organizações de múltiplas naturezas, reivindicando direitos historicamente silenciados, direitos que são objeto, como diz Santos (2008, p. 93-135), da "sociologia das ausências". Na medida em que vozes historicamente silenciadas ganham vida,

---

[1] Segundo o Dicionário Eletrônico Houaiss, *diversidade* é a "qualidade daquilo que é diverso, diferente, variado; variedade; conjunto variado; multiplicidade; desacordo, contradição, oposição". Diferença é a "qualidade do que é diferente; o que distingue uma coisa de outra; falta de igualdade ou de semelhança...".

[2] Há um debate importante sobre as políticas de ação afirmativa tendo como pano de fundo o conceito de igualdade. Há tentativas de descaracterizar as políticas de cotas, por exemplo, com base no argumento da igualdade. Essa política estaria ferindo o princípio da igualdade. A posição dos críticos às políticas afirmativas é de que elas discriminam e geram conflitos étnico-raciais. Na França, segundo Souza (2012, p. 232, nota 1), a denominação *discriminação positiva* equivale ao que se denomina de *políticas afirmativas* no Brasil.

surgem novos atores sociais que colocam inúmeras questões investigadas pela "sociologia das emergências".

Os conceitos de *diversidade e igualdade* têm historicidade, como diz Williams. No alvorecer da filosofia grega, Heráclito já chamava atenção para o movimento da realidade que se contrapunha à substância (aqui entendida como essência fixa) e expressão do permanente. Em que medida a tese que Heráclito defendia em relação à existência de um movimento permanente permite fundamentar a ideia de diversidade? É evidente que esse conceito não ganhou uma formulação conceitual mais precisa ao longo da história, em parte pela complexidade dos seus significados. É com a emergência de novos atores sociais, especialmente desde a segunda metade do século XX, reivindicando direitos e reconhecimento, que esse conceito passa a ter um papel mais destacado e também a ganhar elaborações mais precisas.

No entanto, como diz Pierucci (2000, p. 14-57), é preciso aprofundar as diversas compreensões do conceito de diferença. Alerta para o uso que tem sido feito desse conceito para justificar mudanças ou para legitimar determinadas situações. O autor fala que a simplificação do debate sobre a diferença acaba numa polarização que denomina de "binária" e que não consegue dar conta da complexidade dos processos socioculturais e educativos. Conclui, com base nas contribuições de Jonh Scott, dizendo que as formulações binárias "pelo fato de terminarem em antíteses excludentes ou disjuntivas, é que armam ciladas. Forçando as escolhas, funcionam como verdadeiras armadilhas intelectuais" (PIERUCCI, 2000, p. 48). As posições binárias polarizam igualdade e diferença como sendo inconciliáveis: ou defende-se a igualdade ou a diferença. Essa forma de conceber o debate forçosamente cria armadilhas.

Como esse problema adentra o campo das ciências e do discurso científico? O desenvolvimento do modelo científico que se tornou hegemônico por muito tempo e ainda continua com força, embora menos agressivo, esforçou-se em buscar a regularidade, o permanente e, por conseguinte, a formulação de *leis* reguladoras dos fenômenos físicos e sociais. Sem adentrar no debate sobre até que ponto esses critérios continuam sendo importantes para a expansão de determinadas áreas do conhecimento, o fato é que o paradigma fundamental desse modelo não consegue dar conta da diversidade. Na medida em que esse paradigma adentrou nas áreas como a sociologia, a psicologia e a educação, entre outras, as consequências foram críticas e hoje encontram poucos interlocutores.[3]

---

[3] A respeito dessa tendência da ciência no campo da sociologia e da educação pode-se fazer referência a Durkheim. Mesmo considerado um clássico na sociologia e na sociologia da educação, suas bases

Durkheim argumentou que a sociologia deveria tomar como objeto de estudo os fatos sociais que, segundo seus argumentos, tinha três características: a exterioridade, a generalidade e a coerção. A *exterioridade* seria constituída pelos elementos que independem das consciências individuais, ou seja, daqueles elementos constitutivos da subjetividade (1972, p. 2). A ciência, dizia ele, precisa "afastar sistematicamente todas as prenoções. Não é necessária uma demonstração especial desta regra, ela resulta de tudo quanto dissemos anteriormente. Constitui, além do mais, a base de todo o método científico" (1972, p. 27). A *generalidade* pauta-se naquilo que é permanente e regular e, por conseguinte, se contrapõe às particularidades e ao contingente (DURKHEIM, 1972, p. XXXI). A terceira característica de um fato social, a *coerção*, inclui tudo o que é exterior aos indivíduos e sobre eles se impõe de modo a não haver possibilidade de escolha. Os fatos sociais, além de serem exteriores aos indivíduos, possuem "um poder imperativo e coercitivo, em virtude do qual se lhe impõem, quer queira, quer não..." (DURKHEIM, 1972, p. 2).

Qual o sentido dessa argumentação? Ela se justifica para evidenciar os limites dessa lógica na medida em que nega a possibilidade de pensar a diversidade, constitutiva da realidade e objeto das ciências. Enquanto persistir o discurso da homogeneidade não há espaço para pensar a diversidade. Se o século XIX pode ser caracterizado pelo avanço exponencial desse modelo de ciência (positivista), o século XX é marcado por crises desse paradigma, bem como a emergência de outros paradigmas como a fenomenologia, a hermenêutica e a *dialética*. É nesse contexto de transformações que, desde o final do século XX, mas de modo marcante no século XXI, a diversidade assume um lugar central nas investigações científicas em múltiplas áreas do conhecimento e, também, no caso, das políticas educacionais.

Pode-se concluir essa primeira parte da argumentação trazendo de volta as reflexões de Santos e Nunes (2004, p. 47) quando tratam da quarta tese sobre "multiculturalismos emancipatórios e escalas de luta contra a dominação". Essa tese é assim enunciada: "As políticas emancipatórias e a invenção de novas cidadanias jogam-se no terreno da tensão entre igualdade e diferença, entre a exigência de reconhecimento e o imperativo da redistri-

---

e argumentos dificilmente se sustentam na atualidade quando confrontados com pesquisas. Isso não nega evidentemente suas contribuições, apenas aponta para os limites conceituais e paradigmáticos. A respeito dessa crítica, ver Santos (2008).

buição." Ao enunciar essa tese, os autores atentam para o fato de que os dois conceitos centrais, *igualdade e diferença,* não são suficientes para uma política emancipatória.

> "O debate sobre os direitos humanos e a sua reinvenção como direitos multiculturais, bem como as lutas dos povos indígenas e das mulheres, mostram que a afirmação da igualdade com base em pressupostos universalistas, como os que presidem às concepções ocidentais, individualistas, dos direitos humanos, conduz à descaracterização e negação das identidades, das culturas e das experiências históricas diferenciadas, nomeadamente à recusa do reconhecimento dos direitos coletivos." (SANTOS; NUNES, 2004, p. 47).

A conclusão a que chega Santos (2008, p. 313) sobre a igualdade e a diferença aponta para um paradoxo. O racismo, diz o autor, "tanto se afirma pela absolutização das diferenças como pela negação absoluta das diferenças". Segue a argumentação explicitando os conceitos de igualdade e diferença e diz que "temos o direito a ser iguais sempre que a diferença nos inferioriza; temos o direito de ser diferentes sempre que a igualdade nos descaracteriza". Esse paradoxo não se esgota numa formulação meramente teórica, ou seja, em cada contexto é preciso avaliar em que medida a igualdade ou a diferença se fazem presentes e contribuem para processos democráticos e emancipatórios. Essa postura contribui para a afirmação da relatividade sem cair num relativismo que pode ser tão excludente quanto a homogeneização. Como essas questões se fazem presentes nas políticas e na história da educação escolar indígena? É o que se pretende desenvolver na sequência.

História da educação indígena à luz do conceito de homogeneização

Ao introduzir essa discussão, a pretensão é de reconstruir pequenos fragmentos da história da educação escolar indígena. Há uma pluralidade de experiências de contatos/confrontos, de ritmos e temporalidades expressivas na história do Brasil conforme atestam pesquisas sistemáticas como as de Cunha (2008). Poucas experiências de educação indígena, pelo menos até recentemente, são de educação escolar formal. Poucos povos indígenas tiveram acesso à educação escolar jesuítica. Às vezes, há um exagero em relação ao papel dos jesuítas junto aos indígenas. Poucos povos foram educados em escolas jesuíticas. Os dados apresentados por Azevedo (1999) das escolas fundadas pelos missionários-educadores dão conta de que sua atuação concentrou-se, basicamente, no litoral. Podem-se agregar a essas experiências as escolas em reduções no Rio Grande do Sul e Paraná, ou seja, a multiplicidade de povos indígenas é muito maior daqueles que mantiveram contato com os missionários.

A educação formal no Brasil, especialmente no período jesuítico, tem como fundamento a pedagogia tradicional.[4] Atuando por mais de dois séculos, os jesuítas[5] ancoraram sua atuação educacional no *Ratio Studiorum*[6] (FRANCA, 1952), um método pedagógico que inclui vários elementos, mas tendo a educação formal como eixo central. No contexto em que foi formulada, a autoridade está totalmente concentrada no professor (jesuíta), com uma hierarquia extremamente rígida. A educação é parte de uma missão da Companhia de Jesus para converter, especialmente os indígenas, à civilização. Dessa forma, há uma mescla entre ensino e catequese, processos que se confundem.

A pedagogia escolástica jesuítica sistematizada no *Ratio Studiorum* estabelece um conjunto de regras para os membros da ordem religiosa, bem como detalha normas, procedimentos e castigos aos alunos internos (com vocação ao sacerdócio), mas também aos externos. O referido documento trata desde os conteúdos a serem estudados, as formas de avaliação, os critérios para a escolha dos professores, as condições gerais de funcionamento e avaliação do ensino e da aprendizagem, bem como os castigos.

Nas regras estabelecidas para os alunos externos da Companhia, o método pedagógico propõe procedimentos autoritários visando corrigir possíveis desvios.

> "Entendam que, em tudo quanto se refere ao estudo e à disciplina, se forem ineficientes as ordens e os avisos, recorrerão os Professores ao corretor para puni-los. Os que recusarem aceitar o castigo, ou não derem esperança de emenda ou incomodarem os colegas e com o seu exemplo lhes forem prejudiciais, saibam que serão despedidos dos nossos colégios."

---

[4] Uma sistematização mais recente dessa pedagogia, com as devidas ponderações, foi feita por Durkheim, que define a educação como "a ação exercida, pelas gerações adultas, sobre as gerações que ainda não se encontram preparadas para a vida social..." (1972, p. 41).

[5] Bosi (2000, p. 26-63) analisa a atuação de alguns padres jesuítas que tiveram uma postura mais sensível em relação aos índios, condenando a escravidão e atitudes de alguns senhores.

[6] A primeira edição do *Ratio Studiorum* data de 1599.

No documento, há um detalhamento dos comportamentos aceitos e dos castigos equivalentes a cada situação para os que se negarem a segui-los, podendo culminar na expulsão dos colégios. O *Ratio Studiorum* é uma referência universal para a Ordem, independente dos contextos e das diferenças socioculturais.

Na sequência, serão analisados alguns elementos de uma experiência realizada pelos padres jesuítas no Rio Grande do Sul junto aos índios Coroados (Kaingang) na metade do século XIX na região Norte, mais especificamente em Nonoai. Essa experiência permite compreender alguns dos elementos acima analisados, entre os quais, a homogeneização e a desconsideração total pela diversidade sociocultural.

No período imediatamente após o fim da guerra Farroupilha, em 1845, o governo provincial manifesta suas preocupações para com os indígenas concentrados, fundamentalmente ao Norte do Rio Grande do Sul, região de matas. O então presidente da Província do Rio Grande do Sul, Duque de Caxias, no relatório enviado em 1846 à Assembleia Legislativa prestando contas da educação junto aos indígenas, faz um diagnóstico das condições dos mesmos e da necessidade de educação. Assim como os jesuítas, o presidente da província avalia a necessidade do poder público intervir, através da educação, junto aos indígenas.

> "É uma grande deshumanidade o deixarmos vagar por esses desertos indios (sic) sem os socorros da religião e da civilisação esses restos dos primeiros habitantes do nosso paiz, que tão, úteis nos podiam ser, como muitos delles nos tem sido, enquanto que a custa de tantos perigos e despesas vamos buscar braços africanos que nos ajudem. Este objeto deve merecer a nossa atenção como já mereceu a minha. Em julho de 1845 ordenei ao tenente Coronel Antônio Maria, comandante e Militar de Cruz Alta que prestasse o auxílio (sic) de uma escolta para acompanhar o padre Antônio de Almeida Leite Penteado a que se me offerecera para ir levar as primeiras luzes do Cristhianismo ao seio dos toldos dos indios que demoram (sic) pela immediações do Passo Fundo. Mandei-lhe dar um altar portátil, roupas e ferramentas para serem distribuídas por elles, ordenando que não se lançasse mão desses homens para o serviço, antes os acariciasse para melhor atrail-os á civilisação, e dissipar toda a má suspeita a nosso respeito."[7]

---

[7] Relatório do Governo da Província do Rio Grande do Sul, Duque de Caxias, enviado à apreciação da Assembleia Legislativa, denominado *Catequese e aldeamento dos índios*, 1846, folha 45 e 46v. A pesquisa foi realizada em agosto de 1992, nos Anais da Assembleia Legislativa com base nos relatórios anuais

Merece destaque dessa fala a noção que o poder público tem dos índios, tratando-os como coitados (resto dos primeiros habitantes), longe das luzes da civilidade, sem religião e sem cultura, mas potencialmente úteis para o trabalho. Daí o papel da educação como capaz de redimi-los dessas condições para serem integrados à civilização.[8] Nesse contexto, cabe à educação o papel fundamental de preparação dos indígenas para a convivência pacífica (civilização) e para o trabalho. Para dar conta desse empreendimento, o governo provincial apoia e subsidia com recursos financeiros e também militares a presença de padres jesuítas para atuar na região de Nonoai.

O relatório acima referido detalha os procedimentos do padre jesuíta na distribuição de roupas e tecidos. Chama atenção que as primeiras avaliações dessas iniciativas eram positivas tanto de parte dos padres quanto do governo provincial. Progressivamente, o otimismo cede lugar a uma avaliação mais ponderada e tanto os missionários quanto o governo provincial se dão conta de que a empreitada era mais complexa do que parecia inicialmente. As dificuldades não foram apenas de ordem econômica, mas envolviam a cultura, no sentido mais amplo, e a língua, em particular, bem como a resistência ao trabalho e ao estudo sistemáticos e disciplinados. Os índios coroados resistiam em submeter-se à disciplina do tempo proposta pelos missionários e criavam vários mecanismos de subterfúgio.

Poucos anos depois de iniciar a atividade educativa junto a esses índios, as avaliações do vice-presidente da Província, João Capistrano de Miranda Castro, conforme relatório de 1848, são negativas, visto que a "Catequese e civilização dos índios" continuavam abandonadas. Na página 39v. do seu relatório, destaca que depois da nomeação de um novo diretor para os aldeamentos "tem-se dado as convenientes providências e o devido andamento aos serviços de aldeamento, em completo abandono na Província e à cathequese e civilização dos índios".

---

do Presidente e do Vice-Presidente da Província à Assembleia Legislativa prestando conta das ações desenvolvidas junto aos aldeamentos indígenas. Dessa pesquisa resultou o artigo *O processo de aldeamento indígena no Rio Grande do Sul*, publicado no livro organizado por MARCON, Telmo. *História e cultura Kaingang no sul do Brasil*. Passo Fundo: Gráfica UPF, 1994, p. 93-134. As citações mantêm a grafia original dos relatórios manuscritos que foram por mim transcritos.

[8] É importante compreender esse discurso no contexto imediatamente após o fim do conflito Farroupilha. O governo provincial tinha como objetivo colonizar a região centro-norte da província com imigrantes europeus, onde havia grande concentração de indígenas. Faz parte desse movimento a organização dos aldeamentos e a educação como instrumento capaz de contribuir para esse projeto e para a convivência pacífica.

O relatório diz que, no ano 1848, estavam sendo tomadas providências para que os padres pudessem atuar junto aos índios de Nonoai.

> "Devem estar hoje no aldeamento de Nonoahy o reverendissimo Padre da Companhia de Jesus Bernardo Pares e mais dous reverendissimos da mesma Ordem, que de muito boa vontade se prestarão ao serviço de, em missões especiaes, percorrem as mattas do Uruguay, os toldos já visitados e os errantes, e de chamar os indios á religião Cristã e á civilisação coadjuvando poderoso meio, as empregadas d'aquelle aldeamento." (Relatório de 1848, fl. 41).

Continua o relatório de 1848 descrevendo os procedimentos adotados e as iniciativas dos missionários para o desenvolvimento da educação e da catequese.

> "À estes Reverendos missionários mandou-se dar a gratificação mensal de vinte e cinco patacões, prata, além de despesas de transporte desta capital á Cruz Alta, e aos lugares onde conviesse estabelecer missões, casa de residencia e alimentos; tendo-se prestados estes Reverendos Padres ao ensino gratuito da mocidade fundando n›esta cidade uma aula de latim, e além disso concorrido com fervoroso empenho para ministrarem os sacramentos e fazerem predicas nos lugares onde há falta de sacerdotes, para se lhes garantir meios de subsistencia, por não chegarem sem devida (sic) as esmolas que os fieis tem consignado, mandou-se abonar aquella despesa de uma gratificação mensal, alimentos e transportes." (Relatório de 1848, fl. 41).

A relativa autonomia dada aos missionários pelo executivo provincial nem sempre foi bem aceita pela Assembleia Legislativa. Em várias ocasiões as avaliações dos relatórios fazem referência às divergências da Assembleia sobre os investimentos feitos para com os indígenas e também sobre o papel desses missionários junto aos índios. No relatório de 1850, o governo provincial diz que fez muito esforço para dar conta da catequese e reconhece a importância do trabalho dos missionários nas aldeias.

A partir de 1852 os relatórios são mais críticos e pessimistas em relação ao trabalho dos missionários. Nesse mesmo ano os jesuítas se retiraram das aldeias Kaingang e os padres capuchinhos foram chamados para atender a catequese. Entre os motivos apontados para a crise está o paternalismo dos missionários que atraíram os índios para a catequese e à educação com base na troca. Esse procedimento aumentava, na avaliação da Assembleia Legislativa, os gastos públicos, além de darem poucos resultados e os indígenas que resistiam em se submeter ao controle dos padres. Na avaliação tanto do governo provincial quanto dos missionários, os índios se submetiam a educação enquanto conseguiam barganhar algum tipo de apoio e depois retornavam para as matas. Isso comprometia, segundo os próprios missionários, a educação sistemática. O próprio governo reconhece, no relatório de 1853, que pouco ou nada foi conseguido.

> "Mas de catechese propriamente dita nada se faz; ha muito tempo nesta provincia, por falta do principal elemento, e da conversão e doutrinação religiosa, e moral por meio dos padres... (relatório de 1854, fl. 38v.). Quando se trata de aldeamento, a maior difficuldade é achar quem della se possa encarregar com vantagem dos indígenas. Infelizmente forão-se esses tempos em que o christão contando os degraos da salvação pelo numero de almas que convertia á Fé da Cruz, exilava-se da sociedade para entregar-se nos desertos á conversão dos indígenas. Presentemente tudo se move pelas molas do interesse." (Relatório de 1854, folha 42v.).

Mesmo com todas as dificuldades, o poder executivo continuou apostando na função redentora da catequese e da educação entre os indígenas. Segundo o relatório de 1853, o governo provincial insiste em duas frentes: reunir todos os índios da Província numa única aldeia, na região de Nonoai, iniciativa frustrada, e a continuidade ao trabalho de educação e catequese. O trecho do relatório abaixo ilustra bem essas preocupações.

> "Convém não desistir do empenho, de centralizar todas essas tribus reunidas no mesmo aldeamento de Nonoahy e prover esta povoação dos socorros indicados pelo Director Geral no relatório deste anno. Destes socorros eu julgo indispensáveis uma pequena capella, onde se celebrem os officios divinos e os indios aprendão a adorar a Deos dos cristhãos, uma escola de primeiras letras, uma casa para o Director e quartel para o esquadrão do aldeamento. Seus nobres precedentes no serviço da catechese, em que se empregou há muitos annos, e o seu estado de sacerdote inspirão a

maior confiança e fazem esperar delle os melhores serviços, não só da administração geral do aldeamento como também na educação moral e religiosa dos *índios*." (Relatório de 1854, fl. 39v.).

Os relatórios vão apontando alguns avanços e muitos retrocessos. O relatório de 1857 destaca a urgência de intensificar o trabalho catequético e educativo junto aos índios. "He de absoluta necessidade um sacerdote para fazer os sacramentos e batizados n'aquelle aldeamento, e instruir os índios nos preceitos da religião bem como ensinar-lhes as primeiras letras" (Relatório de 1857, fl.30).

A concepção teológica e pedagógica dos padres missionários era tradicional e fortemente marcada por uma moral sexual negativa. O padre Pares, por exemplo, conclama o presidente da Província a criar escolas diferenciadas para meninos e meninas a fim de evitar que permanecessem juntos no mesmo espaço.

> "Seria, pois, mui conveniente que os padres missionários logo estabelecessem uma escola para ensinar os meninos a lêr e escrever, conservando-os assim separados, conseguirão, com o tempo, que trabalhem também separados como, porém, tal separação offerecerá ao princípio muitas difficuldades é preciso proceder de maneira que elles não entendam o que se pretende; por isso deveria deixar á prudência dos missionários o tempo e o modo de realisal-o. Consequentemente é indispensável, fora da capela e morada dos missionários, uma sala contigua para a escola com todos os seus trastes." (TESCHAUER, 1929, p. 284-285).

No âmbito da educação escolar, manifesta-se uma contradição entre a ação dos missionários que organizam a escola com base numa estrutura disciplinar rígida, numa cultura diferente daquela dos índios e baseada na pedagogia tradicional, e a reação dos índios fugindo para as matas. A rigidez disciplinar admitia o uso de castigos para que os índios pudessem se aplicar mais. Quanto mais os missionários pressionavam, mais os índios fugiam para as matas e não retornavam.

Segundo o padre Solanellas, que também atuou na educação e catequese em Nonoai, os índios encontravam desculpas das mais evasivas para não estudarem. O seu depoimento ilustra as dificuldades encontradas pelos índios em relação à escrita e o rigor disciplinar:

"alguns já começam a soletrar, porém, esse aprender a ler repugna-lhes muitíssimo, porque algumas letras não podem pronunciar; com o tempo e paciência (mediante Deos) o conseguirei. As vezes me dizem jeri comgati, doe-me a cabeça. Pobrezitos! Precisa-se muita descrição para não molestal-os muito porque não voltariam mais" (*apud* TESCHAUER, 1929, p. 284-285).

Os missionários trabalharam com os índios Coroados a partir da visão que tinham de mundo, de religião, de cultura e de civilização. Não existem evidências de situações em que algum padre missionário tenha tido alguma manifestação diferenciada para com os nativos e que denote alguma sensibilidade para com a sua cultura. Os parcos elogios ocorriam quando os índios conseguiam assimilar os valores, os costumes e a língua dos não índios. Alguns missionários tentaram aprender a língua indígena, mas com o objetivo de facilitar a doutrinação e a catequese e não para fortalecer a identidade cultural.

Esses elementos constitutivos de uma experiência histórica dão materialidade ao problema que está sendo discutido, que é o do reconhecimento da diferença e da igualdade. A atuação dos padres jesuítas está contextualizada dentro de uma proposta pedagógica que tem um único movimento: parte da autoridade instituída (baseada no *Ratio Studiorum*) sobre os índios que são vistos e tratados como objeto da catequese, da educação e da civilização.[9] A diferença e a diversidade são, assim, concebidas com condição de autoridade e de imposição cultural. A diversidade não é tratada como perspectiva distinta de experiências, de costumes e tradições, mas como imposição sobre os nativos em nome da racionalidade dominante. É o que Santos (2008, p. 102) denomina "monocultura do saber e do rigor do saber". Essa denominação, segundo o autor, decorre da postura autoritária em relação ao conhecimento. Somente alguns deles são reconhecidos e os demais ignorados ou desqualificados. Para Santos, não existe ignorância, nem conhecimento em geral. "Toda a ignorância é ignorante de um certo conhecimento, e todo o conhecimento é a superação de uma ignorância particular". O reconhecimento dessa incompletude abre "possibilidades de diálogo e de debate epistemológicos entre os diferentes conhecimentos" (2005, p. 25). Ele propõe a superação da "monocultura do saber" por uma "ecologia dos saberes". Para o autor (2008, p. 108), "o que a ecologia dos saberes desafia são as hierarquias universais e abstratas e os poderes que, através delas, têm sido naturalizadas pela história".

---

[9] Catequese e educação são processos muito imbricados que se identificam. Educar significa catequizar.

As considerações sobre a concepção de educação dos jesuítas são importantes no contexto da crítica à negação da diversidade e das múltiplas experiências socioculturais. O movimento de mão única instalado tende a fortalecer o projeto dominante e silenciar as experiências dos grupos subalternos. Essa tendência predomina na história do Brasil, pelo menos até a década de 1980. Somente nas últimas décadas é que foram sendo formuladas políticas com outras perspectivas e pontos de vista. Essas mudanças serão objeto do próximo tópico.

Políticas de educação indígena e diversidade

As políticas de educação indígena vêm ganhando espaços significativos nas últimas décadas. Diferentemente das experiências de educação indígena realizadas desde o século XVI até a década de 1980, nas quais predominava uma visão eurocêntrica e de tutelamento, ou seja, o índio era tratado como objeto das políticas e da educação, os movimentos e organizações que surgem nas últimas décadas produzem uma inversão nessa lógica. As mobilizações que ocorreram desde a década de 1970 em torno da cultura, da terra, da identidade e da educação envolvendo muitas organizações da sociedade civil pressionaram por mudanças. Inicialmente ocorreram mobilizações para influenciar a Assembleia Constituinte. Muitas das reivindicações foram incorporadas no texto constitucional de 1988. A grande mudança então provocada refere-se à ruptura da instituição da tutela a qual o índio era obrigado a se subordinar, via Fundação Nacional do Índio (Funai). A partir de então, o índio passa a ser um sujeito de direitos. Conforme o art. 232 da Constituição, "os índios, suas comunidades e organizações são partes legítimas para ingressar em juízo em defesa de seus direitos e interesses, intervindo o Ministério Público em todos os atos do processo". Esse reconhecimento jurídico foi decisivo para um conjunto de ações posteriores.

O art. 215 da Constituição de 1988 atribui ao Estado o dever de garantir a todos o "pleno exercício dos direitos culturais e acesso às fontes da cultura nacional, e apoiará a valorização e a difusão das manifestações culturais". O § 1º desse mesmo artigo diz: "O Estado protegerá as manifestações das culturas populares, indígenas e afro-brasileiras, e das de outros grupos participantes do processo civilizatório nacional". A incorporação desses princípios pela constituição decorreu, em grande parte, da pressão de movimentos sociais populares nesse contexto, de modo especial movimentos negros e indígenas, que trouxeram à tona a necessidade de uma educação diferenciada e o reconhecimento da igualdade de direitos. A Constituição reconhece formalmente que o Brasil é um país plural, cultural e educacionalmente.

Ao tratar da educação indígena, é importante destacar os avanços que ocorreram imediatamente após a aprovação da Constituição. Trata-se do Decreto nº 26, de 1991 (BRASIL, 1991) que atribui ao Ministério da Educação a responsabilidade pela educação indígena e não mais à FUNAI. O art. 1º define objetivamente a função do MEC ao qual atribui "a competência para coordenar as ações referentes à Educação Indígena, em todos os níveis e modalidades de ensino, ouvida a FUNAI". Essa mudança tem implicações político-pedagógicas importantes e evidencia que a educação indígena está sob a responsabilidade de um órgão que trata da educação.

A Lei de Diretrizes e Bases da Educação (LDB) de 1996 faz avançar as conquistas dos movimentos e organizações indígenas contidos na Constituição. A LDB estabelece as diretrizes para a educação brasileira e dá um tratamento destacado para a educação indígena, as escolas indígenas, a educação bilíngue, a educação intercultural. Os arts. 78 e 79 das disposições transitórias, por exemplo, tratam de várias dessas questões. O enunciado do art. 78 fala da colaboração entre o Sistema de ensino da União e as agências federais de fomento à cultura e de assistência aos índios no desenvolvimento de "programas integrados de ensino e pesquisa, para oferta de educação escolar bilíngue e intercultural aos povos indígenas". Esses programas teriam dois objetivos: "proporcionar aos índios, suas comunidades e povos, a recuperação de suas memórias históricas; a reafirmação de suas identidades étnicas; a valorização de suas línguas e ciências" e também "garantir aos índios, suas comunidades e povos, o acesso às informações, conhecimentos técnicos e científicos da sociedade nacional e demais sociedades indígenas e não índias".

O art. 79 refere-se ao apoio técnico e financeiro da União aos sistemas de ensino "no provimento da educação intercultural às comunidades indígenas, desenvolvendo programas integrados de ensino e pesquisa". Esses programas precisam envolver a participação das comunidades indígenas, além de serem incluídos nos Planos Nacionais de educação. Tudo isso visando o fortalecimento de "práticas socioculturais e a língua materna de cada comunidade indígena"; a formação de profissionais qualificados para "atender a educação escolar nas comunidades indígenas"; desenvolvimento de "currículos e programas específicos, neles incluindo os conteúdos culturais correspondentes às respectivas comunidades" e, finalmente, "elaborar e publicar sistematicamente material didático específico e diferenciado".

Nesse conjunto de questões estão elencadas as principais diretrizes políticas para a educação indígena. Os desdobramentos posteriores buscam dar conta desses desafios. Destacam-se nessas diretrizes a proposta de uma educação diferenciada, bilíngue e intercultural. As legislações posteriores visam dar conta dessas dimensões, entre as quais, a valorização sociocultural, a formação de educadores, a produção de materiais que contribuam para o fortalecimento cultural e da identidade dos diferentes grupos. Desse ponto de vista a LDB coloca princípios e diretrizes importantes. O problema é como dar conta desses processos, especialmente nas aldeias que não têm autonomia em termos de estrutura para funcionamento da educação escolar e que precisam estudar em escola fora das aldeias onde estão presentes alunos e professores não índios que não dominam a língua indígena.

No início da primeira década do século XXI as questões indígenas e afro-brasileiras ganharam importantes avanços, pelo menos em termos de políticas. Em 2003, foi alterado o art. 26 da LDB, através da Lei nº 10.639, que estabeleceu as "diretrizes e bases da educação nacional, para incluir no currículo oficial da Rede de Ensino a obrigatoriedade da temática História e Cultura Afro-Brasileira". Em 2008, foi sancionada a Lei nº 11.645, que tornou obrigatória a inclusão no currículo das instituições educacionais, além da história e cultura afro-brasileira, também a história e a cultura indígena. Decorre dessas duas leis a incorporação das temáticas afro-brasileira e indígena nos currículos das instituições educacionais.

Um dos avanços da legislação é a proposta de uma educação intercultural, o que implica na construção de relações dialógicas e democráticas no âmbito das comunidades indígenas e nas relações destes com os não índios. As diretrizes curriculares da educação das relações étnico-raciais trata no art. 1º "do ensino intercultural e bilíngue, visando à valorização plena das culturas dos povos indígenas e à afirmação e manutenção de sua diversidade étnica". A intercultura, pela sua natureza, implica no reconhecimento da existência da pluralidade sociocultural e da necessidade de uma abertura para que essa diversidade possa se constituir enquanto princípio pedagógico e não motivo de exclusão. Esse é, certamente, o grande desafio para a educação das relações étnico-raciais na medida em que as resistências se fazem muito fortes quando a diversidade de costumes, comportamentos, valores e experiências de produção e sobrevivência entra em pauta.

A partir dessas mudanças, foram aprovados vários documentos discriminando procedimentos e ações relativas à educação indígena. Um desses marcos é a aprovação, em novembro de 1999, pela Câmara de Educação Básica (CEB), da Resolução 03/99 que estabelece as "Diretrizes Nacionais para o funcionamento das escolas indígenas". As discussões sobre as diretrizes foram precedidas pela elaboração e aprovação do Conselho Nacional de Educação (CNE) e da Câmara de Educação Básica (CEB), em setembro de 1999, do Parecer nº 14, que trata das Diretrizes Curriculares Nacionais da Educação Escolar Indígena. Esses dois documentos são fundamentais no desdobramento dos princípios estabelecidos, especialmente pela LDB. Há, claramente, uma perspectiva de educação crítica, emancipatória que seja capaz de reconhecer e valorizar as culturas, costumes e práticas tradicionais dos povos indígenas. Reforça a necessidade, conforme art. 1º das Diretrizes para a Educação Indígena, de um "ensino intercultural e bilíngue, visando à valorização plena das culturas dos povos indígenas e à afirmação e manutenção de sua diversidade étnica" (BRASIL, 1999b).

Com base no Parecer nº 14 (BRASIL, 1999a, p. 2), a educação escolar indígena tem de "contribuir para que os povos indígenas tenham assegurado o direito a uma educação de qualidade, que respeite e valorize seus conhecimentos e saberes tradicionais e permita que tenham acesso a conhecimentos". Para que isso ocorra é fundamental que as escolas tenham uma estrutura física e curricular adequada, professores indígenas com formação específica, gestão envolvendo a participação das comunidades indígenas e produção de materiais *didáticos* no contexto das especificidades culturais. Essa é a perspectiva apontada pelas diretrizes, art. 3º, quando elenca um conjunto de elementos a serem levados em consideração pelas escolas indígenas como "suas estruturas sociais; suas práticas socioculturais e religiosas; suas formas de produção do conhecimento, processos próprios e métodos de ensino-aprendizagem; suas atividades econômicas; a necessidade de edificação de escolas que atendam aos interesses das comunidades indígenas...". Além disso, é fundamental o "uso de materiais didático-pedagógicos produzidos de acordo com o contexto sociocultural de cada povo indígena" (BRASIL, 1999b).

Outra conquista importante para as comunidades indígenas diz respeito ao ensino bilíngue. Diferentemente de legislações anteriores (entre as quais a LDB de 1961) que determinavam que o ensino primário fosse dado unicamente na língua portuguesa, as novas orientações fortalecem a educação bilíngue, o que implica na valorização da língua materna. Para que isso ocorra de fato, a Resolução 03/99, art. 10, destaca a necessidade de um trabalho integrado envolvendo as escolas e as comunidades indígenas. Conforme art. 2º, da referida resolução, inciso II, deverá ser "o ensino ministrado nas línguas maternas das comunidades atendidas, como uma das formas de preservação da realidade sociolinguística de cada povo". Esse é, certamente, um dos maiores desafios para determinadas comunidades indígenas que não mais utilizam a língua materna como referência ou que utilizam em parte, especialmente pelos mais idosos. Não há dúvida, no entanto, que a língua é condição para a vitalidade e a sobrevivência de uma cultura.

As legislações posteriores ao Parecer 14/1999 e à Resolução 03/1999 avançam no detalhamento e na consolidação de uma educação diferenciada, intercultural e bilíngue. Dentre essas legislações, merece destaque a Lei nº 11.645, de 10 de março de 2008, que trata da obrigatoriedade da temática *História e Cultura Afro-Brasileira e Indígena* no currículo das instituições educativas. Os desdobramentos dessa determinação e as formas de como serão incorporados aos currículos ainda não estão muito claros. Certamente haverá resistências, dados os problemas historicamente construídos e as diferentes formas de compreender os indígenas e a diversidade sociocultural.

Considerações finais: desafios da educação indígena

Dentro dos limites do presente texto procurou-se apontar alguns elementos que desafiam a construção de uma proposta de educação escolar indígena capaz de dar conta da diversidade sociocultural e de uma educação intercultural e bilíngue. Os desafios desdobram-se em questões epistemológicas, políticas e pedagógicas. Do ponto de vista epistêmico, é imprescindível superar o modelo de ciência que primou pela homogeneidade. O conceito de diversidade é condição para se pensar na diferença. Isso implica, conforme argumentado no primeiro tópico, em superar o paradigma hegemônico da ciência que prima pela homogeneidade.

Do ponto de vista das políticas educacionais, a questão indígena, especialmente a educação escolar, ganhou, nas últimas quatro décadas, formulações indiscutivelmente avançadas com valorização da diversidade sociocultural. Passa-se de um modelo de educação homogeneizante para outro que valoriza a diversidade de possibilidades, de experiências e de desafios diante de contextos socioculturais distintos e complexos.

Da perspectiva pedagógica, as novas orientações políticas apontam para um diálogo intercultural. Há o reconhecimento de que os diferentes povos indígenas carregam experiências, costumes e tradições que não podem ser desconsiderados. A pedagogia tem de ser capaz de ouvir essas experiências e transformá-las em potencial educativo. Diferentemente das experiências de educação formal a que os povos indígenas foram objeto ao longo da história, hoje o desafio é ouvir a comunidade, as lideranças, ou seja, transformar a riqueza cultural em potencialidade para qualificar a educação escolar. A educação intercultural apresenta-se como uma possibilidade pedagógica fundamental, embora seja necessário aprofundar suas implicações e de como índios e não índios podem qualificar as relações e as inter-relações, preservando as identidades específicas, porém enriquecidas por outras contribuições.

Como conclusão geral, pode-se dizer que não basta a incorporação do conceito de diversidade em substituição ao conceito de homogeneidade. A diversidade precisa estar articulada com o conceito de igualdade de tal forma que a multiplicidade de experiências possa trazer como resultado a ampliação dos nossos horizontes em termos de compreensão da história e da cultura indígena e também os indígenas possam aprender com os não índios, não através de imposição, mas de um diálogo intercultural. A intercultura parte do pressuposto de que crescemos no diálogo, ou seja, no confronto crítico com o outro. Dessa forma, é possível pensar em experiências emancipatórias, democráticas e cidadãs.

Referências

AZEVEDO, F. *A cultura brasileira*. 6. ed. Brasília: Editora da UnB; Rio de Janeiro: Editora da UFRJ, 1999.

BOSI, A. *Dialética da colonização*. 3. ed. São Paulo: Companhia das Letras, 2000.

BRASIL. Constituição da República Federativa do Brasil. Brasília: Congresso Nacional, 1988.

_____. Decreto nº 26, de 4 de fevereiro de 1991. Dispõe sobre a educação indígena no Brasil. Diário Oficial da União, Brasília, DF, 1991.

_____. Lei nº 9.394, de 20 de dezembro de 1996. Estabelece as diretrizes e base da educação nacional. Diário Oficial da União, Brasília, DF, 1996.

_____. CNE/CEB. Parecer nº 14. Diretrizes curriculares nacionais da educação escolar indígena. Diário Oficial da União, Brasília, DF, 1999a.

BRASIL. Resolução do Conselho de Educação Básica nº 3. Fixa Diretrizes Nacionais para o funcionamento das escolas indígenas e dá outras providências. Diário Oficial da União, Brasília, DF, 1999b.

_____. Lei nº 10.639/03, de 9 de janeiro de 2003. Altera a LDB para incluir no currículo oficial da rede de ensino a obrigatoriedade da temática "História e Cultura Afro-Brasileira" e dá outras providências. Diário Oficial da União, Brasília, DF, 2003.

_____. Parecer CNE, nº 003/2004. Institui as diretrizes curriculares nacionais para a educação das relações étnico-raciais e para o ensino de história e cultura afro-brasileira e africana. Diário Oficial da União, Brasília, DF, 2004.

_____. Lei nº 11.645, de 10 de março de 2008. Trata da obrigatoriedade da temática "História e Cultura Afro-Brasileira e Indígena" no currículo. Diário Oficial da União, Brasília, DF, 2008.

_____. Lei nº 12.288, de 20 de julho de 2010. Estatuto da Igualdade Racial. Diário Oficial da União, Brasília, DF, 2010.

CUNHA, M. C. *História dos índios no Brasil*. 2. ed. São Paulo: Companhia das Letras, 2008.

DURKHEIM, E. *Educação e sociologia*. 8. ed. São Paulo: Melhoramentos, 1972.

FRANCA, L. *O método pedagógico dos jesuítas*: o "Ratio Studiorum". Rio de Janeiro: Livraria Agir Editora, 1952.

GOVERNO DA PROVÍNCIA DE SÃO PEDRO. Relatórios das atividades da presidência à assembleia provincial de 1846 a 1857. In: Anais da Assembleia Legislativa.

MARCON, T. O processo de aldeamento indígena no Rio Grande do Sul. In: MARCON, T. (Org.). *História e cultura Kaingang no sul do Brasil*. Passo Fundo: Gráfica UPF, 1994.

PIERUCCI, A. F. *Ciladas da diferença*. São Paulo: Editora 34, 2000.

SANTOS, B. S. *O fórum social mundial*: manual de uso. São Paulo: Cortez, 2005.

_____. Uma sociologia das ausências e uma sociologia das emergências. In: SANTOS, B. S. *Gramática do tempo*: para uma nova cultura política. 2. ed. São Paulo: Cortez, 2008.

_____; NUNES, J. A. Introdução: para ampliar o cânone da igualdade e da diferença. In: SANTOS, B. S. (Org.). *Reconhecer para libertar*: os caminhos do cosmopolitismo multicultural. Porto: Afrontamentos, 2004.

SOUZA, J. A. As políticas de discriminação positiva e a democratização das grandes escolas francesas. *Revista Brasileira de Estudos Pedagógicos*. v. 93, nº 233, p. 231-254, 2012.

TESCHAUER, C. *Poranduba riograndense*. Porto Alegre: Globo, 1929.

WILLIAMS, R. *Marxismo y literatura*. Barcelona: Ediciones Peninsula, 1997.

04

POR UMA EDUCAÇÃO *DIREITOSHUMANIZANTE*

Paulo César Carbonari

A questão que se põe de início diz respeito ao tipo de educação capaz de promover os direitos humanos, não em sentido abstrato, mas de forma contextualizada ao processo histórico de afirmação (e/ou de violação) dos direitos humanos.[1] Isso de modo geral, mas também na especificidade de níveis e modalidades da educação formal (educação básica, educação superior e pós-graduação) e da educação não formal (educação popular dos movimentos sociais, formação de profissionais, formação permanente e outras). Mesmo com o risco de sermos generalistas, propomos o que chamamos de educação *direitoshumanizante,* com o perdão do neologismo.

A educação *direitoshumanizante* aponta para que a educação seja mais do que a garantia de um dos direitos humanos – o que de fato é. Exige também que seja mais do que incluir os direitos humanos na educação. A questão fundamental é que o conjunto da educação seja perpassada pelos direitos humanos.

Dizer *direitoshumanizante* não é agregar um adjetivo a mais à educação, e sim dar-lhe uma substantividade que lhe apresenta exigências que são próprias. Estas exigências são necessariamente críticas a certas compreensões e práticas educativas, assim como reativas a certas concepções e práticas de direitos humanos. Começamos por apontar um diagnóstico de motivações

---
[1] Fazemos um esforço na direção de problematizar a situação brasileira contemporânea no artigo *Direitos humanos no Brasil*: a promessa é a certeza de que a luta precisa *continuar* (CARBONARI, 2012, p. 21-35), ao qual remetemos.

comuns, mas que não se constituem em boas razões para uma educação *direitoshumanizante*.

* * *

A educação não tem nada que educar em direitos humanos. Ela tem sim é que formar profissionais competentes e aptos ao mercado de trabalho. Assim se pronunciam as vozes do mesmo, dos que só querem mais, do mesmo. A ideologia da competência e da preparação para a atuação no mercado contribui para rebaixar as pautas, as agendas, as abordagens e as exigências para a educação em geral e, particularmente, para a educação formal, a básica e a superior. Voltar-se unicamente para competências é trabalhar o processo educativo de forma unidimensional, dado que a formação exige mais do que domínio de técnicas e capacidade para sua aplicação.[2] O voltar-se para o mercado é outro componente ideológico que contribui para afastar a educação da sua finalidade maior, que é a formação para a atuação integral. Esta postura parte de uma premissa insuficiente e que estabelece o mercado como o fórum de definição das prioridades e das demandas. O mercado, sabemos, não é um espaço público, antes pelo contrário, é privado e privatista no capitalismo tardio. Por isso, se ficar na dependência do mercado, a educação abre mão de formar agentes para a incidência na vida pública e de formar agentes capazes de orientar sua participação na vida em comum e para incidir nas agendas do que é de interesse público. As demandas a ser atendidas pela educação não são aquelas dos interesses privados e privatistas; são, sim, aquelas dos espaços públicos nos quais se exercem os direitos e se constroem

---

[2] Aqui seria importante recuperarmos a clássica posição de Theodor W. Adorno e Max Horkheimer e a tendência de massificação do capitalismo tardio expressa, entre outros, em *A dialética do esclarecimento*. Também retomamos a posição de Martha Nussbaum quando diz que: "O tema do lucro sugere para a maioria dos políticos em questão que a ciência e a tecnologia são de importância crucial para o futuro do bem-estar de seus povos. Não deveríamos ter qualquer objeção a uma boa educação científica e técnica e não estou sugerindo que as nações deveriam parar de tentar melhorar este aspecto. A minha preocupação é que as outras habilidades, habilidades cruciais para a saúde interna de qualquer democracia, para a criação de uma cultura descente, para um modelo robusto de uma cidadania mundial e para abordar os problemas mais prementes do mundo estão em risco de se perder nessa busca competitiva por lucro." (NUSSBAUM, 2009, p. 4). Mais: "Preocupa-me, no entanto, perceber que a análise da educação utilizada, mesmo pelos melhores profissionais da abordagem do desenvolvimento humano, tende a concentrar-se nas competências básicas e comercializáveis negligenciando as habilidades humanistas do pensamento crítico e da imaginação tão cruciais caso a educação realmente seja pensada de modo a promover o desenvolvimento humano, em vez de, simplesmente, o crescimento econômico e as aquisições individuais." (NUSSBAUM, 2009, p. 5).

novos direitos. Formar competências para o mercado não é contribuir para a formação do sujeito de direitos.[3]

Os motivos que levam a educar em direitos humanos são os mesmos que poderiam levar a educar para a cidadania, para os valores éticos e para a paz. Sim, educar para a cidadania, para os valores éticos e para a paz se constituem em tarefas fundamentais da educação. Mas fazer da educação em direitos humanos somente o formar para a cidadania é restritivo, por um lado, e genérico, por outro: restritivo, pois implica na educação para o conhecimento e o exercício dos direitos existentes e para a contraprestação dos deveres por eles exigidos, como que formando para a inserção na ordem social, jurídica e política disponível. Formar em valores constitui-se também tarefa fundamental, mas dado que valores e vida moral são construções históricas, fazer este tipo de formação poderia ser confundido com a inserção na vida moral hegemônica, que nem sempre é protetora dos direitos – vide posições patriarcais, machistas, homofóbicas e de outros tipos. A formação deste tipo também corre o risco de ser confundida com a reintrodução de formas não mais aceitas de educação moral e cívica como estratégias de submissão – ao modo como fez o regime militar. Por fim, educar para a paz é também tarefa fundamental, mas confundi-la com educação em direitos humanos é não reconhecer que a paz é a combinação de uma vida vivida com direitos, exigindo, portanto, os direitos humanos e não reduzindo os direitos humanos a ela. Assim, quaisquer destas formas de educação são fundamentais, mas insuficientes para dar conta do significado de educar em direitos humanos.

Educar em direitos humanos se confundiria com fazer uma educação ideológica, estranha ao que deve ser científico.[4] Este é o fator mais pernicioso à construção da educação em direitos humanos, visto que parte de uma premissa completamente equivocada de que há certo tipo de saber que se

---

[3] Para aprofundamento, ver, entre muitas outras, as reflexões críticas de Martha Nussbaum. Ela diz, analisando a situação contemporânea da educação: "Se esta tendência se prolonga, as nações de todo o mundo produzirão gerações inteiras de máquinas úteis no lugar de cidadãos com capacidade de pensar por si próprios, com uma perspectiva crítica sobre as tradições e de compreender a importância e das conquistas e dos sofrimentos dos outros" (NUSSBAUM, 2010, p. 20, tradução nossa).

[4] No dizer de Freire: "É precisamente porque reduzidos a quase 'coisas', na relação de opressão em que estão, que se encontram destruídos" (1975, p. 60). Ele vai mais a fundo e diz que "dela [a prática de dominação], que parte de uma compreensão falsa dos homens – reduzidos a meras coisas – não se pode esperar que provoque o desenvolvimento do que Fromm chama de biofilia, mas o desenvolvimento de seu contrário, a necrofilia. [...] A opressão, que é um controle esmagador, é necrófila" (FREIRE, 1975, p. 74). Tratamos a fundo da posição de Freire em relação à educação em *Porque educação em direitos humanos*: bases para a ação político-pedagógica, a ser publicado pela editora da UFPB.

constitui em parâmetro (neutro) para todos os demais saberes, o saber científico, que exclui todos os que não respondem aos cânones por ele determinados. O resultado é a produção do saber de forma monolítica e reprodutora de modelos e formas pouco abertas à diversidade dos conhecimentos, dos saberes e das suas formas de expressão e de vivência e que tende para a formação de uma ciência unificada. A epistemologia contemporânea tem mostrado sobejamente a ilusão desta premissa e a sua consequência mais nefasta para a própria ciência, que é o "desperdício" de saberes, de criatividade e da possibilidade de identificação e de resolução de problemas.[5] Tem mostrado também a pluralidade dos saberes e das formas de sua expressão como sendo característica tanto dentro de cada área específica de saber quanto das diversas áreas entre si. Desconhecer esta perspectiva é efetivamente investir numa educação monocultural e pouco afeita à formação de sujeitos de direitos.

A educação em direitos humanos não tem qualquer especificidade e, por isso, "cabe tudo na educação em direitos humanos". Esta postura parte da premissa de que a abrangência ampla e a baixa determinação positiva do conteúdo dos direitos humanos os transformam num grande "guarda-chuva" para todo tipo de ação educativa. É verdade que direitos humanos têm conteúdos abertos e abrangentes e que são pouco afeitos à exatidão. Daí a deduzir que qualquer atividade pode ser de promoção da educação em direitos humanos é exagero. Um exemplo pode ilustrar: a orientação jurídica ou o atendimento de demandas da população no campo penal ou cível por si só não são imediatamente ações em direitos humanos. O acesso à justiça é um direito humano, mas nem todas as práticas de promoção do acesso à justiça são práticas de promoção dos direitos humanos podendo até vir a ser expedientes funcionais em pouco ou nada emancipatórios. A questão diferenciadora fundamental está no alcance destas ações no sentido de formar sujeitos de direitos.

Contra estas posições, a principal motivação para educar em direitos humanos é que os/as educandos/as sempre são sujeitos de direitos que, entre outros, têm o direito à educação, que é um dos direitos humanos, e também têm o direito de aprender direitos humanos como parte de sua formação.

---

[5] Ver de modo particular a crítica e a proposta alternativa proposta por Boaventura de Sousa Santos (2004; 2006). Discutimos este assunto no contexto da relação entre reconhecimento e educação no artigo *Direitos humanos, reconhecimento e educação*: por uma abordagem ecológica (CARBONARI, 2012, p. 20-30).

Trata-se de compreender que os sujeitos da educação, os/as educandos/as, são sujeitos de direitos: a) porque, mas não somente, são parte de uma cultura jurídica do estado democrático de direito que lhes confere *status* de cidadania; b) porque, mas não somente, são parte de uma comunidade moral e por isso parte de um processo de formação em valores; c) porque, mas não somente, são parte de uma comunidade que resiste e exige viver livre de todas as formas de violência e quer paz; d) porque, mas não somente, são parte de uma comunidade política e por isso têm direito a resistir, a se organizar e a protestar, contestando a ordem injusta; e) porque, mas não somente, são parte de uma comunidade de saber específica, mas aberta aos demais saberes. Em outras palavras, os modelos acima descritos se mostram ainda insuficientes para cumprir a tarefa da educação *direitoshumanizante* na perspectiva da formação integral do sujeito de direitos.

* * *

O Plano Nacional de Educação em Direitos Humanos (PNEDH)[6] sugere indicativos para ajudar nesta tarefa. Ele estabelece que a educação em direitos humanos é "um processo sistemático e multidimensional que orienta a formação do sujeito de direitos" (BRASIL, 2006, p. 25). A educação em direitos humanos se constitui, assim, em "processo". Se é processo, é parte do conjunto das ações às quais se associa. Os adjetivos "sistemático" e "multidimensional" qualificam de forma substantiva o processo a ser realizado pela educação em direitos humanos, dando-lhe as qualidades essenciais: a primeira afasta qualquer perspectiva de que a educação em direitos humanos seja apenas um (ou até muitos) evento em qualquer dos momentos ou dos âmbitos da vida educativa; a segunda afasta qualquer perspectiva unidimensional e fragmentária da formação; positivamente, uma e outra convergem para a finalidade central da educação em direitos humanos que é a formação do "sujeito de direitos".

O PNEDH explicita as várias dimensões da educação em direitos humanos. Informa pelo menos as seguintes: a) a dimensão epistêmico-cognitiva ("apreensão de conhecimentos historicamente construídos"); b) a dimensão ética ("afirmação de valores, atitudes e práticas sociais que expressem

---

[6] Recentemente o Conselho Nacional de Educação emitiu Diretrizes Nacionais para a Educação em Direitos Humanos na educação básica e na educação superior. Ver Resolução nº 1 e Parecer nº 8, ambos de 30 de maio de 2012. Disponível em <http://portal.mec.gov.br/index.php?option=com_content&view=article&id=12812&Itemid=866>.

a cultura dos direitos humanos em todos os espaços da sociedade"); c) a dimensão política ("formação de uma consciência cidadã"); d) a dimensão pedagógica ("desenvolvimento de processos metodológicos participativos e de construção coletiva"); e e) a dimensão social ("fortalecimento de práticas individuais e sociais que gerem ações e instrumentos em favor da promoção, da proteção e da defesa dos direitos humanos, bem como da reparação das violações") (BRASIL, 2006, p. 25). Estas diversas dimensões têm como eixo articulador e diferenciador fundamental a formação do sujeito de direitos.[7]

Formar sujeitos de direitos é contribuir de maneira decisiva para a reconfiguração das relações entre os seres humanos e destes com o mundo cultural e com o ambiente natural de forma a subsidiar processos de afirmação dos humanos como sujeitos em convivência com outros sujeitos. Com base nesta noção geral, desdobramos três aspectos que consideramos fundamentais ao núcleo da educação *direitoshumanizante* como processo de formação de sujeitos de direitos.

Educar em direitos humanos é formar *sujeitos sustentáveis* e que promovem a *sustentabilidade* em sentido amplo. Nenhum ser humano é fora do mundo, fora do ambiente cultural e do ambiente natural. A interação ocorre como relação com os sentidos (mundo) e as condições de sentido (culturais e naturais) nos quais se está inserido. Posturas predatórias ou mesmo as preservacionistas, mas que são só mitigadoras, são insuficientes porque, além de comprometer o mundo como ambiente natural e cultural, também comprometem o humano. Por isso, o grande desafio da educação em direitos humanos é o educar para o *bem viver* como integração do viver humano com o viver de outras formas de vida, reconstruindo a relação do humano com o ambiente no qual se insere.[8]

Educar em direitos humanos é formar para participar, para "aparecer" e para "dizer". "Aparecer" e "dizer" consistem em aceitar que cada pessoa pode se expressar de forma livre e em condições adequadas para tal. Significa fazer frente a todo tipo de presença (que é mais que visibilidade) e de

---

[7] Construímos um esboço de uma teoria do sujeito de direitos no artigo *Sujeito de direitos humanos*: questões abertas e em construção (CARBONARI, 2007, p. 169-186).

[8] Sugerimos como subsídio a reflexão de Josef Estermann (2012), expressa em vários textos sobre este tema, particularmente em *Crisis civilizatoria y vivir bien*: una crítica filosófica del modelo capitalista desde el allin kawsay/suma qamaña andino. Esta leitura é feita com base na construção que vem sendo elaborada pelas organizações indígenas andinas, entre as quais a Coordinadora Andina de Organizaciones Indígenas (CAOI). Disponível em: <www.reflectiongroup.org/stuff/vivir-bien>.

cerceamento da expressão, o que é sinônimo de participar. A participação é conteúdo fundamental para a efetivação dos direitos humanos. Presença é participação. Participação é interação. Interação é agir na alteridade. Assim, está em questão identificar processos e propostas, dinâmicas e sujeitos, divergências e convergências, sob o crivo da alteridade. Quando centradas na alteridade, as vivências públicas são muito mais do que um jogo; são construção, permanente e sempre nova, de um *modo de ser* social e político, *um modo de ser* humano, com direitos humanos, o que remete para a convivência democrática como necessária aos direitos humanos, mas não a mera democracia representativa e sim a democracia como forma de vida.⁹

Educar em direitos humanos é formar para a liberdade e para a responsabilidade. A liberdade, longe de ser uma propriedade ou uma faculdade, é a vivência de condições que abram oportunidades e que permitam fazer das oportunidades realidade. As escolhas se dão em vários planos e entrecruzam a diversidade das possibilidades sempre em relação. Daí ser impossível querer a liberdade como uma propriedade individual que só serve para constituir os outros como concorrentes. Liberdade entendida como tecido em relação tem em seu conteúdo a responsabilidade consigo e com os outros e que não nasce como decorrência, mas lhe é constitutiva. Ou seja, a responsabilidade não vem como recíproca, mas como doação. Isso não exclui as recíprocas, apenas as põe em outro patamar. Educar em direitos humanos é, assim, educar para a liberdade como responsabilidade e, para a responsabilidade como liberdade. Não se trata de escolher entre direitos e deveres; trata-se de vivê-los como exercício combinado, nunca podendo estabelecer prioridade a uns ou a outros. O sujeito de direitos é, assim, sujeito livre e criativo com os outros, nunca contra os outros.

* * *

Propor-se a educação *direitoshumanizantes* exige tomar em conta um conjunto de desafios concretos que dependem menos de uma decisão de vontade ou de uma norma vinculante e apontam mais para a configuração de posicionamentos criativos que reponham o que significa fazer educação simplesmente como ensino. Coerentes com o que já desenvolvemos, os desafios se concentram em formar sujeitos de direitos em perspectiva integral, multidimensional. Por isso, exploramos três aspectos que siste-

---

⁹ Remetemos à reflexão, entre muitas outras, de Adela Cortina no texto *Democracia como forma de vida* (1992, p. 254-272). Desenvolvemos o tema democracia e direitos humanos em Carbonari (2008, p. 13-34).

matizam a tarefa da educação em direitos humanos: a memória, a verdade e a justiça (em outro texto trabalhamos isso para a educação superior, aqui a estendemos a toda a educação).

Não há educação em direitos humanos sem *memória*! A memória é constitutiva do modo de vida no qual se situam e se fazem os sujeitos em interação com o ambiente (natural e cultural) e com os outros humanos (não contra eles). A memória é constitutiva da historicidade (da temporalidade e da finitude), mas também da possibilidade de transcendência a ela. Este desafio exige uma nova compreensão do tempo, superando perspectivas lineares e que alargam por demais o futuro em detrimento do passado e do presente. Reforçar a memória não é sinônimo de reafirmação pura e simples da tradição; pelo contrário, é compreender o passado como parte constitutiva do presente e do futuro. Por outro lado, não é sacrificar o passado e o presente em nome de um futuro largo e de progresso; pelo contrário, é compreender o presente como exercício de realização do "já-não" e do "ainda-não" que fazem parte das práticas atuais.

O desafio da educação em direitos humanos como *memória* exige a crítica contundente a todas as formas de esquecimento cínico, aquele que costuma sobrepenalizar as vítimas da história (e das violações de direitos, os "sujeitos sujeitados") em nome do progresso. A educação em direitos humanos que não for capaz de reconstrução da memória, não como simples descrição da história, mas como vivência dos significados dos processos históricos, não será capaz de formar sujeitos de direitos, em qualquer área do conhecimento, que se compreendam como agentes da promoção dos direitos. Um exemplo para ilustrar: um arquiteto que não tenha a compreensão do significado da construção do espaço urbano como espaço de disputa e de integração para certos setores e de segregação para as maiorias dificilmente terá condições de trabalhar na perspectiva da cidade como direito e como espaço de exercício dos diversos direitos. É a memória das muitas vítimas das cidades, visíveis e invisíveis, que poderá fazer da educação em direitos humanos um exercício de direitos humanos e um compromisso com a promoção dos direitos humanos.

Não há educação em direitos humanos sem *verdade*! A verdade (não absoluta, muito menos relativa) como busca de assentimento e convergência é constitutiva da afirmação dos conhecimentos e também das vivências, até porque sujeitos se fazem em relações verdadeiras e de confiança. Este desafio exige uma nova concepção de racionalidade capaz de lidar com a diversidade dos saberes e da verdade. O reconhecimento de diferentes tipos de racionalidade não necessariamente advoga a sucumbência ao relativismo. Pelo contrário, é exigência para lidar com a pluralidade de forma construtiva, o que repõe a universalidade, não de partida, mas como horizonte a ser buscado. A ecologia dos saberes se constitui em desafio que exige muito mais do que o tratamento de cada área ou cada especialidade por si mesma; exige o desenvolvimento de perspectivas interdisciplinares e até transdisciplinares. A vigência da ordem dos saberes pelo disciplinamento acadêmico que constitui cânones incomunicáveis entre as várias racionalidades e, em consequência, entre os múltiplos saberes é o desafio central a ser superado. A verdade, neste sentido, é menos um dado ou uma posse e mais uma construção em diálogos complexos.

Por isso, o desafio da *verdade* como tarefa da educação em direitos humanos exige enfrentar tanto o dogmatismo quanto o relativismo, dado que ambos são cínicos, já que tendem a não reconhecer legitimidade à diversidade das formas de saber e de verdade como constitutiva de sujeitos de direitos. Por seu lado, o dogmatismo inviabiliza as múltiplas possibilidades fechando-se numa perspectiva unificacionista do saber, que tende a reduzir tudo o mais a ceticismo crasso ou a simples ignorância e não saber. O relativismo, por seu turno, mesmo que pareça reconhecer a diversidade, não a trata, porém, em perspectiva de pluralidade, ou seja, não admite qualquer tipo de convergência possível, redundando por inviabilizar a afirmação de sujeitos, dado que perde qualquer possibilidade de interação, nem que seja comparativa, entre os diversos tipos de racionalidade, de saber e de verdade. É por inviabilizar os sujeitos, cada um a seu modo, que tanto o dogmatismo quanto o relativismo são posturas inadequadas à educação comprometida com a educação em direitos humanos. O desafio central está na promoção da ecologia dos saberes (SANTOS, 2006). Neste sentido, é da qualidade da *verdade* que se constrói nos processos de produção e de disseminação do saber que se pode estabelecer convivência e interação que sejam adequadas e favoráveis a afirmação de sujeitos de direitos.

Não há educação em direitos humanos sem *justiça*! A justiça é exigência que só pode ser efetivada pela promoção de práticas que tenham como conteúdo central, de um lado, a superação das desigualdades e, de outro, a superação das discriminações. A promoção do acesso aos bens materiais e simbólicos necessários à vida com dignidade e a promoção do reconhecimento da singularidade, da particularidade e da universalidade dos sujeitos se constituem, juntas, a síntese do que significa a formação para a justiça como combinação complexa entre distribuição e reconhecimento. Fazer justiça é muito mais do que implantar na terra uma ideia de reino dos fins ou do que compor interesses de forma a maximizar a felicidade em detrimento da dor. Trata-se, além de promover oportunidades, também da promoção de condições, dado que oportunidades sem condições podem se tornar vãs e condições sem oportunidades podem reificar relações.

Por isso, o desafio da *justiça* exige construir condições para contribuir para identificar e reparar violações de direitos (reparar as vítimas) e, acima de tudo, promover e proteger as pessoas e seus direitos de forma que a dignidade possa ser concreta no cotidiano; o que significa que exige a crítica a todas as formas de cinismo que relega a igualdade à quimera e a diversidade à desigualdade (discriminação) e que faz da justiça nem sequer uma promessa. O compromisso da educação com a justiça informa todos os processos educativos na perspectiva de constituí-los como dinâmicas de estabelecimento de novas relações, neles mesmos enquanto estão sendo realizados e no que promovem desde sua realização.

Em suma, *memória, verdade* e *justiça* constituem trinômio fundamental da educação em direitos humanos que seja educação *direitoshumanizante*. Esta se propõe como ação contra o mais fácil e o mais conveniente. Sujeitos só se constituem e se fazem com os outros. Por isso, enfrentar os desafios aqui identificados é investir na realização da *dignidade* do *sujeito* como conteúdo intransitivo dos direitos humanos. Acima de tudo está o desafio de orientar (e reorientar) o conjunto da ação educativa de forma a fazê-la como exercício dos direitos humanos, formando *sujeitos de direitos*.

* * *

A educação *direitoshumanizantes* exige a construção do que se poderia chamar de "racionalidade de resistência".[10] Isso significa dizer que está posta a exigência de educar para que as pessoas não sucumbam às formas perversas e naturalizadas de desumanização, tão comuns às sociedades contemporâneas. O outro lado da formação para a resistência, mas parte da mesma ação, é a formação para a cooperação.

---

[10] Como defende Joaquín Herrera Flores no artigo *Direitos humanos, interculturalidade e racionalidade de resistência* (2002).

A resistência é a atitude que constitui as múltiplas possibilidades de construção do humano como solidariedade, visto pôr as relações de cooperação como características do modo humano de ser, sem o que certamente os humanos já teriam extinto a si mesmos como espécie. É inclusive como forma de cooperação e de solidariedade com os mais fracos, as vítimas, que faz sentido a resistência, dado que ela se caracteriza por fazer dos humanos seres capazes de indignação e de movimentação para fazer frente a todas as formas de violência e de inviabilização do humano. Assim que a resistência faz sentido como mediação para a construção de relações humanas e humanizadas, de cooperação na tarefa de humanização, por um lado, e para o enfrentamento duro e consistente de todas as formas e relações desumanizadoras, por outro.

A perspectiva da resistência, como diz Herrera Flores, aponta para um movimento que caminha em sentido contrário a "todo tipo de visão fechada, seja cultural ou epistêmica [e], a favor de energias nômades, migratórias, móbiles, que permitam deslocarmo-nos pelos diferentes pontos de vista sem a pretensão de negar-lhes, nem de negar-nos, a possibilidade de luta pela dignidade humana" (2002, p. 23). Trabalhar a resistência neste sentido indica que a construção dos direitos humanos é uma soma que reúne solidariedades. O que se quer de alternativo ao modo de vida hegemônico desumanizante não pode se repetir ao mesmo modo massificador, fechado e uniformizador. Por isso, a abertura ao movimento como característica forte da resistência.

O movimento e a mobilização são componentes fundamentais para que os sujeitos de direitos humanos se constituam em processos organizativos de resistência. O direito à resistência não pode ser transformado em sinônimo de delinquência e passar a ser desmoralizado e criminalizado – o "discurso da ordem" é sempre o discurso deste tipo (RUIZ, 2009). Afinal, o direito de exigir os próprios direitos é dos direitos humanos o mais fundamental, e educar-se para tal é essencial numa época que insiste em fazer da resistência, da organização, da movimentação, ações criminalizadas. Aprender a se organizar com os outros é a lição mais elementar dos direitos humanos, dado que, como diz Enrique Dussel (2000; 2001), os processos de libertação, e entre eles os processos de luta por direitos humanos, são processos de afirmação de vítimas que não aceitam sua condição e se põem em luta para superar esta condição e para instaurar um mundo no qual tenham lugar como sujeitos de direitos.

A cooperação como forma de construção de alternativas para a viabilidade do humano e de sua humanização é outro aspecto fundamental da educação em direitos humanos. Apesar das discussões sobre até que ponto é a competição ou a cooperação que ensejaram a evolução,[11] não há dúvida de que a cooperação não é dispensável em processos de humanização e de que ela sempre é salutar para isso, sendo que o mesmo não se pode sempre dizer da competição, mormente no modo como a conhecemos em nossa vida contemporânea. A educação *direitoshumanizante* há que investir de forma significativa para fazer frente a todas as formas de individualismo possessivo que não mais vê fronteiras em se apossar inclusive dos outros humanos, coisificando-os, de forma a propor alternativas de construção de espaços de convivência nos quais a cooperação seja a marca. Vivenciar no cotidiano, como forma de vida, as novas formas de cooperação é o caminho para que os direitos humanos se realizem.

Enfim, a educação *direitoshumanizante* tem como tarefa central *direitoshumanizar* os sujeitos humanos para que, por sua ação, sejam capazes de *direitoshumanizar* o mundo. Os direitos humanos não podem mais ser apenas um expediente de interesse das conveniências do poder e menos ainda discurso retórico ilustrado. Os direitos humanos continuam a fazer sentido enquanto se tornarem ação efetiva dos sujeitos em suas relações. Por isso o neologismo *direitoshumanizar* se apresenta como um novo verbo, transitivo, de ação; e *direitoshumanizante* é mais que um simples adjetivo querendo-se um substantivo, como que a indicar o que é fundamental no processo educativo.

Referências

ADORNO, T. W.; HORKHEIMER, M. *Dialética do esclarecimento*: fragmentos filosóficos. 3. ed. Rio de Janeiro: Zahar, 1991.

BRASIL. Conselho Nacional de Educação Pleno (CNE). Resolução nº 1 e Parecer nº 8, de 30 de maio de 2012. Estabelecem diretrizes nacionais para a educação em direitos humanos. Brasília: CNE, 2012. Disponível em: <www.mec.gov.br>. Acesso em: 10 abr. 2013.

BRASIL. Comitê Nacional de Educação em Direitos Humanos (CNEDH). Plano Nacional de Educação em Direitos Humanos. Brasília: SEDH; MEC; MJ; UNESCO, 2006. Disponível em: <www.sedh.gov.br>. Acesso em: 10 fev. 2010.

---

[11] Para um mapeamento deste debate, ver, entre outros, *A justiça perante uma crítica ética da violência*, de Castor Bartolomé Ruiz (2009, p. 87-111), texto no qual faz uma belíssima reflexão sobre a crítica ética da violência.

BRASIL. Programa Nacional de Direitos Humanos. Decreto nº 7.037, de 21 dez. 2009. Brasília: SEDH, 2010. Disponível em: <www.direitoshumanos.gov.br>. Acesso em: 10 abr. 2013.

CARBONARI, P. C. Democracia e direitos humanos: reflexões para uma agenda substantiva e abusada. In: BITTAR, E. C. B.; TOSI, G. (Org.). *Democracia e educação em direitos humanos numa época de insegurança*. Brasília: SEDH; UNESCO; ANDHEP, UFPB, 2008. p.

_____. Direitos humanos e educação integral: interfaces e desafio. In: MOLL, J. (Org.). *Caminhos da educação integral no Brasil*: direito a outros tempos e espaços educativos. Porto Alegre: Penso/Artmed, 2012.

CARBONARI, P. C. Direitos humanos no Brasil: a promessa é a certeza de que a luta continua. In: MNDH; DhESCA; PAD; MISEREOR. *Direitos humanos no Brasil 3*: diagnóstico e perspectivas. Passo Fundo: IFIBE, 2012.

_____. Direitos humanos, reconhecimento e educação: por uma abordagem ecológica. *Revista Espaço Pedagógico*, v. 19, nº 1, p. 20-30, 2012.

_____. *Direitos humanos*: sugestões pedagógicas. Passo Fundo: IFIBE, 2008.

_____. Filosofia e direitos humanos: possibilidade de aproximação na educação. In: KUJAWA, E. et al. (Org.). *Filosofia, formação docente e cidadania*. Ijuí: Unijuí, 2008.

_____. Sujeito de direitos humanos: questões abertas e em construção. In: GODOY SILVEIRA, R. M. et al. (Org.). *Educação em direitos humanos*: fundamentos teórico-metodológicos. João Pessoa: UFPB, 2007.

CORTINA, A. Democracia como forma de vida. In:____. *Ética sin moral*. 2. ed. Madrid: Tecnos, 1992.

DUSSEL, E. *Ética da libertação na idade da globalização e da exclusão*. Petrópolis: Vozes, 2000.

_____. Derechos humanos y ética de la liberación. In:____. *Hacia una filosofía política crítica*. Bilbao: Descleé de Brower, 2001.

_____. Sobre el sujeto y la intersubjetividade: el agente histórico como actor de los movimientos sociales. In: ____. *Hacia una filosofía política crítica*. Bilbao: Descleé de Brower, 2001.

ESTERMANN, J. Crisis civilizatoria y vivir bien: una crítica filosófica del modelo capitalista desde el allin kawsay/suma qamaña andino. *Polis – Revista Latinoamericana*, nº 33, p. 1-18, 2012.

FERNÁNDEZ, D. Los derechos humanos en las funciones sustantivas de la universidad. In: BONILLA, Ricardo (Coord.). *La educación superior en derechos humanos en América Latina y el Caribe*. México: UNESCO, 2003.

FREIRE, P. *Pedagogia do Oprimido*. 2. Ed. Rio de Janeiro: Paz e Terra, 1975.

HERRERA FLORES, J. *A (re)invenção dos direitos humanos*. Florianópolis: Fundação Boiteux; IDHID, 2009.

_____. Direitos humanos, interculturalidade e racionalidade de resistência. *Revista Sequência*, v. 23, nº 44, p. 9-30, 2002.

HINKELAMMERT, F. *El sujeto y la ley*. Heredia: Euna, 2003.

KERSTING, W. *Universalismo e direitos humanos*. Porto Alegre: Edipucrs, 2003.

LÓPEZ LÓPEZ, P. La enseñanza de los derechos humanos en la Universidad. *Revista Electrónica Interuniversitaria de Formación del Profesorado*, nº 39, p. 87-94, 2011.

MONTEIRO SILVA, A. M.; TAVARES, C. (Org.). *Políticas e fundamentos da educação em direitos humanos*. São Paulo: Cortez, 2010.

MÜHL, E. H. et al. (Org.). *Textos referenciais para a educação em direitos humanos*. Passo Fundo: IFIBE, 2013.

NUSSBAUM, M. C. Educação para o lucro, educação para a liberdade. *Revista Redescrições – Revista on line do GT de Pragmatismo e Filosofia Norte-americana*, nº 1, 2009.

NUSSBAUM, Martha C. *Sin fines de lucro*: por qué la democracia necesita de las humanidades. Buenos Aires: Katz, 2010.

RODINO, A. M. Visión y propuestas para la región. In: UNESCO. *La educación superior en derechos humanos en América Latina y el Caribe*. México: UNESCO, 2003.

RUIZ, C. B. M. M. (Org.). *Justiça e memória*: para uma crítica ética da violência. São Leopoldo: Unisinos, 2009.

SANTOS, B. S. (Org.). *Reconhecer para libertar*: os caminhos do cosmopolitismo cultural. Porto: Afrontamento, 2004.

SANTOS, B. S. *A gramática do tempo*: para uma nova cultura política. São Paulo: Cortez, 2006.

VIOLA, S. E. A.; ALBUQUERQUE, M. Z. *Fundamentos para educação em direitos humanos*. São Leopoldo: EST/Sinodal, 2011.

WARAT, L. A. Direitos humanos: subjetividade e práticas pedagógicas. In: SOUSA Jr., J. G. et al. (Org.). *Educando para os direitos humanos*: pautas pedagógicas para a cidadania na universidade. Brasília: Síntese, 2003.

05

ALUNOS DO PROGRAMA *MAIS EDUCAÇÃO* NA REGIÃO METROPOLITANA DO ESTADO DO RIO DE JANEIRO: POLÍTICA FOCAL PARA UMA SITUAÇÃO UNIVERSAL?[1]

Alessandra Victor
Dayse Hora
Érika Christina Gomes de Almeida
Lígia Martha C. da Costa Coelho

Introdução

Um dos "objetos" que move nossos estudos é a *educação integral em tempo integral*. Buscando aprofundá-la conceitualmente, temos empreendido pesquisas que, de certo modo, materializam-na, possibilitando visualizar diferentes concepções, fruto de experiências, de programas e/ou projetos que reivindicam colocar em prática as várias formas de compreendê-la.

É preciso deixar claro que nossas investigações com os dois conceitos relacionados não significa que eles sejam indissociáveis. Em outras palavras, *tempo integral* não pressupõe, obrigatoriamente, *educação integral*. No entanto, a aliança entre ambos pode se reverter em prática emancipadora. Esta é uma das discussões que trabalhamos neste texto, levando em consideração uma política pública contemporânea na realidade brasileira: a ampliação da jornada escolar para o tempo integral.

Uma das pesquisas que desenvolvemos na perspectiva de entendimento da possível relação entre *tempo integral* e *educação integral* aconteceu durante o ano de 2012, no estado do Rio de Janeiro. Sob o título *Políticas públicas de ampliação*

---

[1] Este texto foi originalmente elaborado para apresentação, como painel, durante o XVI ENDIPE (UNICAMP, São Paulo, 2012). Revisto e ampliado para esta publicação.

da jornada escolar no estado do Rio de Janeiro: de sujeitos e(m) atuação e de sujeitos e(m) formação, seus objetivos foram: (1) mapear políticas públicas de ampliação da jornada escolar existentes nos municípios que compõem esse estado, descrevendo-as e analisando-as em relação aos sujeitos que nelas atuam – os professores (oficineiros, monitores, tutores etc.) – e os sujeitos-alvo dessa formação – os alunos; (2) discutir a relação existente entre concepções e práticas de educação integral e(m) jornada escolar ampliada, a formação proposta para os sujeitos-alvo dessas políticas e o trabalho dos sujeitos que as concretizam.

Metodologicamente, a pesquisa comportou um questionário, entre outros instrumentos, que foi respondido por secretários municipais ou coordenadores de experiências de ampliação da jornada escolar de 70 dos 92 municípios que compõem o estado do Rio de Janeiro. Uma análise preliminar do rico material encontrado nesse trabalho nos apresentou dados interessantes. Entre eles, o fato de existirem 69 experiências de ampliação da jornada escolar/tempo integral no estado, sendo 21 delas desenvolvendo o Programa Mais Educação (PME).

Consideramos instigante esse fato, na medida em que o Programa Mais Educação surgiu no panorama educacional brasileiro em 2007, dentro de um conjunto de medidas apresentado pelo Ministério da Educação (MEC) como um Plano de Desenvolvimento da Educação (PDE). Nesse programa, o objetivo é fomentar a educação integral em tempo integral nos municípios, estados e Distrito Federal, no contraturno escolar, por meio do oferecimento de atividades socioeducativas dentro e/ou fora do espaço escolar.

Levando em consideração o contexto desse programa, este ensaio tem como objetivos descrever e analisar a situação dos sujeitos em formação no desenvolvimento do Programa Mais Educação na região metropolitana do estado do Rio de Janeiro, especificamente nos municípios de Mesquita, São João de Meriti e Nilópolis. A análise foca os critérios que movem a *inclusão* desses alunos no PME, um dos pontos levantados pela pesquisa a que nos referimos anteriormente, uma vez que nem todos os alunos de uma mesma escola têm acesso a ele.

Nesse sentido, algumas questões movem o estudo, a saber: quais critérios são considerados prioritários para a inclusão de alguns alunos – e não *todos* – nas atividades desenvolvidas no contraturno escolar dentro do PME? Por que esses critérios são ressaltados em detrimento de outros? Que fundamentos – e concepção de educação integral – são evidenciados quando esses critérios são privilegiados: a *igualdade* ou a *equidade*?

Buscando responder às questões e objetivos propostos, o ensaio estrutura-se em duas seções. Na primeira, procuramos apresentar e detalhar o cenário em que se desenvolve este estudo, os critérios utilizados para a escolha dos três municípios acima referenciados e a descrição dos dados que o encaminham nessas três cidades, no tocante aos alunos que frequentam as atividades propostas pelo PME. Na segunda parte, a partir desses dados e por meio de referencial teórico comentado, buscamos refletir sobre duas categorias de análise que se entrechocam – a *igualdade* e a *equidade* – nas políticas públicas e/ou projetos e programas focais, como é o caso do Mais Educação, trazendo, como apoio, as discussões referentes ao tempo e às concepções de educação integral. Iniciando o ensaio, nos perguntamos: o que é o Programa Mais Educação? Qual o seu propósito?

Alunos do Programa Mais Educação em três municípios da região metropolitana do Rio de Janeiro: descrevendo e contextualizando dados

A Portaria Interministerial nº 17, de abril de 2007, instituiu o Programa Mais Educação visando fomentar educação integral para crianças, adolescentes e jovens, mediante atividades socioeducativas no contraturno escolar. Em seu Art. 5º, está exposto que sua implementação se dará, dentre outros aspectos, por meio de

> "III – incentivo e apoio a projetos que visem a articulação de políticas sociais para a implementação de atividades sócio-educativas no contraturno escolar, com vistas a formação integral de crianças, adolescentes e jovens (MEC, 2007, p. 3)."

Diante desta proposição, podemos inferir que a Portaria se trata de um documento legal com um caráter mais social do que pedagógico, já que estabelece atividades com perspectivas sociais, em turno complementar ao regular. Nesse sentido, de acordo com Saboya (2012),

> "os 'considerandos' da Portaria ressaltam a importância do aspecto educacional e social na formação dos alunos, procurando fomentar a educação integral de crianças, adolescentes e jovens, por meio

de atividades socioeducativas. Destacamos nesses 'considerandos' a intenção de garantir alguns direitos sociais (educação, saúde, alimentação, esporte, lazer, profissionalização, cultura, dignidade, respeito, liberdade, convivência familiar), buscando responder às necessidades humanas e ao desenvolvimento da cidadania de crianças, adolescentes e jovens, pautados na assistência e proteção integral, bem como o fortalecimento da formação cultural e a aproximação das escolas com a família e as comunidades." (p. 37).

Para Guará (2009, p. 67), essa concepção de educação em tempo integral surge "como alternativa de equidade e de proteção para os grupos mais desfavorecidos da população infanto-juvenil", logo, consubstanciada a uma perspectiva assistencial.

Outra característica que nos leva a inferir que a Portaria tem um caráter mais social do que pedagógico é o fato de que ela se ampara no Estatuto da Criança e do Adolescente (ECA) – Lei nº 8.069, de 13 de julho de 1990 – para defender uma articulação entre o direito da proteção integral e a educação integral. Sobre a perspectiva social desse instrumento, Guará (2009, p. 66) explica que ele "indica claramente que os novos direitos da infância só podem ser alcançados pela integração das políticas sociais públicas, reconhecendo também o papel da sociedade e da família no provimento desses direitos". Acrescenta-se a isso o fato de que a referida Portaria também prevê que as ações do programa devem ser articuladas entre os Ministérios da Educação, do Desenvolvimento Social e Combate à Fome, do Esporte e da Cultura. Portanto, a nosso ver, a própria articulação entre esses ministérios já corrobora para com uma configuração de ações sociais que não priorizam práticas pedagógicas.

Nesse sentido, a partir da Portaria nº 17, podemos dizer que o programa não se limita ao plano das políticas educacionais; muito pelo contrário, coloca a educação no conjunto de outras práticas sociais, em um processo de interdependência de todas essas mesmas práticas. Dito de outra forma, é uma proposta de repensar os diversos projetos sociais e a necessidade de intercâmbio entre eles, para que haja o efetivo alcance de suas metas (COELHO et al., 2011).

Quanto a esta relação entre projetos educacionais alicerçados a projetos de cunho social mais amplo, é preciso esclarecer a que nos referimos e, para isso, o exercício de voltar à história pode trazer fatos à tona, além de elucidar o presente. Em 1990, na Conferência Mundial de Educação para Todos, realizada em Jontiem, na Tailândia, os países participantes, entre eles o Brasil, se comprometeram em assegurar uma educação básica de qualidade às crianças, jovens e adultos. O foco de discussão nessa conferência estava em colocar a educação básica no centro das atenções mundiais, lembrando aos países membros de sua importância e prioridade. Nesse contexto, a educação deveria realizar as Necessidades Básicas de Aprendizagem (NEBAS) de crianças, jovens e adultos[2] (ARELARO, 2000).

No caso brasileiro, foi considerado como necessidade básica apenas o Ensino Fundamental. E, ainda assim, utilizando-se de um recorte no que seria a educação básica (educação infantil, ensino fundamental e ensino médio, pela LDB /96), o Brasil não cumpriu com as metas estabelecidas. O projeto Educação para Todos havia definido como período para a implementação de suas metas um prazo de dez anos, ou seja, de 1990 a 2000. A avaliação dessas metas ocorreu no Fórum Educação para Todos, realizado em Dakar/Senegal, no ano 2000. De acordo com os resultados apresentados pelo Brasil no relatório da UNESCO, estamos longe de alcançar os propósitos firmados em Jontiem (ARELARO, 2000).

No que diz respeito ao nosso texto, não é seu escopo aprofundar a questão anterior; porém, é possível inferir o quanto de relação existe entre as ações mais recentes que vimos sendo aplicadas à educação e os acordos firmados, mas não atingidos, pelo país. A relação entre programas como o Mais Educação e as necessidades básicas não nos parece ser tão frágil a ponto de ser desconsiderada no debate aqui proposto. Desse modo, vamos retomar a discussão nos parágrafos seguintes.

Três anos após o lançamento da Portaria que instituiu o PME, outro documento legal vem regulamentar as ações desse programa. O então Decreto nº 7.083/2010 apresenta, assim, como sua principal finalidade, "contribuir para a melhoria da aprendizagem por meio da ampliação do tempo de permanência de crianças, adolescentes e jovens matriculados em escola pública, mediante oferta de educação básica em tempo integral" (Art. 1º, BRASIL, 2010).

---

[2] O entendimento para "necessidades básicas" era: a sobrevivência; o desenvolvimento pleno das capacidades de crianças, jovens e adultos; vida e trabalho dignos; participação plena no desenvolvimento social; melhoria da qualidade de vida; possibilidade de continuar aprendendo ao longo da vida, entre outras.

Nesses termos, segundo Saboya (2012, p. 38), o referido Decreto "reduz quantitativamente as finalidades do PME para apenas uma, dando uma maior objetividade na direção de um Programa que é destinado à educação, portanto, com o objetivo de fazer com que os estudantes tenham o direito de aprender". Em outras palavras, neste diploma legal, o aspecto pedagógico passa a ser mais enfatizado que o social.

Como podemos inferir a partir dos parágrafos anteriores, essa dupla de instrumentos jurídicos que citamos reforçam e, de certo modo, vão emprestando contornos próprios ao desenho que vem apresentando essa estratégia indutora do governo federal, ou seja, uma perspectiva que evidencia tanto os aspectos sociais que a escola vem abarcando na contemporaneidade, quanto os aspectos mais pedagógicos da questão. Em síntese, em um primeiro momento – na Portaria Interministerial – o documento deixa sobressair um aspecto mais social e assistencial. Já em uma segunda etapa, com a publicação do Decreto, notamos uma alteração de perspectiva do PME, na medida em que se destaca uma maior preocupação com a aprendizagem do aluno, em detrimento da questão de proteção social.

Mas podemos perguntar: que importância tem essa primeira reflexão acerca do Programa Mais Educação e suas finalidades, quando nosso tema são as políticas/experiências de ampliação da jornada escolar para o tempo integral? Nesse sentido, retomamos a pesquisa que realizamos e alguns dos dados alcançados no ano 2012, o que nos levará novamente à reflexão anterior.

Segundo o IBGE, o estado do Rio de Janeiro está dividido em oito macrorregiões.[3] Toda região metropolitana (uma dessas macrorregiões) é um centro populacional que consiste em uma grande cidade central (a metrópole) e sua zona circunvizinha de influência política e econômica. A região metropolitana do Rio de Janeiro é composta, segundo a Lei Complementar nº 133, de 15 de dezembro de 2009, por 19 municípios,[4] com vistas à organização, ao planejamento e à execução de funções públicas e serviços de interesse metropolitano ou comum.

---

[3] As oito macrorregiões que compõem o estado do Rio de Janeiro são: Costa-Verde; Médio Paraíba; Centro-Sul Fluminense; Metropolitana; Serrana; Baixadas Litorâneas; Norte Fluminense e Noroeste Fluminense.

[4] Os 19 municípios que compõem a Região Metropolitana do Estado do Rio de Janeiro são: Rio de Janeiro, Belford Roxo, Duque de Caxias, Guapimirim, Itaboraí, Japeri, Magé, Maricá, Mesquita, Nilópolis, Niterói, Nova Iguaçu, Paracambi, Queimados, São Gonçalo, São João de Meriti, Seropédica, Tanguá e Itaguaí.

Os municípios escolhidos para nosso trabalho – Mesquita, São João de Meriti e Nilópolis – situam-se na região metropolitana do Estado e estão entre aqueles que têm em comum um baixíssimo desempenho econômico e um alto grau de precariedade nas condições de reprodução dos seus habitantes, assim como na capacidade de gestão pública local. É claro que, no conjunto da gestão pública, estamos incluindo os aspectos relacionados à educação.

Há dados do IBGE (2010) que permitem compreender melhor a situação socioeconômica desses municípios, assim como há dados sobre o Índice de Desenvolvimento da Educação Básica (IDEB) que precisam se somar a eles, no sentido de realizar uma contextualização que contemple o campo da educação. O Quadro 1, a seguir, ressalta esses dados:

Quadro 1   *Dados socioeconômicos e IDEBs 2007/ 2009/2011 dos anos iniciais do ensino fundamental – municípios de Mesquita, Nilópolis e São João de Meriti – Região metropolitana do estado do Rio de Janeiro.*

Municípios	População	Área territorial/ Km²	Densidade demográfica/ hab/Km²	IDEB – Anos Iniciais		
				2007	2009	2011
Mesquita	168.376	39,062	4.310,48	3,9	4,1	4,1
Nilópolis	157.425	19,393	8.117,62	3,9	3,6	4,4
São João de Meriti	458.673	35,216	13.024,56	3,6	4,0	4,2

Fontes: CENSO/IBGE (2010) e INEP/IDEB. Disponível em: <http://portalideb.inep.gov.br/>.

Verificamos que o Município de São João de Meriti é o maior em termos populacionais e de densidade demográfica. Em relação ao Município de Mesquita, observamos que é o de menor densidade demográfica e o primeiro em área territorial. Já Nilópolis aparece com a menor população e área territorial entre as três cidades em questão. No entanto, sua densidade demográfica é a segunda.

Quanto aos IDEBs desses três municípios, constatamos que Mesquita apresentou o mesmo índice nos anos de 2009 e 2011, índices esses próximos, porém inferiores aos projetados para o Estado do Rio de Janeiro – 4,3 para 2009 e 4,7 para 2011. São João de Meriti teve um desempenho igualmente abaixo do projetado para o Estado, mas em relação ao seu próprio índice, houve um aumento progressivo e significativo entre esses três anos. Já o município de Nilópolis teve decréscimo de três pontos percentuais entre os anos de 2007 e 2009, alcançando, no entanto, no ano de 2011, o melhor índice entre os três municípios: 4,4.

As constatações realizadas nos permitem levantar a hipótese de que o Programa Mais Educação foi implementado nos três municípios, levando-se em consideração suas condições socioeconômicas e os IDEBs alcançados nas avaliações de 2007 e de 2009. Especificamente em relação a esses IDEBs, os dois índices – nas três cidades – situam-se abaixo do nível projetado para o Estado do Rio de Janeiro, que era de 4,3 para 2009; e 4,7 para 2011, como já adiantamos no parágrafo anterior.

No que tange ao Programa Mais Educação, vale ressaltar que o mesmo começou a vigorar em 2009, nos três municípios. Diante dos fatos apresentados até o momento, questionamo-nos inicialmente: quantas escolas, do quantitativo municipal público, estariam trabalhando efetivamente com esse programa, nesses três municípios? Quantos seriam os sujeitos em formação, beneficiados pelo Programa Mais Educação (PME), em Mesquita, Nilópolis e São João de Meriti?

Visando discutir essas e outras questões, construímos o Quadro 2, a seguir, destacando categorias significativas em cada um dos municípios, a saber: (1) o número total de escolas dos anos iniciais; e (2) o número total de alunos dos anos iniciais. A esse grupo de dados agregamos, ainda, (3) o tempo de existência do PME; (4) o número total de escolas; e (5) de alunos dos anos iniciais que frequentam o referido programa:

Quadro 2 *Número total de escolas e de alunos; tempo de existência, número de escolas e de alunos participantes do PME nos municípios de Mesquita, Nilópolis e São João de Meriti – Região metropolitana do estado do Rio de Janeiro.*

Categorias de análise	Mesquita	Nilópolis	São João de Meriti
Número total de escolas municipais (Anos iniciais)	22	22	44
Número total de alunos (Anos iniciais)	7114	5949	17284
Número total de escolas dos anos iniciais participantes do PME	17	5	35
Número total de alunos dos anos iniciais participantes do PME	3300	1675	6137
Tempo de existência da experiência (em anos)	3	3	3

Fonte: Dados da pesquisa *Políticas públicas de ampliação da jornada escolar...* (FAPERJ, 2011-2012).

Uma rápida leitura do quadro anterior permite inferir que: (1), em São João de Meriti, mais de 75% das 44 escolas dos anos iniciais encontram-se no PME sem que, no entanto, o número de alunos que dele participam se encontre na mesma proporção; (2) em Mesquita, a proporção de escolas participantes do PME (17) em relação ao seu total (22), é praticamente a mesma (75%); no entanto, o número de alunos participantes do programa é bem maior do que no município anterior – esse índice chega a quase 50%; (3) em Nilópolis, são aproximadamente 25% as escolas participantes do PME; e (4) o número de alunos é, também, bem menor do que os anteriores.

A partir destes dados, observamos que, apesar de os municípios de São João de Meriti e Mesquita apresentarem uma maior porcentagem em relação ao número de escolas participantes do PME, o quantitativo de alunos matriculados nestas escolas é inversamente proporcional. Em Nilópolis, o percentual é paralelo, mantendo números inferiores. Inferimos assim que o PME abrange um maior número de escolas, sem, no entanto, alcançar o mesmo patamar de alunos.

É essa a relação que nos chamou a atenção, na medida em que constatamos que a capilaridade do PME, nos municípios de Nilópolis e São João de Meriti não passa de 36%, alcançando, em Mesquita, sua maior proporção: 46,3%. Se levarmos em conta o fato de que o referido programa visa, entre outros fatores, ampliar as oportunidades educativas para alunos cuja condição socioeconômica é desfavorável a essas mesmas oportunidades e que os três municípios em questão caracterizam-se por serem desprovidos de equipamentos sociais, culturais e econômicos em quantidade e qualidade significativas, ficou-nos outra questão: se o número de alunos que frequentam o PME é pouco significativo nesses municípios, quais critérios estarão sendo utilizados para que esses sujeitos em formação os frequentem?

Essa última questão nos levou à construção de um terceiro quadro, desta vez relacionado aos critérios de inserção dos alunos no Programa Mais Educação. Levando em consideração os principais fatores apontados por documentos oficiais do programa no sentido dessa inserção, assim como outros critérios que interessavam à nossa pesquisa,[5] o Quadro 3 expõe as respostas apresentadas pelos três municípios:

Quadro 3 *Critérios de inserção de alunos no PME – municípios de Mesquita, Nilópolis e São João de Meriti – Região metropolitana do estado do Rio de Janeiro.*

Municípios	Critérios de inserção dos alunos no PME					
	1. Defasagem de Aprendizagem	2. Defasagem Idade/ Série	3. Vulnerabilidade Social	4. Indisciplina	5. Evasão	6. Demanda familiar
Mesquita	×	×	×	–	–	×
Nilópolis	×	×	–	–	–	–
São João de Meriti	×	×	×	×	×	×

Fonte: Dados da pesquisa *Políticas públicas de ampliação da jornada escolar...* (FAPERJ, 2011-2012).

Conforme podemos visualizar, os seis critérios apresentados no questionário enviado aos municípios complementam-se, se considerarmos fatores relacionados à aprendizagem (1, 2, 5); aos aspectos sociocomportamentais (4, 5) e aos aspectos sociais, em sentido mais amplo (2, 3, 6).

---

[5] É preciso lembrar que a pesquisa que realizamos não se circunscreve às experiências do Mais Educação no Estado do Rio de Janeiro. Sua abrangência é maior, ou seja, trabalhamos com todas as experiências apresentadas pelos 70 municípios respondentes, sejam elas o Mais Educação ou não.

No entanto, podemos observar também que, de todos os critérios destacados no Quadro 3, a *Defasagem de aprendizagem* e a *Defasagem idade/série* aparecem como critérios escolhidos pelos três municípios para a inserção de alunos no PME. Esse fato demonstra que as questões da educação/ensino ainda se destacam no planejamento dos projetos e programas nessa área, em relação aos aspectos sociocomportamentais e sociais em geral, o que se constitui como um elemento significativo, quando o foco de estudo – como em nosso caso – se concentra na *educação integral*. Mas, especificamente em relação a esse conceito, é possível empregá-lo no singular?

Nossos estudos comprovam que há entendimentos diferentes para *educação integral* e, assim, consideramos importante destacar, neste momento – mesmo de forma mais sintética – que, em nossas análises sobre educação integral, vem se constituindo o que identificamos como uma *versão contemporânea*, caracterizada por tentativas de oferta dessa concepção de educação dentro de uma lógica em que a proteção social é mais evidente do que a perspectiva pedagógica. Geralmente, são projetos que visam à ampliação da jornada escolar com propostas de atividades diversificadas no contraturno.

Em oposição a essa versão "amalgamada" de educação integral, está o que defendemos como uma concepção *historicamente constituída*, que abarca as diversas possibilidades de desenvolvimento humano – cognitivo, cultural, social, artístico e afetivo – para todos os alunos; em uma organização curricular em que as atividades se complementam e, ainda, priorizam os aspectos pedagógicos sobre os sociais mais amplos.

Retomando o Quadro 3, verificamos que o critério 3 (vulnerabilidade social) é o mais próximo representante da concepção contemporânea de *educação integral*, haja vista o destaque dado às condições sociais, em detrimento das pedagógicas e, também, o terceiro a ser assinalado. Dentro desse raciocínio, Mesquita e São João de Meriti são os municípios que aderem a esse critério, quando *escolhem* os alunos que devem frequentar o PME.

Nessa perspectiva, a pergunta que abre a seção que se segue nutre-se de uma reflexão instigante: afinal, levando em consideração que a educação pública deve ser, constitucionalmente, *igual para todos*, que argumentos podem ser mais fortes para que *alguns* alunos frequentem as atividades do PME em detrimento de outros? Os da defasagem de aprendizagem, de idade/série e/ou o da vulnerabilidade social? Por quê?

Sobre experiências, programas e política(s) focal(is) em *situações universais*

As situações que descrevemos na seção anterior, a principal delas configurando critérios de inserção de alunos no PME, nos municípios de Mesquita, Nilópolis e São João de Meriti, nos levam a reflexões sobre *igualdade* e *equidade*. Nesse sentido, podemos dizer que são cada vez mais presentes os estudos que discutem questões atinentes à desigualdade e ao papel da educação nesse contexto, o que, de certa forma, desemboca nas categorias a que nos referimos neste parágrafo.

Inicialmente, levantamos a seguinte questão: podemos entender igualdade e equidade da mesma maneira? A nosso ver, e sem muitas delongas, não. A igualdade supõe o atendimento a todos os indivíduos; já a equidade, a determinados grupos. A esse respeito, Cury (2005, p. 15) explica que

> "A equidade não é uma suavização da igualdade. Trata-se de conceito distinto porque estabelece uma dialética com a igualdade e a justiça, ou seja, entre o certo, o justo e o equitativo. Esse é o momento do equilíbrio balanceado que considera tanto as diferenças individuais de mérito quanto as diferenças sociais. Ela visa, sobretudo, à eliminação de discriminações."

Em todo caso, mesmo levando em consideração as "filigranas de linguagem" a que se refere Cury quando reflete sobre o conceito de equidade, Dubet (2008, p. 49) nos lembra que

> "A igualdade das oportunidades é necessária porque mobiliza princípios de justiça e postulados morais fundamentais numa sociedade democrática. Ela repousa sobre a ideia essencial de que há algo de igual em todos: a capacidade de ser o mestre de sua vida e de seu destino, de poder exercer um poder sobre si mesmo. Nesse sentido, a igualdade das oportunidades é consubstancial ao princípio de liberdade individual que dá a cada um o direito e o poder de medir seu valor em relação ao dos outros."

A partir dos dois excertos anteriores – e buscando levar as reflexões para o campo da educação escolar – podemos inferir que, ainda que seja difícil a realização da igualdade no processo ensino-aprendizagem, ela é necessária numa sociedade democrática, pois é na oportunidade educacional que está intrínseco o ideal de tomada de consciência crítica por parte dos sujeitos envolvidos.

Desde que o acesso à escola no Brasil se tornou universal pela Constituição Federal de 1988, os indivíduos de diferentes classes criaram novas demandas nesse espaço social, antes muito menos democrático, não só pelo acesso, mas também pela permanência. Trocando em miúdos, os filhos dos coletivos populares (ARROYO, 2011) conseguiram garantir o direito de ir à escola. Contudo, sua cultura, seus valores, conhecimentos e identidade(s) não prevaleceram no ambiente escolar. Segundo alguns estudiosos, este fato criou uma realidade de *descompasso educacional* – em que se privilegiam determinados conhecimentos em detrimento de outros –, fruto de um modo de organização pedagógica que se move em um contexto histórico de *descompasso social-cultural-econômico*.

Como observa Oliveira (2011, p. 29), "a diversidade invade a escola [...]. Porém, ela vem acompanhada, na maioria dos casos, da desigualdade, ou seja, da condição econômica desfavorável ou destituída dos meios necessários para uma vida digna". Daí a tensão entre sujeitos privilegiados e desprivilegiados, igualdade e equidade, universal e focal, ou seja, entre os conceitos que vimos discutindo e sua(s) prática(s), quando nos movemos no âmbito da educação escolar. Contudo, é imprescindível lembrar neste momento que essa tensão não está restrita ao contexto da escola. Na verdade, ela compõe e faz parte de uma desigualdade social mais ampla, que está diretamente relacionada à distribuição de renda.

Caminhando um pouco mais em relação aos conceitos que vimos discutindo no início desta seção, são de Arroyo (2010; 2011) dois artigos que, muito semelhantes, refletem sobre os "coletivos considerados como desiguais". Em um deles, o autor (2010, p. 7) afirma que

> "o ideário conservador está a nos dizer que os coletivos pensados e tratados como inferiores em nossa história não cabem em nossos universalismos igualitários. Que os filtros têm de ser fechados como sempre foram".

Em um cenário contraditório como o mencionado anteriormente por Arroyo, urge construir políticas públicas e materializações dessas políticas (projetos, programas, ações) que, de fato, contenham um ideal igualitário, que não sejam o "mínimo para os coletivos populares".

Entretanto, atualmente, em algumas situações educativas observa-se um movimento de criação de programas e projetos cujos objetivos privilegiam a *equidade social* – uma categoria que, na realidade, se contrapõe à igualdade a que vimos nos referindo. Assim, ainda segundo Arroyo (2010, p. 7)

> "Diante da persistência das desigualdades, de seu crescimento e aprofundamento e diante de sua teimosia em resistir a sua correção através de políticas universalistas, se caminha para a retomada de políticas inclusivas. A visão dos coletivos feitos desiguais se vai perdendo e se passa a vê-los como excluídos. Políticas de inclusão, escola e currículos inclusivos, projetos pedagógicos com a marca de pró-inclusão: mais tempo de escola, extra-turnos, **mais educação**, pró-letramento, pró-infância, pró-jovem, escola ativa... Pró-inclusão dos coletivos diferentes pensados como excluídos dos espaços universais." (grifos nossos).

Nessa mesma linha de raciocínio, para Cury (2005, p. 15)

> "tais políticas afirmam-se como estratégias voltadas para a focalização de direitos para determinados grupos marcados por uma diferença específica. A situação desses grupos é entendida como socialmente vulnerável, seja devido a uma história explicitamente marcada pela exclusão, seja devido à permanência de tais circunstâncias em sequelas manifestas. A focalização desconfia do sucesso das políticas universalistas por uma assinalada insuficiência. Focalizar grupos específicos permitiria, então, dar mais a quem mais precisa, compensando ou reparando perversas sequelas do passado. Isso se baseia no princípio da equidade, pelo qual, como já se afirmava na Antiguidade Clássica, uma das formas de fazer-se justiça é 'tratar desigualmente os desiguais'".

Em outras palavras, e levando a reflexão para a política contemporânea, no Brasil têm-se fomentado programas e projetos de inclusão dos que Arroyo denomina como *coletivos feitos desiguais*, que acabam se transfigurando em políticas focais, ou seja, compensadoras das desigualdades, provavelmente com o objetivo de minorá-las ou, quem sabe, de "apaziguá-las" enquanto aparentemente "assistidas pelo poder público". Como o próprio Arroyo reforça, são "projetos pedagógicos com a marca de pró-inclusão", mas *incluirão*, na verdade? E, em caso afirmativo, de que modo? Ao incluir, incluirão quem e excluirão a quem? A quantos?

A esse propósito, cabe lembrar o estudo de Martins (2009), que atenta para o que denomina "nova desigualdade", presente no contexto neoliberal das políticas econômicas adotadas também pelo Brasil. O autor considera que essas políticas criadas não são propriamente excludentes, pois "implicam a proposital *inclusão precária e instável, marginal*" (MARTINS, 2009, p. 20). Deste modo, segundo Martins (2009, p. 21-22),

> "a nova desigualdade separa materialmente, mas unifica ideologicamente. [...] a nova desigualdade se caracteriza basicamente por criar uma sociedade dupla, como se fossem dois mundos que se excluem reciprocamente, embora parecidos na forma [...]. Mas as oportunidades são completamente desiguais".

Acreditamos ser possível realizar uma correlação entre esse conceito de Martins (2009) e as políticas públicas que, contemporaneamente, vêm surgindo no panorama educacional brasileiro. Também algumas delas podem estar impregnadas pelos discursos da equidade, da inclusão focal, conduzindo as práticas pedagógicas para o caminho da nova desigualdade?

Essa nova desigualdade também foi discutida por Kuenzer (2005), ao trabalhar com os conceitos de "exclusão includente e inclusão excludente". A autora nos alerta para um grande paradoxo inerente ao binômio *inclusão* e *exclusão*. Quanto à inclusão excludente, destacamos que as estratégias de inclusão nos diversos níveis e modalidades de educação escolar não vêm correspondendo às necessidades e padrões de qualidade que permitam a inserção dos sujeitos na sociedade de forma cidadã, com autonomia intelectual e ética. Há uma entrada nas escolas, isso é fato; há uma universalização crescente da educação básica; entretanto, temos índices altos de analfabetos funcionais. Há, portanto, *inclusão* nas estatísticas, mas *exclusão* do mundo do trabalho, na medida em que esses sujeitos não podem responder às exigências desse mundo; logo, serão ou já estão excluídos. Essa exclusão significa uma nova inclusão (e por isso, o paradoxo!) às margens da sociedade, no desemprego, no subemprego. Há um jogo perverso de inclusão e exclusão, de acordo com o ponto de vista analisado. Kuenzer (2005, p. 15) faz um neologismo sagaz em sua análise e nos diz que

> "estas estratégias têm sido várias, mas merecem destaque as que temos chamado de 'empurroterapia', as quais têm decorrido de uma distorcida apropriação de processos desenvolvidos no campo da esquerda para minimizar os efeitos da precarização cultural decorrente da precarização econômica, com a única preocupação de melhorar as estatísticas educacionais: ciclagem, aceleração de fluxo, progressão automática, classes de aceleração, e assim por diante. É importante destacar que estas estratégias se adequadamente implementadas, favorecem a democratização das oportunidades educacionais".

Retomando o cenário de nosso ensaio – critérios de inserção dos alunos no Programa Mais Educação – o mesmo raciocínio utilizado por Kuenzer (2005) pode ser transportado para uma análise do programa, no tocante aos sujeitos que ele *inclui* ou *exclui*. Como há o enfrentamento, por um lado, de responder às demandas da população por ampliação da jornada escolar e de gestão dessa demanda com os recursos existentes, que não podem cobrir a *todos*, o resultado são *exclusões* de diversos níveis. A exclusão de alguns alunos que participam, enquanto outros não; a exclusão dos conhecimentos escolares, que ficam dispersos e difusos nesse cotidiano escolar no qual atividades, oficinas e seus *sujeitos em atuação* – professores e oficineiros – são surpreendidos por "choques de funções" e *status*, no mesmo espaço escolar. Nesse espaço o currículo é resultado de ações pouco pensadas e planejadas para tal, na utilização do contraturno para a realização de oficinas que oferecem outras atividades, "diferentes das escolares".

Acreditamos que uma educação integral sócio-historicamente referenciada não pode ser realizada em turnos segmentados, como processo compartimentalizado, sem ligação entre uma atividade e outra. Na verdade, para a realização dessa educação integral partimos do pressuposto de que as atividades devem estar integradas e conectadas, acontecendo em um turno único; que essas atividades devem considerar sempre os conhecimentos historicamente constituídos em sua relação com os saberes identitários das comunidades; que devem ser oferecidas a todos os alunos como pressuposto básico de uma formação mais completa e emancipadora.

Nesse sentido, podemos concluir ainda que, ao estabelecer critérios para a entrada de alunos no PME, onde estes "são os mais desiguais entre os desiguais" (ARROYO, 2010, p. 4), o referido programa, fundamentado no conceito de equidade, leva a segregação para dentro da própria escola. Assim, temos a escola pública que atende os mais desiguais dentre os desiguais, e ainda assim destaca outra camada de alunos mais desiguais, dentre estes, tratando como focal um problema universal: *o acesso desigual ao conhecimento*.

Por essa ótica, o critério da vulnerabilidade social aparece como bastante significativo na escolha dos alunos que frequentarão as atividades do programa. Nele, os mais desiguais dentre os desiguais deverão receber atividades complementares para alcançarem os patamares dos outros "menos desiguais", em um mecanismo compensatório, com a justificativa de que devem ser protegidos da sua situação de vulnerabilidade social.

Outra questão importante a ser observada – que de certo modo já nos referimos em parágrafos anteriores – é o modo como esses alunos selecionados pelas escolas são incluídos, ou seja, a *inclusão precária* a que são submetidos. As atividades educativas não são ministradas por professores, mas sim por monitores (BRASIL, 2010), não necessariamente com formação pedagógica. Estas mesmas atividades são, por vezes, oferecidas em espaços fora da escola, nem sempre os mais adequados, como aponta pesquisa realizada por Rosa (2011) e também o vídeo encomendado pelo MEC, *Direito de aprender*,[6] em que alunos realizam atividades no quintal de uma moradora próxima à escola. Estes aspectos refletem a precarização dessa inclusão.

Para esse tipo de gestão, as desigualdades são tratadas como problema do alunado, de suas famílias, dos docentes e das escolas, mas continuam "deixando intocadas as estruturas e os ordenamentos que ainda não merecem a centralidade que têm" (ARROYO, 2011, p. 3). A produção da desigualdade como um fato social e como o Estado na sua reprodução produz a desigualdade não são fatos questionados. Não se consideram os processos nos quais os coletivos sociais são produzidos historicamente como desiguais.

Nesse sentido, quando nos referimos ao critério de *vulnerabilidade social* para inserir alunos em projetos, é preciso deixar claro que ele também se apresenta de uma forma polissêmica, ou seja, não há um sentido único que o comporte. Sua discussão conceitual é, portanto, bastante ampla, não sendo

---

[6] Disponível em: <www.mec.gov.br>. Acesso em: 20 abr. 2013.

possível realizá-la no escopo deste trabalho, apesar de ser, sem dúvida alguma, uma questão a merecer aprofundamento em outro momento da pesquisa que estamos efetivando.[7]

É nessa perspectiva que se enquadra a concepção de educação integral a que vimos denominando de *contemporânea*, ao contrário da concepção *historicamente constituída*. Esta última – porque centrada na multidimensionalidade dos conhecimentos indispensáveis à formação humana – não deixa de fora aluno algum, quando materializada em políticas públicas/experiências que a ressaltam.

Já a educação integral contemporânea, refém em dar respostas às demandas sociais e educacionais por ampliação da jornada escolar, se vê em uma encruzilhada e forçada a fazer "escolhas de Sofia", entre disseminar aqueles conhecimentos por toda a rede pública de ensino e focar alguns. Nesse sentido, transfigura-se em uma política compensatória – ou, como seus adeptos a denominam, em uma *política de inclusão* – capaz de distinguir entre os desiguais aqueles que considera ainda mais desiguais, como já adiantamos em parágrafo anterior.

Se pensarmos que, naturalmente, logo quando nasce, o sujeito se insere em um determinado grupo social (família/classe social) que, por sua vez, está inserido em um contexto geográfico (país/estado/município) e que acredita em determinada filosofia de vida (tradicional/liberal/socialista), que os sujeitos nascem e se desenvolvem em realidades diferentes antes de iniciar sua vida escolar, compreenderemos que as desigualdades sociais deveriam ser combatidas com diversas políticas (não só as educativas), antes e concomitantemente à vida escolar desse educando. Contudo, ao que parece e diante do contexto atual, os sujeitos que fazem parte dos *coletivos desiguais* (ARROYO, 2010), antes de se matricularem em uma instituição de ensino, ficam à margem do conjunto das políticas públicas.

Finalizando, levamos em consideração o fato de que o PME é uma estratégia focal, na medida em que suas atividades não englobam todos os sujeitos em formação nas escolas em que é implementado, visto que há critérios de inserção desses alunos no referido programa. Essa focalização suscita as seguintes questões: por que o PME privilegia apenas alguns sujeitos? Por

---

[7] A respeito da discussão sobre o conceito de vulnerabilidade, consultar trabalhos como os de Abramoway (2002) e MTE/DIEESE (2007), entre outros.

que é uma política compensatória/de inclusão? A justificativa mais recorrente para esse questionamento "é a situação de pobreza e exclusão que leva grupos de crianças à situação de risco pessoal e social, seja nas ruas, seja em seu próprio ambiente" (GUARÁ, 2009, p. 67). Porém, como cada sujeito tem sua especificidade e a escola pública é de todos, o PME permite que sujeitos fiquem à margem dessa política.

Contudo, temos de reconhecer que tem sido o PME a política contemporânea responsável pelo resgate do debate acerca da política de ampliação da jornada escolar/tempo integral e da temática da educação integral no contexto brasileiro. Isso porque o repasse de verbas e mesmo a assistência técnica prevista impulsionaram a multiplicação dos projetos nos municípios e estados brasileiros. Porém, à medida que o PME encontra-se em fase de expansão e aperfeiçoamento, é necessário que analisemos os caminhos, as correntes de pensamento e as realidades específicas traçadas pelos setores da administração pública que o coordenam, para que possamos contribuir com uma reflexão em torno da superação das dificuldades encontradas nas políticas educativas brasileiras.

Considerações finais

Valendo-se do conceito de equidade social como meta a ser perseguida, podemos deduzir que o Programa Mais Educação trata como se fosse da escola a responsabilidade de transformação da sociedade; como se essa instituição não fosse um reflexo, ou parte da engrenagem que move a sociedade. Os próprios critérios estabelecidos para a inserção de alunos, a que vimos nos referindo – vulnerabilidade social, risco social, pró-inclusão social, em detrimento de critérios pedagógicos – refletem a inversão de prioridades da/na escola. Acreditamos ser preciso refletir sobre essa mudança de perspectiva para que não continuemos ampliando as funções da escola "para menos" (ALGEBAILE, 2009).

Certamente, para a construção de uma escola mais justa e de uma sociedade democrática

> "é preciso fazer a defesa da igualdade como princípio dos direitos humanos, da cidadania e da modernidade. Políticas de educação igualitária respondem por uma escolarização em que os estudantes possuem os mesmos direitos, sem nenhuma discriminação

de sexo, raça, etnia, religião e capacidade, todos frequentando os mesmos claustros, isto é, tendo acesso, permanência e sucesso nas etapas da educação básica. Trata-se de efetivar a igualdade de oportunidades e de condições ante um direito inalienável da pessoa – a cidadania e os direitos humanos" (CURY, 2005, p. 16).

Referências

ABRAMOWAY, M. *Juventude, violência e vulnerabilidade social na América Latina*: desafios para políticas públicas. Brasília: UNESCO/BID, 2002.

ALGEBAILE, E. *Escola pública e pobreza no Brasil*: a ampliação para menos. Rio de Janeiro: Lamparina/Faperj, 2009.

ARELARO. L. R. G. Resistência e submissão: a reforma educacional na década de 1990. In: KRAWXZYK, N.; CAMPOS, M. M.; HADDAD, S. *O cenário educacional latino-americano no limiar do século XXI*: reformas em debate. Campinas: Autores Associados, 2000.

ARROYO, M. G. Políticas educacionais, igualdade e diferenças: à procura de novos significados. *Educação & Sociedade*, Campinas, v. 31, nº 113, p. 1.381-1.416, 2010.

_____. Políticas educacionais, igualdade e diferenças. *Revista Brasileira de Política e Administração da Educação*, v. 27, nº 1, p. 83-94, 2011.

BRASIL. Portaria Normativa Interministerial nº 17, de 24 de abril de 2007. *Diário Oficial da União*, Brasília, DF, 26 abr. 2007.

_____. Decreto 7.083, de 27 de janeiro de 2010. Dispõe sobre o Programa Mais Educação. Disponível em: <http://www.planalto.gov.br/ccivil_03/_Ato2007-2010/2010/Decreto/D7083.htm>. Acesso em: 20 abr. 2013.

CENSO 2010: Características da população e dos domicílios. Resultados do universo. Rio de Janeiro: IBGE, 2011. 270 p. Disponível em: <niversohttp://www.ibge.gov.br/english/estatistica/populacao/censo2010/caracteristicas_da_populacao/resultados_do_universo.pdf>.

COELHO, L. M. C. C.; HORA, D. M.; MARCHIORI, C.; BATISTA, E. G.; ROSA, A. V. N. Experiências de ampliação da jornada escolar no estado do Rio de Janeiro: sujeitos e(em) atuação. In: ENCONTRO LUSO-BRASILEIRO SOBRE TRABALHO DOCENTE, 1., ENCONTRO BRASILEIRO DA REDEESTRADO, 6., Maceió, 2011, p. 1-15. Maceió: Políticas Educacionais e Mudanças no Contexto Escolar, 2011.

CURY, C. R. J. Políticas inclusivas e compensatórias. *Cadernos de Pesquisa*, v. 35, nº 124, p. 11-32, 2005.

DUBET, F. *O que é uma escola justa?* a escola das oportunidades. São Paulo: Cortez, 2008.

GUARÁ, I. M. F. R. Educação e desenvolvimento integral: articulando saberes na escola e além da escola. *Em Aberto*, v. 22, nº 80, p. 65-81, 2009.

IBGE. Censo demográfico 2010.

IDEB do Estado do Rio de Janeiro. Observatório das metrópoles. Como anda a região metropolitana do Rio de Janeiro. II – Região Metropolitana do Rio de Janeiro. Disponível em: <http://www.observatoriodasmetropoles.ufrj.br/como_anda/como_anda_RM_riodejaneiro.pdf>. Acesso em: 20 abr. 2013.

KUENZER, A. Exclusão includente e inclusão excludente: a nova forma de dualidade estrutural que objetiva as novas relações entre educação e trabalho. In: LOMBARDI, J. C.; SAVIANI, D.; SANFELICE, J. L (Org.). *Capitalismo, trabalho e educação.* 3. ed. Campinas: Autores Associados, 2005.

MARTINS, J. S. *Exclusão social e a nova desigualdade*. 4. ed. São Paulo: Paulus, 2009.

MTE/DIEESE. Aspectos conceituais da vulnerabilidade social. Disponível em: <http://www.mte.gov.br/observatorio/sumario_2009_TEXTOV1.pdf>. Acesso em: 20 abr. 2013.

OLIVEIRA, D. A. A nova regulação de forças no interior da escola: carreira, formação e avaliação docente. *Revista Brasileira de Política e Administração da Educação*, v. 27, nº 1, p. 25-38, 2011.

RIO DE JANEIRO. Lei Complementar nº 133, de 15 de dezembro de 2009. Disponível em: <http://alerjln1.alerj.rj.gov.br/contlei.nsf/a99e317a9cfec383032568620071f5d2/441841587d7bba44832576a1005ebdb4?OpenDocument>. Acesso em: 20 abr. 2013.

ROSA, A. V. N. *Educação e(m) tempo integral*: espaços no programa bairro-escola. Nova Iguaçu-RJ. Dissertação (Mestrado em Educação) – UNIRIO. Rio de Janeiro, 2011.

SABOYA, M. G. F. *Programa Mais Educação – uma proposta de educação integral e suas orientações curriculares.* Rio de Janeiro, UNIRIO, 2012. Dissertação de Mestrado.

06

POLÍTICAS CONTEMPORÂNEAS DE CONSTITUIÇÃO DO CONHECIMENTO ESCOLAR: ENTRE A PERÍCIA E A MERITOCRACIA

Roberto Rafael Dias da Silva

> *O que foi feito do ideal de transmitir a cultura e, mais especificamente, uma "cultura comum" a todos os cidadãos através da escola?* (DUSSEL, 2009).

No presente texto examinaremos e problematizaremos acerca dos modos pelos quais o conhecimento escolar é produzido nas políticas curriculares contemporâneas no Brasil. Ancorados em autores de perspectivas teóricas diferentes como Inés Dussel, Michael Young, Bernard Charlot e José Carlos Libâneo, dentre outros, partimos do pressuposto de que, em nossa contemporaneidade, o conhecimento escolar tem sido secundarizado nas políticas e nas práticas curriculares, o que pode estar encaminhando, consequentemente, a um cenário de ressignificação das funções sociais da instituição escolar. Do ponto de vista sociológico, consideramos como cenário a emergência de uma *cultura do novo capitalismo,* tal como sugere o sociólogo Richard Sennett (2008).

Com essa intenção exposta, argumentamos que não realizaremos nenhuma análise pontual dos documentos curriculares brasileiros, nem mesmo trataremos de seus limites e possibilidades. Produziremos uma abordagem transversal sobre diferentes aspectos que se inserem nessas pautas curriculares. Falar de políticas curriculares em nosso País, na última década, tem se apresentado como um grande desafio, visto que se intensificou um conjunto de novas políticas de ampliação do acesso e de democratização da permanência nos diferentes níveis de ensino. É inegável a intensidade política que experimentamos neste tempo, no qual os diferentes grupos sociais que historicamente foram segregados das políticas de escolarização têm seus direitos sociais e políticos em processo de consolidação. Face a essa consideração, nosso interesse estará em estabelecer contribuições para o processo de implementação em curso, ao mesmo tempo em que mobilizaremos uma crítica política de seu contexto de influência e de seus modos de operação.[1]

Assim sendo, organizamos o presente texto em três seções. Na primeira seção apresentamos uma revisão histórica dos modos de fabricação do conhecimento escolar em suas interfaces com as políticas de escolarização. A seguir, na segunda seção, estabelecemos um diagnóstico sociológico dos modos de produção do conhecimento na contemporaneidade, inspirado na abordagem dos conceitos de perícia e meritocracia produzidos por Richard Sennett (2008). Na terceira e última seção, apresentamos uma agenda de trabalho a ser considerada pelas políticas curriculares brasileiras, na qual extraímos diferentes *insights* da literatura pedagógica contemporânea. Tal como apontamos na epígrafe desse texto, concluímos mostrando a necessidade de revitalizarmos o lugar da escola enquanto uma agência de transmissão cultural.

Políticas de escolarização e conhecimento escolar: uma revisão

Ao estudarmos as políticas de escolarização produzidas desde a transição do século XIX para o século XX encontraremos a cidadania como um dos grandes conceitos delineadores desses processos. As políticas que tinham como alvo a instrução das crianças e jovens, em geral, eram mobilizadas a partir de grandes lemas públicos como "educar para a cidadania", "educar para a vida democrática", ou mais recentemente "educar para a sustentabilidade ambiental", que se constituíam rapidamente em sentidos teleológicos consensuados na vida em sociedade. A construção do Estado Moderno esteve articulada à promoção da cidadania, situando a instituição escolar como um campo privilegiado (CAMBI, 1999; NÓVOA, 2009).

António Nóvoa (2009), importante historiador da educação, descreve o ano de 1870 como marco simbólico para esse jogo de relações. Segundo o historiador, é nesse período que observamos a consolidação do modelo de

---

[1] Conseguimos estabelecer uma análise mais ampla desse processo no projeto de pesquisa *Políticas de ampliação da jornada escolar para o Ensino Médio no Rio Grande do Sul*: um estudo sobre o conhecimento escolar (SILVA, 2012), financiado pelo CNPq.

formação escolar. Em outras palavras, trata-se "de uma forma de conceber e de organizar a educação que, no essencial, chegou até os dias de hoje" (NÓVOA, 2009, p. 75). O referido modelo escolar gradualmente expandiu-se, modificando-se os modos de socialização e de agenciamentos coletivos ao longo do século XX. Nóvoa exemplifica esses movimentos argumentando que "ao ganhar a luta secular contra o trabalho das crianças e dos jovens, a escola define novas formas de organização da vida familiar e social" (NÓVOA, 2009, p. 76). Nessa direção, a escola passa a ocupar cada vez mais espaço na formação cidadã dos agentes públicos, estendendo seus lastros de atuação de acordo com as diferentes racionalidades políticas ou práticas governamentais dos emergentes Estados Nacionais (CAMBI, 1999;).

Acompanhando ainda a leitura proposta pelo historiador português, faz-se preciso destacar que, paradoxalmente, ao instalarem-se nas tramas políticas da formação para a cidadania, as instituições escolares aumentaram demasiadamente seu campo de atuação.

> "Resumindo de maneira excessivamente simples a história do último século, podemos dizer que a escola se foi desenvolvendo por acumulação de missões e de conteúdos, numa espécie constante de *transbordamento*, que a levou a assumir uma infinidade de tarefas." (NÓVOA, 2009, p. 52).

De forma esquemática, Nóvoa sugere-nos que, no transcorrer do século XX, deparamo-nos com "uma imagem da escola como instituição de regeneração, de salvação e de reparação da sociedade" (NÓVOA, 2009, p. 53). Tal ambição pedagógica conduziu as práticas escolares a um alargamento desmedido que implicava na formação dos sujeitos escolares em todas as dimensões possíveis. Antes de avançarmos nessa composição analítica, faz-se importante ressaltar que a abordagem proposta por Nóvoa não pretende direcionar-nos para um pessimismo acerca das escolas e seus modos de atuação. Sua argumentação intenciona explicitar um aspecto relevante das políticas contemporâneas de escolarização: o fato de que a escola pode ter perdido a noção de suas prioridades.

A referida multiplicação das funções, ou mesmo a perda da noção de prioridades como aponta o historiador, pode fabricar um modelo de formação escolar não mais alicerçado no conhecimento e na promoção da aprendizagem.

"Um dos grandes perigos dos tempos actuais é uma 'escola a duas velocidades': por um lado, uma escola concebida essencialmente como um centro de acolhimento social, para os pobres, com uma forte retórica na cidadania e na participação; por outro lado, uma escola claramente centrada na aprendizagem, e nas tecnologias, destinada a formar os filhos dos ricos." (NÓVOA, 2009, p. 67).

A consideração analítica da fabricação de uma "escola a duas velocidades" também é percebida no contexto de nosso País. Para examinar essa perspectiva no cenário brasileiro, tomamos como ponto de partida um texto do professor José Carlos Libâneo (2012), intitulado *O dualismo perverso da escola pública brasileira: escola do conhecimento para os ricos, escola do acolhimento social para os pobres*. Segundo o pesquisador brasileiro, as condições políticas e econômicas das últimas duas décadas, demarcadas a partir da Conferência Mundial de Educação para Todos realizada no ano de 1990, conduziram o Estado brasileiro a uma forte aproximação com as pautas políticas de diferentes organizações internacionais. Concomitantemente, pulverizaram-se os discursos críticos sobre os modelos de instrução escolar tradicionais, produzindo argumentos acerca de uma ampliação dos papéis sociais da escola.

Tais argumentos, para além de sua integração às pautas políticas internacionais, enraizaram-se nas diferentes políticas de escolarização mobilizadas pelo Estado brasileiro. Uma das decorrências amplamente estudadas nesse processo refere-se a uma visão minimalista das políticas curriculares, considerando, por exemplo, que não mais falemos em "necessidades básicas", optando pela expressão "necessidades mínimas". Acerca disso, faz-se possível observar que a educação escolar vem sendo reduzida a "objetivos de aprendizagem observáveis, mediante formulação de padrões de rendimento (expressas em competências) como critérios da avaliação de larga escala" (LIBÂNEO, 2012, p. 19).

A naturalização dessa compreensão do processo e das políticas de escolarização no Brasil conduziram, ainda segundo Libâneo, à promoção de um conjunto de novas características para a escola.

"a) conteúdos de aprendizagem entendidos como competências e habilidades *mínimas* para a sobrevivência e o trabalho (como um *kit* de habilidades para a vida); b) avaliação do rendimento escolar por meio de indicadores de caráter quantitativo, ou seja, independentemente de processos de aprendizagem e formas de aprender; c) aprendizagem de valores e atitudes requeridos pela nova cidadania (ênfase na sociabilidade pela vivência de ideais de solidariedade e participação no cotidiano escolar)" (LIBÂNEO, 2012, p. 20).

Essa análise conduz à perspectiva de que a escola pública de nosso País foi reduzida aos "mínimos" elementos da convivência social e aos mecanismos de diferenciação pedagógica. Libâneo é mais incisivo ao argumentar que, sob a face humanista desse novo modelo, emergiu uma instituição escolar "caracterizada por suas missões assistencial e acolhedora", ocorrendo "uma inversão das funções da escola: o direito ao conhecimento e à aprendizagem é substituído pelas aprendizagens *mínimas* para a sobrevivência" (LIBÂNEO, 2012, p. 23). Essa instituição, assim caracterizada, ampliou o dualismo da escola pública brasileira.

Ampliando o escopo desse diagnóstico, vale referir que outras pesquisas brasileiras no campo educacional encontraram-se com resultados semelhantes (MIRANDA, 2005; MOREIRA, 2007; FABRIS; TRAVERSINI, 2011, entre outros). Em geral, tais estudos são realizados em contextos diferentes, analisam objetos variados com teorizações divergentes, mas conseguem encaminhar análises de acordo com essa mesma tendência nas políticas contemporâneas de escolarização em curso no Brasil.

Em um texto produzido há quase uma década, Marília Gouvêa de Miranda (2005), ao analisar as políticas públicas destinadas à organização do ensino em ciclos de formação, assinalava que a escola produzida pelo "princípio do conhecimento" estava sendo substituída por uma escola dirigida pelo "princípio da socialidade". A autora utilizava o termo "socialidade" referindo-se ao fato de que "a escola organizada em ciclos se situa como um tempo/espaço destinado à convivência dos alunos" (MIRANDA, 2005, p. 641). Sua pesquisa encaminha para a perspectiva de que o próprio conceito de escola é modificado.

> "Isso implica mudar o conceito de escola ou, o que dá no mesmo, a noção de socialização mediada pela escola, que deixa de ser orientada por um critério, digamos iluminista, de que a emancipação dos indivíduos deva ocorrer mediante a aquisição de conhecimentos, saberes, técnicas e valores que lhes permitam viver em uma sociedade mediada por esses conhecimentos, saberes, técnicas e

valores, passando a orientarem-se por uma noção de socialidade que prescinde da mediação do conhecimento como sua dimensão fundamental, sendo a socialidade *per si* o seu critério. O importante é que os alunos permaneçam na escola, disponham de tempo e de espaço para que possam desfrutar o que ela possa lhes oferecer, inclusive a oportunidade de adquirir conhecimentos, mas não apenas isso ou não fundamentalmente isso: que eles possam viver ali e agora uma experiência de cidadania, de convivência, de formação de valores sociais." (MIRANDA, 2005, p. 642-643).

Essa ressignificação do papel da escola também perpassou as conclusões de outras importantes investigações na área. Fabris e Traversini (2011), ao estudarem escolas situadas em periferias do sul do Brasil, destacam que a escola tem assumido como sua principal ação a busca pela proteção e pela segurança social, fazendo com que os conhecimentos sejam secundarizados na formação dos sujeitos escolares daquele contexto. De forma mais provocativa e propositiva, Moreira (2010) tem defendido que, ainda que a criança e a sua cultura sejam indispensáveis para a vida escolar, é importante atribuir centralidade no estudo e no planejamento das políticas de currículo ao conhecimento escolar. "Insisto no sentido de que a eles se associe uma aguda preocupação com o conhecimento, com sua aquisição, com uma instrução ativa e efetiva, com um professor ativo e efetivo, que bem conheça, escolha, organize e ensine os conteúdos de sua disciplina ou área do conhecimento" (MOREIRA, 2007, p. 37).

Para ampliarmos essa abordagem e delinearmos analiticamente nossa hipótese de trabalho, a seguir descreveremos o contexto político e econômico contemporâneo, procurando traçar algumas das condições que permitiram a emergência de novas pautas coletivas para a escolarização. Nessa parte, consideraremos como leitura privilegiada a abordagem sociológica de Richard Sennett (2008).

A escola e a cultura do novo capitalismo: entre a perícia e a meritocracia

O século XXI tem nos apresentado um conjunto significativo de transformações sociais, mudanças essas que produziram fortes ressonâncias nos modos pelos quais nos constituímos como sujeitos. Diferentes pensadores sociais têm procurado destacar alguns aspectos dessa questão. Bauman (2003), por exemplo, assinala que a modernidade da qual experienciamos é cada vez mais líquida, marcada por valores instáveis e transitórios. Sloterdjik (2005) sugere que estamos vivenciando modos diferenciados de nos constituirmos como indivíduos. Estaríamos ingressando em um cenário de "individualismo do autodesenho", no qual o objetivo é converter-se, esteticamente, em um objeto original e criativo, promovendo ações permanentes para o desenvolvimento de suas próprias capacidades. O sociólogo Richard Sennett (2008), o qual ampliaremos sua abordagem a seguir, assinala que estamos ingressando em uma cultura do novo capitalismo, marcada por processos de subjetivação ligados à flexibilidade, ao curto prazo e à multirreferencialidade. Destaca ainda que tais cenários são caracterizados pela meritocracia, secundarizando os processos de trabalho e de educação caracterizados pela perícia. Em um rápido exercício de diagnóstico do nosso tempo, podemos inferir que estamos nos movimentando em um tempo transitório, inseridos em relações de trabalho e estudo meritocráticas, no qual os sujeitos investem permanentemente em seu "autodesenho".

Diferentemente do período caracterizado como capitalismo industrial, sustentado pela consolidação do modelo de Estado de bem-estar social, as condições econômicas do capitalismo contemporâneo têm produzido novos delineamentos para a vida social. No que se refere à subjetividade e às condições de trabalho dos sujeitos, o sociólogo Richard Sennett (2008) argumenta que uma das principais ameaças à constituição destes sujeitos trata-se do "fantasma da inutilidade". Ao contrário do capitalismo industrial, em que os trabalhadores organizavam suas carreiras em planejamentos a longo prazo, a volatilidade e a flexibilidade marcam as novas condições produtivas. Processos como a oferta global de mão de obra, a automação e a gestão do envelhecimento são algumas das características descritas pelo sociólogo para esse período.

Sob a égide do fantasma da inutilidade, uma nova gramática formativa passou a conduzir os debates acerca das relações entre educação e trabalho, da mesma forma que se proliferaram novas estratégias para a gestão dos recursos humanos. "Nessa investida, passou-se a definir 'capacitação' como a capacidade de fazer algo novo, em vez de depender do que já se havia aprendido" (SENNETT, 2008, p. 93-94). Sob as condições de uma sociedade das capacitações, os sujeitos passam a investir permanentemente em sua formação, as empresas modificam-se na busca de novas condições e emerge a gramática pedagógica da aprendizagem ao longo da vida, fazendo com que as instituições educativas apregoem modelos de formação continuada.[2] Capacitar-se a todo momento para um mundo produtivo, em permanente mudança, apresenta-se como um novo imperativo pedagógico. Entretanto, para a análise da constituição desse novo imperativo, alguns deslocamentos podem ser visibilizados.

Os processos formativos do capitalismo industrial alicerçavam-se na concepção de perícia. Adquirir perícia representava compreender todas as etapas de um determinado trabalho, fosse ele a escrita de um texto, a realização de um cálculo ou a fabricação de um relógio. Sennett argumenta que "uma definição abrangente de perícia seria: fazer algo bem-feito simplesmente por fazer" (2008, p. 98). Os processos de formação humana eram constituídos pelas ideias de autodisciplina e autocrítica, visto que fazer algo bem feito tinha sua própria importância. "A mestria tem o seu valor, numa medida que é ao mesmo tempo concreta e impessoal: o que é bem-feito é bem-feito" (p. 99). Conforme a descrição do sociólogo britânico, a perícia demarcou os processos de trabalho e de formação humana ao longo de toda a consolidação do capitalismo industrial; porém, com a emergência do capitalismo contemporâneo, um novo conceito passa a reger esses processos: a meritocracia.

> "Vista desta maneira, a perícia não parece ter muito a ver com as instituições do capitalismo flexível. O problema está na última parte de nossa definição – fazer alguma coisa simplesmente por fazer. Quanto mais sabemos como fazer alguma coisa bem-feita, mais nos preocupamos com ela. Todavia, as instituições baseadas em transações de curto prazo e tarefas que estão constantemente sendo alteradas não propiciam esse aprofundamento." (SENNETT, 2008, p. 99-100).

Em uma sociedade marcada pelas capacitações permanentes, a perícia apresenta-se como um problema na medida em que o importante é não "ficar travado". Ficar travado, nesse cenário, implica em ficar demasiadamente arraigado ao domínio de uma técnica ou de uma área de trabalho. O capitalismo contemporâneo expõe uma nova condição para a vida produtiva (com

---

[2] Lima (2012) argumenta que, sob essas condições, podemos observar uma "subordinação da educação e do conhecimento a objetivos predominantemente instrumentais de promoção da rivalidade, no contexto da agora denominada 'sociedade da aprendizagem e do conhecimento'" (p. 9).

fortes ressonâncias para a formação humana), a saber: "a equiparação do talento com o mérito" (SENNETT, 2008, p. 102). A perícia privilegiava as relações de domínio da técnica, nas quais o talento representava um tipo de prestígio moral. "Mas agora o talento servia para medir um novo tipo de desigualdade social: algo que fosse *criativo* ou *inteligente* significava para os outros *superior*, referindo-se a uma pessoa de maior valor" (p. 102).

O deslocamento acima descrito, da perícia para a meritocracia, produz significativas implicações para o campo educacional, em geral, e para os estudos curriculares, em particular. Não são recentes os estudos que apontam mudanças dos conhecimentos ensinados nos processos de escolarização. O deslocamento da perícia para a meritocracia é o modo pelo qual optamos realizar a descrição do contexto de produção das atuais políticas curriculares, tanto no Brasil, quanto internacionalmente. Criatividade, produtividade, oportunidade, eficiência, protagonismo, livre escolha são algumas das expressões que se proliferam na gramática pedagógica mobilizada no início do século XXI.[3] Não se constitui em novidade retomar os modos pelos quais a referida gramática é gestada em determinadas organizações internacionais, como a UNESCO, o Banco Mundial, a OCDE, entre outros.[4] Um exemplo disso podemos encontrar em um documento publicado pela UNESCO em 2005 (traduzido no Brasil em 2008), nomeado como *Reforma da educação secundária: rumo à convergência entre a aquisição de conhecimento e o desenvolvimento de habilidade*. Ao definir quais seriam os novos conceitos delineadores na formação a nível secundário, o documento é bastante enfático, conforme o excerto a seguir:

> "A fim de ajudar os jovens a enfrentar eficazmente esses desafios, sejam eles positivos ou negativos, os sistemas de educação secundária precisam concentrar-se em conferir aos jovens a capacidade de desenvolver personalidades produtivas, responsáveis, bem equipadas para a vida e para o trabalho na atual sociedade do conhecimento baseada em tecnologia. É claro que, para que os indivíduos logrem ajustar-se e competir no ambiente em rápida evolução que caracteriza o mundo contemporâneo, necessitam de um repertório de habilidades para a vida que inclui, entre outras, habilidades ana-

---

[3] Sob outras condições investigativas, examinamos essa gramática pedagógica na constituição dos sujeitos universitários (SILVA; FABRIS, 2012; SILVA, 2011; SILVA, 2010).

[4] São exemplares desse tipo de abordagem estudos como os de Ball (2009) e de Popkewitz (2004).

líticas e de resolução de problemas, criatividade, flexibilidade, mobilidade e empreendedorismo." (UNESCO, 2008, p. 10).

Sob tais condições, "as ideias pedagógicas de autonomia, criatividade e independência, uma vez plenamente desenvolvidas correm o risco de nos converter em escravos de nossa autonomia" (DUSSEL, 2009, p. 358). Obviamente que tais imperativos pedagógicos não são tomados na íntegra em sua aproximação com as políticas curriculares no Brasil. Como nos têm apontado os estudos de Macedo e Lopes (2011), influenciados pelo conceito bernsteiniano de recontextualização, faz-se preciso "entender as modificações discursivas pela circulação de textos nos diferentes contextos sociais, para além dos processos de produção e reprodução nas salas de aula" (LOPES; MACEDO, 2011, p. 106). Assim sendo, sem a pretensão de estabelecer uma crítica das políticas curriculares em andamento, nem mesmo intencionando produzir uma nova pauta pedagógica para as reformas curriculares, na seção a seguir apresentaremos algumas estratégias para potencializar o conhecimento escolar.

Na medida em que as políticas curriculares brasileiras, na era da meritocracia, têm apresentado um enfoque acentuado em competências mínimas e na formação de personalidades produtivas, faz-se urgente repensarmos essas condições, pensando em modelos alternativos. Sugerimos que a compreensão da especificidade da atividade escolar (CHARLOT, 2009), a promoção de um currículo de engajamento (YOUNG, 2011) e a retomada da ideia de transmissão da cultura comum na escola (DUSSEL, 2009) possam colaborar na reflexão crítica sobre os modos de superação de uma lógica curricular meritocrática que acentua a desigualdade no acesso às políticas de escolarização de nosso País.

Estratégias para potencializar o conhecimento escolar

Conforme vimos argumentando até este momento, as políticas curriculares brasileiras, ainda que inspiradas nas possibilidades de democratização do acesso e da permanência dos diferentes sujeitos na escola, necessitam avançar na composição de sua pauta pedagógica. A ampliação das possibilidades de permanência na instituição escolar, segundo nossa leitura, ainda que sejam fundamentais do ponto de vista democrático, são insuficientes (MOREIRA, 2007). Somente poderão tornar-se efetivas quando potencializarem aquilo que a instituição escolar melhor pode nos oferecer, a atividade intelectual (CHARLOT, 2009). Se acreditamos que a escola constitua-se em uma ferramenta direcionada ao progresso intelectual e moral das sociedades, seu principal objetivo desde a emergência da modernidade pedagógica, como nos lembra Charlot, é conduzir o sujeito a construir-se em um "eu epistêmico". Ainda conforme o autor, ao pensarmos a gramática política de uma escola democrática, precisamos nos lembrar de que, em nosso tempo, "fracassa o aluno que não estuda, mas fracassa também o aluno que desenvolve na escola uma atividade outra que não aquela que caracteriza a escola" (CHARLOT, 2009, p. 93). A partir de três leituras diferenciadas[5] (mas convergentes), apresentaremos algumas estratégias para a potencialização do conhecimento escolar nas políticas curriculares contemporâneas.

a) Centralidade da especificidade da atividade escolar.

Em uma elaboração recente, o sociólogo da educação Bernard Charlot oferece-nos uma importante reflexão sobre a atividade escolar. O sociólogo parte de algumas interrogações sobre a atividade do aluno na escola, inquietando-se sobre a natureza e a especificidade desta atividade. Para além de uma excelente revisão apresentada sobre a noção de atividade na sociologia de Pierre Bourdieu e nos estudos de gênero, é na abordagem sócio-histórica de Leontiev e Vygotsky que o autor encontra elementos mais significativos para o tratamento da referida questão.

Para Leontiev, a noção de atividade corresponde a um conjunto de ações e operações "com um motivo e um objetivo". Nessa direção, podemos pensar que "toda atividade tem uma eficácia e um sentido. Ela é eficaz quando as operações permitem chegar ao resultado visado" (CHARLOT, 2009, p. 92). O produto articulado entre objetivo e motivo corresponde, segundo o pensador russo, a uma atividade. Para examinarmos a atividade especificamente escolar precisamos analisar a *mobilização* do aluno ao estudo (CHARLOT, 2009). Em outras palavras, conforme a argumentação de Charlot, podemos pensar que "prestar atenção à mobilização dos alunos leva a interrogar-se sobre o motor interno do estudo, ou seja, sobre o que faz com que eles invistam no estudo" (CHARLOT, 2009, p. 92).

---

[5] Em publicação recente (SILVA, 2013), damos continuidade à articulação entre os referidos autores, ao refletirmos sobre as relações entre currículo, conhecimento e transmissão cultural no Ensino Médio de nosso País.

Do ponto de vista analítico, o desafio emergente dessas considerações torna-se a compreensão dos motivos e objetivos que perfazem a atividade escolar. O que mobiliza os estudantes a permanecerem nas escolas? Que sentidos são produzidos no desenvolvimento das aprendizagens escolares? Existe uma especificidade da atividade escolar que nos permite "entender como é possível que os alunos dos meios populares sejam bem-sucedidos na escola, apesar de todas as probabilidades contrárias, e como é possível que as moças tenham mais êxito do que os rapazes em uma escola permeada por valores masculinos" (CHARLOT, 2009, p. 93).

Para explicar essa especificidade da atividade escolar, Bernard Charlot parte da premissa de que "a escola é um lugar onde o mundo é tratado como objeto e não como ambiente, lugar de vivência" (CHARLOT, 2009, p. 93). A instituição escolar toma o mundo como um objeto a ser conhecido pelos estudantes ao longo de seu processo de formação. O estudante necessita, segundo o exemplo apresentado pelo autor, saber diferenciar a cidade como um objeto a ser conhecido, da cidade como um espaço no qual ele reside. A premissa que orienta sua reflexão conduz-nos a uma ruptura com algumas correntes pedagógicas que apontam a centralidade da experiência social dos estudantes para os currículos escolares.

A partir da argumentação produzida por Charlot, faz-se necessário retomar as relações entre o universo cultural no qual o estudante está inserido e os saberes ensinados na escola. O sociólogo defende que o importante é que "o ensino tenha sentido, não é que esteja vinculado ao mundo familiar do aluno; esta opção representa apenas uma solução possível, em certos casos, e pode ser perigosa em outros" (CHARLOT, 2009, p. 94). Assim sendo, aproximar os saberes escolares do mundo familiar do aluno pode ser um apoio, uma vez que atribui novos sentidos ao que a escola ensina; mas também pode ser um obstáculo, "quando ela oculta o sentido específico da atividade escolar" (CHARLOT, 2009, p. 93). Para que os sujeitos escolares possam posicionar e compreender o mundo como um objeto de conhecimento, Charlot sugere dois processos fundamentais, a saber: a distanciação/objetivação e a sistematização.

A distanciação permite que os estudantes consigam afastar-se de suas experiências cotidianas e pensem o mundo como um objeto a ser conhecido. Tal processo faz-se possível através da constituição de um "Eu epistêmico, distinto do Eu empírico", em um movimento de objetivação, conforme apontamos anteriormente. Segundo o autor, esse movimento torna-se possível, em uma leitura vygotskiana, pela ação da linguagem. Nessa direção, "se na escola impera a linguagem, é porque esta possibilita construir objetos de pensamento diferentes dos objetos de vivência, o que é a especificidade da escola" (CHARLOT, 2009, p. 94). Sinteticamente, o autor sugere-nos que, pela linguagem, a escola é capaz de criar outros objetos de pensamento, que extrapolam os limites das experiências dos sujeitos escolares.

O outro processo apontado por Charlot é a sistematização, isto é, a organização dos objetos de pensamento em sistemas, conceitos e disciplinas. "A sistematização é que permite construir disciplinas (Matemática, Física, História, etc.) e não é por acaso que o projeto interdisciplinar sempre esbarra no problema da sistematização" (CHARLOT, 2009, p. 94). Retomando Vygotsky, Charlot aponta que há três diferenças básicas entre os saberes produzidos pela Ciência e os cotidianos, na medida em que o primeiro é "consciente, voluntário e sistematizado".

A especificidade da atividade escolar, descrita pelo sociólogo francês, está na constituição do aluno em um sujeito epistêmico e na constituição do mundo como um objeto a ser conhecido. Tal especificidade "requer determinadas relações com o mundo, com os outros, consigo mesmo, com a linguagem, com o tempo, que definem certa relação com o saber e com a escola" (CHARLOT, 2009, p. 94). Ainda que esta atividade escolar específica seja produzida no interior de complexas relações de poder, não podemos situá-las como um "arbitrário cultural", como encaminhariam os sociólogos da reprodução. Segundo Charlot, a atividade escolar "tem um valor de formação, um valor antropológico, por ser uma forma específica e muito elaborada de se relacionar com o mundo" (CHARLOT, 2009, p. 94). Essa abordagem permite um deslocamento de alguns clássicos lugares de análise da escola, sobretudo daqueles que posicionam a referida instituição como uma imposição das classes sociais dominantes ou das leituras messiânicas que entendem que somente a escola é capaz de reorientar a vida social contemporânea.

b) **Promoção de um currículo de engajamento.**

Acerca das políticas curriculares contemporâneas, muito tem sido dito sobre a importância de prepararmos os estudantes para uma sociedade do conhecimento. Entretanto, segundo Michael Young (2011), os discursos que sustentam tais políticas pouco falam sobre o lugar próprio do conhecimento na educação. A ênfase é atribuída, geralmente, aos estudantes, em seus estilos e interesses de aprendizagem e nos resultados mensuráveis de aprendizagem. Nesse sentido, "o conhecimento é, de certa forma, visto como um dado natural ou como algo que devemos nos adaptar aos nossos objetivos políticos" (YOUNG, 2011, p. 396).

O pesquisador inglês assinala que inúmeros países europeus, em suas reformas da última década, realizaram uma redução dos conteúdos em seus currículos, especialmente para os grupos sociais que têm apresentado baixo desempenho. Argumenta que tais reformas podem ser consideradas como progressistas ou bem intencionadas, uma vez que "elas defendem a abertura do acesso, a ampliação da participação e a promoção da inclusão social" (YOUNG, 2011, p. 396). O que lhes falta, conforme a analítica de Young, é desenvolver o foco no currículo voltado para o conhecimento e para as disciplinas escolares.

Fazer uso do foco sugerido pelo autor não significa seguir modelos tradicionais que entendem o conhecimento como um "dado natural ou associal". Nem mesmo aceitar tacitamente os modelos de reformas que postulam a personalização do currículo através da flexibilidade e da livre escolha dos estudantes. Segundo Young, o currículo pode ser justificado em seus próprios propósitos.

> "Primeiro, o currículo precisa ser visto como tendo um propósito em si mesmo: o desenvolvimento intelectual dos estudantes. Não deve ser tratado como um meio para motivar os alunos ou para resolver problemas sociais. Segundo, o desenvolvimento intelectual é um processo baseado em conceitos, e não baseado em conteúdos ou habilidades." (YOUNG, 2011, p. 402).

Assim sendo, o pesquisador entende que o centro do currículo é o conhecimento escolar. Os saberes cotidianos dos estudantes devem ser utilizados, mas como um recurso pedagógico, diferentemente de alguns entendimentos recentes que os posicionam como o centro do currículo. A ação pedagógica dos professores, na interface entre o mundo científico e os saberes cotidianos, constrói o currículo escolar. Este é o modelo de "currículo de engajamento" proposto por Young, pois nele, ao invés de cumprir regras e visar padrões de desempenho, os alunos engajam-se em comunidades especializadas, "cada uma com suas diferentes histórias, tradições e modos de funcionar" (YOUNG, 2011, p. 406).

Sob esse entendimento, em um "currículo de engajamento" os conteúdos escolares apresentam três papéis importantes.

> "O primeiro é um papel curricular: os conteúdos dão garantias, através de suas ligações com as disciplinas e com a produção de conhecimento novo, de que os alunos terão acesso ao conhecimento mais confiável disponível em campos particulares. O segundo é um papel pedagógico: os conteúdos estabelecem pontes para que os alunos possam transitar de seus "conceitos cotidianos" para "conceitos teóricos" associados a diferentes disciplinas. O terceiro papel é gerador de identidade para professores e alunos. As disciplinas são cruciais para o sentido que os professores dão a si mesmos como membros de uma profissão." (YOUNG, 2011, p. 407).

O conhecimento organizado disciplinarmente pode ser a base de entendimento para que o estudante perceba as diferenças entre o mundo cotidiano e o mundo da escola. Tais diferenças são importantes para que o estudante reconheça que o mundo precisa ser estudado, conhecido e transformado de formas diferentes às de sua experiência social. As disciplinas, para além de permitirem outras bases para pensar e questionar as coisas, "fornecem ao estudante a base social para um conjunto de identidades enquanto aprendentes" (YOUNG, 2011, p. 407). O currículo de engajamento permite que os estudantes façam uso de ferramentas mais confiáveis, que estabeleçam novas conexões e que tenham acesso a um conhecimento mais potente. A pauta constituinte desse currículo é claramente política e epistemológica.

c) Retomada da ideia de transmissão da cultura comum na escola.

Inés Dussel (2009), em um artigo publicado recentemente, procura refletir sobre a "crise da transmissão escolar". A pesquisadora argentina interroga-se sobre os modos pelos quais o ideal de transmitir uma cultura comum a todos na escola tem sido tratado em nosso tempo. Sugere que vivemos "um cerco" à transmissão cultural na escola, devido a dois aspectos complementares: "o declínio das humanidades modernas e a crise da ideia de reprodução cultural" (DUSSEL, 2009, p. 352). O primeiro aspecto relaciona-se com o declínio dos ideais humanistas para a escolarização, uma vez que diferentes abordagens analíticas ao longo do século XX apontavam para a perspectiva de que a escola deveria atualizar-se, adequando-se aos novos tempos, às mudanças no trabalho ou aos avanços científicos. Diferentes "pedagogias da moda" estabeleceram fortes críticas ao currículo humanista, entendendo que este se fundamentava "em três fortes exclusões que estavam em sua base: das culturas populares, da cultura contemporânea (sobretudo dos produtos da indústria cultural de massa) e da 'voz' das crianças e dos adolescentes" (DUSSEL, 2009, p. 353).

O segundo aspecto que coloca a transmissão cultural em xeque, ainda segundo Dussel, é a própria crise da noção de transmissão cultural. Na medida em que experienciamos um contexto de liquidez das relações sociais (BAUMAN, 2003), a possibilidade de reprodução cultural nessas sociedades torna-se problemática.

> "Como conseguir uma certa estabilidade na transmissão intergeracional capaz de assegurar a jovens a passagem da cultura de adultos? Como estabelecer certos pontos de referência se tanto os pontos de partida como os de chegada estão em permanente mudança e questionamento?" (DUSSEL, 2009, p. 356).

No cenário mais amplo que perpassa a esses questionamentos, a própria instituição escolar tem sua legitimidade questionada.

> "Se antes constituía um espaço de transmissão cultural cuja cultura se distinguia claramente do afora e se sustentava numa aliança entre o Estado e as famílias, na atualidade a escola compete com outras agências culturais com os meios de comunicação de massas e a internet para a transmissão de saberes, a formação intelectual e a educação da sensibilidade das crianças e adolescentes. E compete em condições desvantajosas, já que por suas características 'duras', por sua gramática estruturante, a escola se mostra menos permeável a essas novas configurações da fluidez e da incerteza." (DUSSEL, 2009, p. 357).

Sob as condições de crise da transmissão cultural, Dussel apresenta quatro desafios para repensarmos a possibilidade da produção de uma cultura comum nas instituições escolares. O primeiro desafio vincula-se à necessidade de confrontar-se com a alteridade. Nessa direção, a escola hoje "deve ser o lugar capaz de nos por em contato com um mundo-outro"; entretanto, trata-se de um mundo diferente daquele delineado pelas Humanidades do século XIX, mas um mundo "que nos permite entender e desafiar nossos limites e nos faz mais abertos aos outros e a nós mesmos" (DUSSEL, 2009, p. 359).

O segundo desafio propõe-se a colaborar na superação da pressão da performatividade e da necessidade dos sujeitos reinventarem-se permanentemente. A escola pode possibilitar aos estudantes um tempo outro para a experiência de uma "herança acumulada", em "um espaço onde se possa errar e voltar a provar sem maiores consequências" (DUSSEL, 2009, p. 360). O terceiro desafio indica que a instituição escolar deve proporcionar chaves para a compreensão de nosso tempo.

> "Nessa tarefa, será importante recorrer às disciplinas para que nos forneçam modos de abordagem, linguagem, regras, que nos ajudem a construir alguma ordem e algum sentido ou interpretação, que construam uma distância (novamente a alteridade aparece como um tema), para que o indivíduo possa ser também indivíduo estranhando-se, sendo capaz de apor uma distância justa (comprometida, mas também mediada pela análise) entre o vivido e a construção de uma experiência. Mas também é necessário introduzir novos temas e novos modos de trabalho na escola." (DUSSEL, 2009, p. 360).

O quarto desafio apresentado por Dussel está em não partir de gestos amargos e desencantados ao organizar as atividades escolares. A escola opera na articulação entre o passado e o futuro, na medida em que sendo depositária do passado, objetiva formar os jovens para o futuro. Mesmo não mais sendo um centro inquestionável de transmissão cultural, a instituição escolar "deve evitar a nostalgia e sobretudo a amargura" (DUSSEL, 2009, p. 362).

Considerações finais

Após a composição de estratégias para a potencialização do conhecimento escolar nas políticas curriculares contemporâneas que descrevemos acima, para finalizarmos abordaremos alguns apontamentos filosóficos de Walter Benjamin.[6] Em um texto intitulado *A reforma escolar, um movimento cultural*, publicado em um magazine estudantil no ano de 1912, o filósofo alemão procurava retomar o debate sobre o lugar das instituições escolares nas sociedades do início do século XX. Argumentava que "a escola é a instituição que custodia e apresenta à humanidade suas aquisições" (BENJAMIN, 2007, p. 16).

---

[6] A inspiração para uma releitura dos textos de Benjamin encontramos em Dussel (2009).

Na argumentação do filósofo, ao debater sobre a escola em um texto voltado para o movimento estudantil, "o que a escola faz é mérito do passado, ainda que às vezes do passado recente. Ao futuro nada mais pode oferecer que atenção e reverência". Benjamin nos sugere que devemos destacar que, ainda que a escola seja depositária de nossas tradições culturais – o passado –, por ela podemos perspectivar o futuro. A juventude poderia considerar a escola como uma ferramenta para a construção coletiva do futuro. "A exigência mais premente de toda a pedagogia moderna outra coisa não quer que criar espaço para a cultura que está surgindo. Ao confiar na juventude, que pouco a pouco há de aprender a trabalhar, a levar-se a sério e a educar-se, a humanidade confia em seu futuro" (BENJAMIN, 2007, p. 16).

A formação das juventudes enfim, na leitura que empreendemos, necessita saber articular passado, presente e futuro, conduzindo à promoção de um humanismo ressignificado. Diante das problematizações apresentadas por Benjamin, acreditamos que a compreensão da especificidade da atividade escolar (CHARLOT, 2009), a promoção de um currículo de engajamento (YOUNG, 2011) e a retomada da ideia de transmissão da cultura comum na escola (DUSSEL, 2009), tal como desenvolvemos nesse texto, podem apresentar-se como estratégias fundamentais a serem consideradas nas políticas de escolarização brasileiras. Superar a lógica meritocrática nas pautas pedagógicas do novo capitalismo apresenta-se como uma das grandes questões curriculares deste início de século XXI.

Referências

BALL, S. Privatising education, privatising education policy, privatising educational research: network governance and the "competition state". *Journal of Educational Policy*, v. 24, n. 1, p. 83-99, 2009.

BAUMAN, Z. *Modernidade líquida*. Rio de Janeiro: Zahar, 2003.

BENJAMIN, W. *Obras*. Madrid: Abada, 2007.

CAMBI, F. *História da pedagogia*. São Paulo: Editora da UNESP, 1999.

CHARLOT, B. A escola e o trabalho dos alunos. *Sísifo – Revista de ciências da educação*, nº 10, p. 89-96, 2009.

DUSSEL, I. A transmissão cultural assediada: metamorfoses da cultura comum na escola. *Cadernos de Pesquisa*, v. 39, nº 137, p. 351-365, 2009.

FABRIS, E. T. H.; TRAVERSINI, C. Conhecimentos escolares sob outras configurações: efeitos das movimentações disciplinares e de controle. ENCONTRO ANUAL DA ANPED, 34. Rio de Janeiro, 2011. *Anais...* Rio de Janeiro: ANPED, 2011.

LIBÂNEO, J. C. O dualismo perverso da escola pública brasileira: escola do conhecimento para os ricos, escola do acolhimento social para os pobres. *Educação e Pesquisa*, v. 38, nº 1, p. 13-28, 2012.

LIMA, L. *Aprender para ganhar, conhecer para competir.* São Paulo: Cortez, 2012.

LOPES, A. C.; MACEDO, E. *Teorias do currículo.* São Paulo: Cortez, 2011.

MIRANDA, M. G. Sobre tempos e espaços da escola: do princípio do conhecimento ao princípio da socialidade. *Educação e Sociedade*, v. 26, nº 91, p. 638-651, 2005.

MOREIRA, A. F. B. A importância do conhecimento escolar em propostas curriculares alternativas. *Educação em Revista*, v. 45, p. 265-290, 2007.

MOREIRA, A. F. B. Lendo Stella: um mote para pensar o fundamental na escola de ensino fundamental. *Revista da FAEEBA – Educação e Contemporaneidade*, v. 19, nº 34, p. 193-205, 2010.

NÓVOA, A. *Professores*: imagens do futuro presente. Lisboa: Educa, 2009.

POPKEWITZ, T. Standards and making the citizen legible. *Journal of Learning Sciences*, v. 13, n. 2, p. 243-256, 2004.

SENNETT, R. *A cultura do novo capitalismo.* Rio de Janeiro: Record, 2008.

SILVA, R. R. D. Currículo, conhecimento e transmissão cultural. *Pátio – Ensino Médio*, nº 15, p. 25-27, 2013.

SILVA, R. R. D. Políticas de ampliação da jornada escolar para o Ensino Médio no Rio Grande do Sul. Projeto de pesquisa em andamento (com financiamento do CNPq), 2012.

_____; FABRIS, E. T. H. Os universitários como um público: educação e governamentalidade neoliberal. *Educação e Realidade*, v. 37, nº 3, p. 905-921, 2012.

_____. Empreendedorismo e gestão dos talentos na constituição do universitários contemporâneos. *Linhas Críticas*, v. 17, p. 545-560, 2011.

_____. Universitários flexíveis: a gestão dos talentos no capitalismo contemporâneo. *Educação UFSM*, v. 35, p. 259-272, 2010.

SLOTERDJIK, P. *Sobre la mejora de la buena nueva*: el "quinto" evangelio según Nietzsche. Madrid: Siruela, 2005.

YOUNG, M. O futuro da educação em uma sociedade do conhecimento: a defesa radical de um currículo disciplinar. *Cadernos de Educação*, v. 38, p. 395-416, 2011.

UNESCO. *Reforma da educação secundária*: rumo à convergência entre a aquisição de conhecimento e o desenvolvimento de habilidade. Brasília: UNESCO, 2008.

AGENCIAMENTOS FORMATIVOS NAS POLÍTICAS CULTURAIS BRASILEIRAS

Rodrigo Manoel Dias da Silva

Introdução

Estudos sobre as políticas culturais recentemente desenvolvidas apontam para seus novos objetivos sociais (CURY, 2002; CANCLINI, 2003; YÚDICE, 2004; SILVA, 2011; SILVA, 2012; SOVIK, 2014). Os processos de construção destas políticas acompanham transformações societárias globais, nas quais a cultura passa a ser usada (convenientemente) como ferramenta sociopolítica e econômica para alcançar objetivos delineados em diversas escalas (YÚDICE, 2004), tais como: enfrentamento das desigualdades sociais; desenvolvimento econômico e social; intervenção no ordenamento das cidades ou intervenção na urbanidade, sobretudo em contextos de periferia; formação humana; e qualificação das experiências escolares.

As mudanças nos princípios organizativos das políticas culturais brasileiras, explicitados nos atuais mecanismos de seleção de projetos visando recursos públicos (mediante editais) e na pluralização das questões identitárias (BARBALHO, 2007; SILVA, 2012), reorientam as lógicas de ação dos atores no setor, cujas exigências têm embasado uma ideia de "retorno social" (YÚDICE, 2004; SILVA, 2012). Além, portanto, de mudanças evidenciadas em programas governamentais que deslocam a cultura ao centro das problemáticas sociais, caso dos programas Cultura Viva e Mais Educação, novas situações passam a ser constatadas no âmbito das trajetórias de agentes culturais. A participação em editais públicos e a institucionalização de suas práticas e projetos culturais lhes profissionalizam, tornam-lhes "produtores culturais", atentos aos retornos sociais que lhes são esperados. Suas narrativas explicitam objetivos de formação cultural de crianças, adolescentes e adultos em programas sociais ou escolares, além de sua própria formação. Os agenciamentos culturais engendram agenciamentos formativos.

Uma das consequências destas mudanças é a aproximação significativa entre as políticas culturais e as políticas educacionais, uma vez que seus conteúdos e suas formas revelam afinidades e objetivos socialmente compartilhados. Projetos culturais passam a circular pelas instituições de ensino, assim como a pauta das políticas educacionais é entrecruzada por direitos e reivindicações culturais (SILVA, 2010). Acompanhando esta linha argumentativa, o interesse desta elaboração reside em analisar aqueles objetivos produzidos quanto à formação dos atores culturais nestes processos, nos quais sua ação social e seus agenciamentos culturais tornam-se tangenciados por mediações políticas e "imperativos sociais de desempenho" (YÚDICE, 2004).

Parece conveniente observar que a maioria destes interesses acompanham mudanças mais amplas transcorridas nas políticas e na cultura. A seguir, delinearemos, com brevidade, um diagnóstico desta situação.

Interesses formativos nas culturas contemporâneas: um diagnóstico

Atualmente, as dinâmicas de mudança social evidenciam uma reorganização da "pluralidade de forças" (SIMMEL, 1946), de maneira que novos arranjos socioculturais encontram condições de possibilidade, ao passo que trazem em si outras exigências e imperativos à ação dos atores naquela sociedade. Em parte, são essas reorganizações das forças sociais que definem e constroem significações à própria sociedade, sobretudo se concordarmos com François Dubet (1996), quando observa a incompletude de sentidos do termo, visto que é usualmente empregado seguido de uma adjetivação específica: sociedade industrial, sociedade pós-industrial, sociedade nacional, sociedade moderna, sociedade espanhola, entre outras. No entanto, a presença desse qualificativo explicita vetores característicos das experiências vividas naquele agrupamento, embora reconheçam-se seus conteúdos de convenção humana e os variados alcances que esta definição possa atingir.

Mesmo que as definições desdobrem-se de convenções sociológicas, portanto matizadas por visões teóricas ou metodológicas distintas, identificamos certos traços oportunos para uma sucinta reflexão sobre estas dinâmicas sociais. Em todo caso, nos parece que o delineamento de três circunstâncias típicas de nosso tempo pode nos encaminhar à produção de um diagnóstico social que evidencie a centralidade dos interesses formativos na cultura contemporânea. Ao procedermos este exercício, estaremos interessados em indicar os modos pelos quais estes interesses objetivos pelas capacitações engendram agenciamentos formativos (SILVA, 2012), os quais operam como técnicas de vida (SIMMEL, 1979) inerentes às políticas culturais.

A primeira circunstância reflexiva identificável neste panorama social verifica-se no declínio ou instabilidade das instituições sociais, particularmente nos limites da confiança e solidariedade produzidos por estas instituições, sejam elas estatais ou de mercado. Segundo Richard Sennett (2006), o ocaso dos planos quinquenais soviéticos e seus controles econômicos, igualmente a fragilização das corporações capitalistas que oportunizavam empregos vitalícios na produção contínua de produtos e serviços e a menor rigidez e redução das instituições previdenciárias produziram condições sociais instáveis e fragmentárias. Tais mudanças expuseram a fragmentação das grandes instituições:

> "A fragmentação das grandes instituições deixou em estado fragmentário as vidas de muitos indivíduos: os lugares onde trabalham mais se parecem com estações ferroviárias do que com aldeias, a vida familiar se viu desorientada pelas exigências do trabalho; a migração tornou-se o verdadeiro ícone da era global, e a palavra de ordem é antes seguir em frente que estabelecer-se." (SENNETT, 2006, p. 12).

Esses traços societários associam-se à restrição da rigidez das estruturas burocráticas do Estado e, complexificando o cenário, vivem-se processos de geração de riqueza, em diversos países, consequentes deste desmantelamento das estruturas burocráticas de governo e das corporações fixas, do desenvolvimento tecnológico e da volatilidade das estruturas administrativas. Entretanto, esse processo é marcado por desigualdades econômicas e instabilidade social. Alain Touraine (2007; 2011), por sua vez, menciona o fato de estarmos vivendo um longo processo de desinstitucionalização e, de certa forma, de enfraquecimento de categorias sociais tipicamente modernas, sobremaneira visíveis nas hierarquias, nos conflitos e na ação dos próprios atores. Tal condição permite-lhe concluir que houve uma diminuição ou desaparecimento de atores propriamente sociais, os quais acabam cedendo lugar a outros atores, necessariamente não sociais, na medida em que colocam em cena suas orientações culturais fundamentais (TOURAINE, 2011), caso das entidades que representam determinadas categorias profissionais. De certo modo, a decomposição dos atores torna-se consequência das dissociações entre uma economia globalizada e os conflitos, disputas e ações políticas ausentes em nível mundial, mas vigorosas nos níveis local e nacional.

O argumento de Alain Touraine refere-se a outros posicionamentos nas relações entre as escalas local e global quanto à organização sociopolítica, na atualidade, visto, por exemplo, nas declarações de movimentos femininos em suas dinâmicas de afirmação da diferença em escalas mundiais, os quais não anulam a intensidade de conflitos e tensionamentos locais em torno destes atores, como no mercado de trabalho ou em suas vidas íntimas. Esta desinstitucionalização explicita, ainda, mecanismos crescentes de diferenciação de situações, categorias, grupos e opiniões.

No exposto, o cientista social francês interroga como nuance fundamental destas mudanças a cisão entre a vida econômica, em seu conjunto, e a vida social. Face às contínuas transformações do capitalismo, desde sua crise de 1929, a esfera econômica parece autonomizar-se da vida social como um todo, fato este que corrobora com o declínio das instituições, em especial aquelas "onde são elaboradas as normas e modos de negociação sociais" (TOURAINE, 2011). Paradoxalmente, destaca que há uma separação inevitável entre os atores e os sistemas sociais, mas, em concomitância, a experiência humana é submetida às necessidades econômicas, embora, como ressalta, ainda possam refazê-las.

Através deste entendimento, os atores sociais desafiam-se à construção de suas experiências (DUBET, 1996), mesmo se desafiados pelas projeções de interesses e conflitos advindos de suas vivências nas "fronteiras" entre as esferas econômica, política e cultural. Assim, a segunda circunstância reflexiva refere-se aos modos como os próprios atores sociais experimentam estas transformações sociais e de que forma modulam-se e são projetados desafios às suas ações sociais, particularmente quanto às relações profissionais. Se as relações pessoais e profissionais dependiam do potencial sociointegrador das instituições sociais, onde as mesmas efetuavam-se em regimes de longa duração, atualmente o tempo constitui-se em desafio fundamental, como observa Richard Sennett:

> "Como cuidar de relações de curto prazo, e de si mesmo, e ao mesmo tempo estar sempre migrando de uma tarefa para outra, de um emprego para outro, de um lugar para outro. Quando as instituições já não proporcionam um contexto de longo prazo, o indivíduo pode ser obrigado a improvisar a narrativa de sua própria vida, e mesmo a se virar sem um sentimento constante de si mesmo." (SENNETT, 2006, p. 13).

A construção da experiência social destes atores (DUBET, 1996) nestas novas situações, em parte, procura responder ao dilema da construção da própria vida sem um sentimento constante de si mesmo. Pois, se são rápidas as modificações nas temporalidades das relações humanas, fazem-se necessários movimentos de permanente capacitação diante dos fluxos das mudanças tecnológicas, sociais e culturais. Vislumbramos o segundo desafio:

> "Como desenvolver novas capacitações, como descobrir capacidades potenciais, à medida que vão mudando as exigências da realidade. Em termos práticos, na economia moderna, a vida útil de muitas capacitações é curta; na tecnologia e nas ciências, assim como em formas mais avançadas de manufatura, os trabalhadores precisam atualmente se reciclar a cada período de oito ou doze anos." (SENNETT, 2006, p. 13).

O desenvolvimento de capacidades potenciais, enquanto mudam as realidades, abreviam o prazo das capacitações e produzem lógicas de ação que reafirmam o objetivo de produzir novos talentos. Em lugar do artesanato, as relações modernas atribuíram centralidade ao desempenho meritocrático de habilidades potenciais, de maneira que as relações sociais tornaram-se cada vez mais presentificadas, em detrimento de subjetividades construídas desde a tradição ou o pensamento mítico ou mágico. Assim sendo, a construção de subjetividades fica circunscrita a modelos identificados como a cultura do "novo capitalismo":

> "Uma individualidade voltada para o curto prazo, preocupada com as habilidades potenciais e disposta a abrir mão das experiências passadas só pode ser encontrada – para colocar as coisas em termos simpáticos – em seres humanos nada comuns. A maioria das pessoas não é assim, precisando de uma narrativa contínua em

suas vidas, orgulhando-se de sua capacitação em algo específico e valorizando as experiências por que passou. Desse modo, o ideal cultural necessário nas novas instituições faz mal a muitos dos que nelas vivem." (SENNETT, 2006, p. 14-15).

A terceira circunstância, derivada das anteriores, expressa o dilema da educação permanente. O ano de 1970 foi escolhido pela UNESCO como o Ano Internacional da Educação, sendo que, no período, a entidade publicou 21 princípios orientadores à educação do futuro. Um dos mais significativos destes identifica-se com a necessidade da educação permanente, a qual precisaria ser a pedra angular da política educacional nos próximos anos, em todos os países, "para que o indivíduo tenha oportunidade de aprender durante toda a sua vida" (FAURE, 1972). Posteriormente, o conceito de educação permanente vai inaugurar um novo projeto educacional dirigido e produzido desde as mudanças sociais hodiernas. *A educação amanhã*, livro de Bertrand Schwartz, esclarece os interesses que estavam em jogo naquelas diretrizes:

> "modelo de educação permanente: desenvolvimento da igualdade de oportunidades, continuidade no tempo e no espaço, associação em todos os níveis da formação geral (cultural e social) à formação profissional, participação dos usuários na determinação dos objetivos, dos meios e das modalidades de controle". (SCHWARTZ, 1976, p. 60).

Estas circunstâncias sinalizam para o entendimento convencional de que a cultura do novo capitalismo possa ser associada à conformação de uma sociedade onde as constantes capacitações tornam-se fundamentais (SENNETT, 2006). Os agenciamentos formativos podem ser interpretados como meio de expressão ou consequência desta ação social, a ser verificado nas trajetórias pessoais ou experiências coletivas de atores envolvidos nas políticas da cultura, ora fazendo-se possibilidade de ação, ora restringindo-a, mas tornando-se produtor de novos repertórios de ação (SILVA, 2012). O que não significa que as mudanças sociais, em suas distintas escalas, do local ao global, sejam abstraídas e assimiladas pelos atores em iguais situações, ou desprovidas de reações ou resistência. A decomposição da vida social (TOURAINE, 2011) e os impertinentes ditames do sistema econômico internacional trazem novas exigências políticas às relações entre os atores sociais e o sistema e, em igual teor, exigem novas formas (e disputas) aos agenciamentos de recursos (YÚDICE, 2004).

Políticas culturais e agenciamentos formativos

Nesta paisagem social, a formação permanente se torna condição imprescindível para a ação social. A formulação de projetos pessoais e profissionais é matizada pelas contingências econômicas do novo capitalismo, sobremaneira observada nas condições impostas aos agenciamentos dos atores como a observância dos "imperativos sociais de desempenho" e das necessidades de "retorno social" (YÚDICE, 2004).

Um rápido olhar às políticas culturais brasileiras, em nosso tempo, permite-nos ilustrar o teor destas mudanças. Desde 2003, observamos uma reorganização institucional das políticas para o setor. Embora ainda dependente das leis de incentivo, enquanto provimento financeiro da política, o Estado passou a mobilizar outros dispositivos de seleção de projetos, qual seja: os editais públicos. Estas ações, segundo Rubim (2011), potencializaram uma aproximação das políticas com setores sociais antes não contemplados na agenda de discussões públicas, além de prever financiamento e interesse político a agentes culturais que não receberiam em circunstâncias anteriores. O Programa Cultura Viva, experimento político emblemático destas mudanças, ampliou as possibilidades de obtenção de recursos e permitiu que inúmeros projetos recebessem fomento estatal, constituindo um campo concorrencial mais ampliado.

Além disso, o programa incorporou uma segunda mudança fundamental: a pluralização da questão identitária (BARBALHO, 2007). Esta percepção revelou o interesse do Estado em contemplar, também em uma dimensão valorativa, atores e grupos antes não reconhecidos pelas ações ministeriais, caso das culturas populares (SILVA, 2011). A produção de políticas para a cultura, neste contexto, é marcada por processos de "fabricação" e afirmação identitária, onde o reconhecimento cultural passa a delimitar os conflitos por direitos e as mediações para os significados do pertencimento social a coletividades (FRASER, 2001). Por outro lado, essa diversidade cultural tem sido usada para atender a diversos objetivos sociais na contemporaneidade (YÚDICE, 2004), enquanto "reserva disponível" para políticas de desenvolvimento social, turístico ou de economia criativa.

Tais mudanças redefinem os agenciamentos culturais. As lógicas de ação dos atores reorganizam suas experiências sociais (DUBET, 1996), tanto por mudanças nas esferas objetivas de manutenção material de suas existências, quanto em mudanças subjetivas nos modos de afirmação identitária e profissional. Em todo caso, a inserção nestes novos modelos normativos das políticas culturais requer a formação dos agentes. Agenciamentos formativos são potencializados. Agenciamentos formativos se dão quando a formação cultural é interpretada como recurso indispensável à ação dos atores nestas situações da política de nosso tempo e, portanto, convertem-se em imperativos sociais de desempenho (YÚDICE, 2004).

Na próxima seção, estamos interessados em demonstrar a operatividade destes agenciamentos formativos nas políticas culturais brasileiras a partir de uma situação. Analisaremos as políticas culturais em Canela (RS), a partir da ação e da produção cultural de grupos locais de teatro. A exposição das mudanças transcorridas em duas trajetórias individuais será nosso mote argumentativo.

Experiência e formação: uma problematização, duas trajetórias

Canela é um município situado no Estado do Rio Grande do Sul, na região da Serra Gaúcha, distante 130 quilômetros da capital, Porto Alegre. Do ponto de vista histórico, pelo menos desde a década de 1920, a cidade tem se constituído como espaço de pessoas em trânsito, assim entendido pelo intenso fluxo de pessoas que passavam pelo lugar seja pela chegada da estação de trem, no ano 1924, ou pelos últimos agrupamentos de tropeiros que atravessavam a Região Sul conduzindo animais e cargas na direção de outros estados. A mesma década favoreceu que esse trânsito fosse se intensificando com a chegada dos primeiros veranistas, uns chegavam pelas condições climáticas de uma região serrana, uma vez que recebiam prescrições médicas para tal estadia, outros chegavam com o trem e a necessidade de realizar atividades comerciais na região. A intensificação dos fluxos de visitantes começou a mobilizar o surgimento de hotéis e condições de hospedagem. O que ficou evidente, segundo os registros históricos (STOLTZ, 1992; OLIVEIRA; VEECK; REIS, 2009), é que as décadas posteriores consolidaram a região como turística, com significativo ingresso de visitantes em momentos do ano.

Ao mesmo tempo, esta presença de turistas ou veranistas não alterava a dinâmica do município. Canela seguia com o passo de cidade do interior, com suas dinâmicas comerciais incipientes, mas em expansão, pequenos segmentos industriais em desenvolvimento (setor madeireiro, dentre outros) e um crescimento da população urbana que passava a se sobrepor à rural. As décadas subsequentes evidenciaram outra particularidade no lugar:

as intensas atividades culturais que vinham sendo desenvolvidas. Eram nascentes e significativos os grupos de canto, de danças de salão, de atividades desportivas ou lúdicas, as sociedades recreativas, os grupos de teatro amador, grupos de artesãos, assim como outras manifestações culturais. Havia em Canela, nas décadas de 1970 e início da de 1980, uma crescente atmosfera de produção e circulação de arte e cultura, basta considerarmos que no período havia 23 grupos de teatro.

Embora esses grupos de teatro preservassem seu amadorismo, delinearam seu próprio circuito de produção e fruição desta arte, através do surgimento dos primeiros festivais de teatro amador do município. Porém, o fim desta década nos apresentou novas tendências para os promotores de teatro: a necessária profissionalização dos atores locais, face às novas definições dos festivais que se tornaram internacionais, inserindo-se em circuitos de cultura mais abrangentes; ou a interpenetração ou mútua dependência entre os grupos de atores locais e as exigências dos eventos turísticos que precisavam ser enriquecidos por atividades culturais. No entanto, as redefinições nas relações entre os atores locais e o circuito cultural mais amplo são mais bem observadas no âmbito das trajetórias de alguns atores culturais, entrecruzadas pelas políticas culturais recentemente implementadas no Brasil.

Margarida Weber, secretária municipal de turismo no período, explicita a existência de intencionalidades políticas naquelas relações entre os estímulos à produção teatral e expectativas de desenvolvimento local através do turismo cultural. Os projetos mobilizados visavam à articulação entre formação de atores, formação de públicos e produção de eventos turísticos, caso do Festival de Teatro, do Festival Internacional de Teatro de Bonecos e do evento natalino local, o Sonho de Natal. O depoimento da ex-secretária aponta-nos estes indícios:

> "A nossa ideia era a seguinte: nós queríamos fazer uma formação de plateia, nós queríamos que as crianças, desde o pré, assistissem teatro e tivessem uma opinião sobre aquilo que elas estavam vendo. Então, nós tínhamos nosso festival de teatro, nós tínhamos 23 mil habitantes em Canela e 23 grupos de teatro atuante. E nós tínhamos o festival de teatro para onde vinham as melhores peças de teatro nacionais e o festival da cidade, mas juntos. Então, os atores globais que vinham pra cá, vinham e davam oficinas para os nossos. Hoje, nós temos em Canela, assim, cenógrafos, iluminadores e atores ainda dessa fase (Margarida, 60 anos, arquiteta)."

Em boa medida, estas expectativas estão postas para além do experimento mobilizado pelas políticas culturais na cidade de Canela, pois nos permite analisar a confluência de agenciamentos culturais e de agenciamentos formativos, através dos quais observamos prerrogativas de formação constante dos atores culturais, face determinantes de profissionalização, de institucionalização de projetos culturais e do imperativo social do desempenho (YÚDICE, 2004). O imperativo social do desempenho é produzido em campos estruturados de forças sociais, "enquanto conjunto de injunções performáticas relacionadas com pactos de reciprocidade, estruturas interpretativas e condicionamentos institucionais de produção de comportamento e de conhecimento" (YÚDICE, 2004, p. 69).

Alguns destes determinantes sociais das práticas e agenciamentos de atores culturais serão cotejados, analiticamente, na continuidade desta seção, através das trajetórias pessoais de dois atores envolvidos nas políticas culturais em Canela. Assim sendo, a seguir discutiremos algumas interfaces entre as trajetórias de vida destes agentes culturais e as condições institucionais que circunscrevem as políticas de cultura tomando-as como um espaço de negociação (para) e efetuação de projetos culturais.

Metodologicamente, quando fazemos uso da noção de trajetória, procuramos acompanhar toda uma discussão posta nas Ciências Sociais acerca das biografias, histórias de vida e trajetórias pessoais, no sentido de observarmos a complexidade das redes de significado nos níveis biográficos, suas contradições e seus conflitos. Trataremos, pois, da noção de trajetória como espaço de produção da experiência (DUBET, 1996) do ator social, concomitantemente, como espaço de mediação das crenças, costumes, idealizações, práticas e projetos culturais. Entendemos que a trajetória pessoal é o que medeia a condição da existência de uma coletividade e os projetos culturais que concorrem para suas demandas, ou seja, é no plano das trajetórias individuais que os projetos de ação dos atores negociam a sua efetuação (SCHUTZ, 1974) com as condições político-culturais de nosso tempo.

a) Luiz e a profissionalização nos festivais de teatro.

Luiz, 43 anos, começou ainda no Ensino Médio a estudar e obter conhecimentos sobre música. Em torno de 1982, realizava aproximações mais sistemáticas com a produção cultural regional, onde, no Centro de Tradições

Gaúchas, tocava violão em festas, para os amigos e em momentos familiares. Mas em 1987, quando começou a fazer teatro, suas vivências com o mundo artístico revelaram-se como possibilidade de profissão. Aprendeu a atuar, através de trocas com artistas de outras localidades que circulavam por Canela. Aprendeu também perspectivas em cenário, iluminação e outros elementos relevantes na produção de um espetáculo artístico.

No mesmo ano, iniciou-se um movimento de consolidação do teatro na cidade. Vários jovens começaram a trabalhar no projeto do Festival de Teatro de Canela, por iniciativa da prefeitura local, a qual passou a agenciar contatos com instituições do meio artístico presentes na capital do Estado, particularmente em artes cênicas, e levá-las à cidade. Artistas, atores, músicos, produtores e agentes culturais começam a trabalhar e circular em suas praças e palcos, compondo assim a política cultural predominante no município, até o presente. O festival, então, era planejado para duas semanas, sendo a primeira para o teatro amador (ou comunitário) e a segunda para profissionais vindos de outras regiões do país, ou outros países, além de Porto Alegre.

Os artistas locais foram aprendendo estas técnicas, mas também aprenderam elementos fundamentais para a organização de um evento, como a formulação de projetos artísticos e culturais, além dos modos de "transitar pelo meio teatral e da cultura", como argumenta Luiz. Nosso interlocutor chegou a apresentar-se com grupos de teatro no fim dos anos 1980 e início dos 1990, por vários estados do Brasil. Estes aprendizados oportunizaram (ou demandaram) sua profissionalização.

Havia, ao mesmo tempo, a constatação de que os jovens artistas locais possuíam talento e, paulatinamente, caberia aos gestores destes eventos oferecerem oportunidades formativas voltadas à sua qualificação e posterior profissionalização. O material de divulgação do 14º Festival de Teatro de Canela, em 2000, explicitava tal prerrogativa:

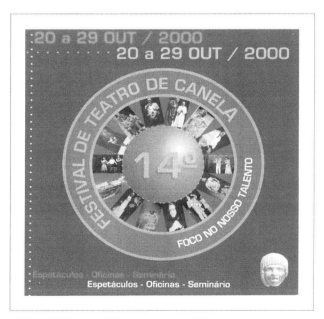

Fonte: Acervo do Autor.

Não bastava a organização do evento para a circulação e divulgação da arte praticada nos âmbitos locais ou regionais, era necessário o esforço permanente na capacitação dos "talentos", como observou Richard Sennett (2006). Por esta perspectiva, a enunciação dos termos *oficinas* e *seminário* no cartaz acima apresenta-nos indícios da conformação de um campo de agenciamentos específico à formação dos atores culturais, próprio destas políticas. Nosso informante ressaltou que o Festival de Teatro teve mesmo um efeito de formação ou, em suas palavras, "de capacitação". Os mesmos atores que apresentavam as peças, assim como outros profissionais do ramo, ficavam mais de uma semana na cidade, antes ou após o festival, ministrando oficinas de sonorização, iluminação, vocalização e outras. Canela vivia um mês de teatro, enquanto os grupos trabalhavam o ano todo nas peças e produções a apresentar. Atores e diretores de renome internacional vinham ao município, por vezes com recursos próprios, para assistirem peças e atuarem naqueles espaços formativos endereçados aos jovens artistas do lugar. Essa dinâmica de produção cultural deu condições de possibilidade para diversos projetos de desenvolvimento turístico.

Daqueles jovens canelenses poucos se profissionalizaram. Luiz encontrou, apesar das dificuldades, meios para trabalhar e viver do teatro, até hoje. De acordo com nosso interlocutor, os festivais de teatro declinaram no início dos anos 2000, por motivos políticos e de financiamento, mas ele passou a acionar contatos realizados anteriormente e formular projetos culturais vinculados a associações culturais na cidade e no Estado. Trabalha, atualmente, em diversos projetos de prefeituras, em cultura e turismo. Vinculou-se à Confraria da Cultura, uma associação de artistas locais que se reúne para estudar, discutir, propor e planejar eventos e políticas culturais. Também se vinculou a uma Associação Cultural que realiza projetos na promoção de eventos como o Sonho de Natal, em Canela, além de eventos natalinos em outros municípios no interior do Rio Grande do Sul.

Através dos vínculos constituídos, desenvolveu uma carta própria de projetos culturais. Na condição de "produtor independente", é contratado para desenvolver e coordenar inúmeros projetos, dando-lhes direção e formato artístico, atuando em diversas funções: produção, seleção de atores na comunidade, agenciamento de patrocinadores e recursos de financiamento, pagamento dos cachês e a própria direção artística dos espetáculos.

No âmbito da profissionalização, comenta que seus colegas de palco nos anos de 1980 aprendiam a desenvolver uma peça teatral, trabalhavam um ano todo, apresentavam-na e desfaziam-se de tudo, ou seja, preparavam-se para um evento único. Ele, aos poucos, foi observando que o mesmo evento pode ser aprimorado e vendido para diferentes lugares, obtendo lucro com isso, o que lhe deu condições para a profissionalização. Consequentemente, profissionalizar-se se fez condição à continuidade de sua atuação cultural.

Tem elaborado projetos para prefeituras e editais públicos, nos setores de cultura e de turismo, onde as ações culturais previstas objetivam a capacitação de estudantes e interessados em aprender um ofício para atuar em eventos culturais. Desde 2007, quando passou a dirigir os Desfiles de Natal, atividade atrelada ao evento natalino de Canela, tem-se ocupado de investir na seleção e formação de atores da comunidade, sendo que atuaram naquele ano 60 pessoas e, no ano seguinte, 130. Sua carta de projetos vem, portanto, sendo vendida a várias entidades culturais de diversos municípios, a qual prioriza iniciativas que se pretendam formativas de jovens estudantes de escolas públicas da região.

b) Nelson e a formação na ação cultural.

Nelson, 45 anos, nasceu em Caxias do Sul, RS. Iniciou suas atividades profissionais no setor metalúrgico, atuando em técnicas e processos de controle de qualidade, uma vez que havia realizado alguns cursos voltados à profissionalização como torneiro mecânico, fornecidos pelo Serviço Nacional da Indústria (SENAI) e outras instituições atuantes no setor metal-mecânico. Trabalhou na indústria por muitos anos, em diferentes funções e segmentos empresariais.

Aos 22 anos, mudou de emprego e a mudança foi acompanhada por um aumento significativo de sua renda, com a qual Nelson passou a realizar investimentos em uma de suas paixões desde a infância, a arte, e especialmente o teatro. Passou a frequentar muitos espetáculos de teatro em sua terra natal, assim como inúmeros shows de música, de diferentes estilos ou formas de expressão. Tornou-se amigo dos atores, até que recebeu um convite para associar-se a um grupo, vindo a criar uma produtora cultural nos anos de 1980.

A empresa onde trabalhava produziu, dois anos mais tarde, um espetáculo de teatro de bonecos, técnica teatral até então desconhecida para nosso informante. Entretanto, aquela apresentação lhe foi muito significativa, pois, por um lado, foi de uma beleza significativa que o impressionou, e, por outro, despertou-lhe a percepção e o desejo de desenvolver aquela arte. Começou a fazer isso um mês depois. Pouco tempo depois, foi convidado e passou a atuar com o mesmo grupo que produziu e, definitivamente, abandonou a medição de peças e as atividades na ferramentaria. Permaneceu atuando com este grupo por quatro anos, viajando todo o Rio Grande do Sul, colaborando, inclusive, em sua produção e divulgação.

No início da década seguinte, viajaram a Florianópolis para um conjunto de apresentações. No entanto, devido a uma crise financeira, o lucro esperado não se concretizou e o grupo se desfez. Seus colegas e amigos desistiram das atividades teatrais e Nelson decidiu ter persistência e criou o grupo "Só Rindo". Trabalhou por um tempo em Santa Catarina e, depois, voltou a Caxias, onde acabou conhecendo sua esposa, Elisabete. Juntos têm viajado pelo Rio Grande do Sul e pelo Brasil, através da realização de inúmeros cursos e da apresentação em festivais de teatro de bonecos.

Seus aprendizados ocorrem nos próprios festivais. Eles têm participado de festivais em muitos países da América Latina e na China. Relatou-nos que sua recente experiência no Peru foi muito interessante, na qual conviveu com oito grupos e, além de espetáculo, cada grupo deveria oferecer uma oficina aos demais participantes. Em suas próprias palavras:

> "A gente fez oito oficinas, oficinas de objetos, só pra bonequeiros, com um grupo americano. Sempre tem isso. O mais legal é você... é legal você estar em um espetáculo em um grande teatro, mas nesses festivais é sempre assim, você faz uma no teatro e outra na descentralização. [...] Participação permanente em oficinas, é legal ver como o outro grupo trabalha. Te ajuda a desenvolver umas perspectivas novas." (Nelson, 46 anos, bonequeiro).

Segundo seu depoimento, sua profissão de "bonequeiro" está baseada no autodidatismo, no Brasil. Existem várias escolas, mas ainda existe o reconhecimento enquanto categoria profissional. O aprendizado do teatro de bonecos, em sua experiência, baseou-se nas trocas e interações com outros produtores de teatro, mediante visitas a profissionais mais experientes e participação em festivais. Em alguma medida sua narrativa recupera as palavras de Luiz, pois destaca-nos a existência de dispositivos formativos intrínsecos aos próprios eventos de teatro. Desta forma, na razão em que agenciam recursos para os eventos culturais, o fazem para sua própria formação cultural.

Desde 2004, Nelson reside em Canela, quando passou a participar e coordenar o Festival Internacional de Teatro de Bonecos, evento que ocorre na cidade há vários anos. Além disso, passou a desenvolver um conjunto de iniciativas voltadas a crianças, adolescentes e jovens do município, tais como: ações de sensibilização para a arte em escolas públicas municipais, oficinas de dramatização, iluminação, confecção e manuseio de bonecos. Essas ações são orientadas por duas linhas de trabalho: a formação de público para os espetáculos de teatro de bonecos e formação artística destes jovens que, em geral, são moradores da periferia da cidade. As experiências desenvolvidas nas escolas, em parceria com a Fundação Cultural de Canela, potencializaram a formulação de um projeto concorrente a um Ponto de Cultura – ação pública do Programa Cultura Viva, promovido pelo Ministério da Cultura.

Após a aprovação no edital seletivo, em 2008, iniciaram as atividades do Ponto de Cultura. Esse projeto objetivou a formação artística de sessenta estudantes, distribuídos em três turmas, nas quais foram ministradas oficinas de: iluminação, sonorização, produção, contrarregragem, fotografia, edição de vídeo e comunicação (produção textual, jornal, *blogs* e *sites*, internet). As práticas teatrais fizeram-se conteúdo do projeto do Ponto de Cultura. O horizonte das ações realizadas, que envolve principalmente estudantes do ensino médio, é a profissionalização dos participantes voltada aos eventos turísticos que são promovidos na região, segundo destaca seu idealizador.

Atualmente, desenvolve ainda outros projetos de produção independente, assim como iniciativas desenvolvidas por órgãos de assistência social e de cidadania vinculados à Prefeitura Municipal de Canela.

Considerações finais

As trajetórias dos produtores culturais de teatro na Serra Gaúcha explicitam as dinâmicas e os processos mobilizados, nos planos social e individual, nas interseções entre as políticas culturais e as mudanças socioeconômicas derivadas da globalização econômica. Esses novos arranjos políticos demandam que os atores culturais reorganizem suas histórias pessoais ajustando-se a circunstâncias que delimitam suas práticas sociais, tal como "técnicas de vida" (SIMMEL, 1979). A formação permanente e os agenciamentos mobilizados são expressivos destes novos modelos de ação cultural. No caso analisado, os processos formativos são condicionados pelos interesses no desenvolvimento regional, sobretudo quando a formação, o teatro e a criatividade fazem-se "reserva disponível" para tais programas. O investimento em políticas culturais torna-se atrelado aos potenciais de "retorno social" que lhes são depositados.

Noutro plano analítico, os agenciamentos formativos concorrem para a construção de projetos culturais democráticos, na razão em que pautam seus fazeres pelo respeito à produção das culturas populares, ao reconhecimento da diversidade cultural e das múltiplas formas de expressão. Como observa Jesús Martín-Barbero, essas políticas culturais devem atentar-se aos direitos ao reconhecimento, "enquanto capacidade das comunidades e dos cidadãos de intervir nas decisões que afetam seu modo de viver" (2006, p. 45-46), assim como aos direitos de expressão "nos meios de comunicação de massa das comunidades de todas aquelas culturas e sensibilidades, majoritárias ou minoritárias, através das quais passa a ampla e rica diversidade de que são constituídos nossos países" (MARTÍN-BARBERO, 2006, p. 46).

Os agenciamentos formativos posicionam-se, de modo ambivalente, entre uma política cultural que reconheça a legitimidade criadora das culturas populares e os procedimentos mais amplos de ajustamento a uma cultura do novo capitalismo (SENNETT, 2006). O desafio ora apresentado consiste em encontrarmos novas mediações e novos sentidos às políticas culturais, para além das dicotomias e das dualidades. Estado ou mercado, subjetividade ou objetividade, culturas elitistas ou culturas populares, formação cidadã ou formação profissional, compõem debates insuficientes para analisarmos estas problematizações.

A situação requer políticas culturais articuladas a uma "busca engajada", sobremaneira num tempo onde somos desafiados à construção de "um mundo profissionalmente exigente, mas também multicultural" (TOURAINE, 2011, p. 159).

Referências

BARBALHO, A. Políticas culturais no Brasil: identidade e diversidade sem diferença. In: RUBIM, A. A. C.; BARBALHO, A. (Org.) *Políticas culturais no Brasil*. Salvador: Edufba, 2007.

CANCLINI, N. G. *A globalização imaginada*. São Paulo: Iluminuras, 2003.

CURY, C. E. Políticas culturais no Brasil: subsídios para a construção da brasilidade. Tese (Doutorado em Educação) – Universidade Estadual de Campinas. Campinas, 2002.

DUBET, F. *Sociologia da experiência*. Lisboa: Instituto Piaget, 1996.

FAURE, E. (Org.). *Apprendre à être*. Paris: UNESCO/Fayard, 1972.

FRASER, N. Da redistribuição ao reconhecimento? Dilemas da justiça na era pós-socialista. In: SOUZA, J. (Org.). *Democracia hoje*. Brasília: Editora UnB, 2001.

MARTÍN-BARBERO, J. Projetos de modernidade na América Latina. In: DOMINGUES, J. M.; MANEIRO, M. (Org.). *América Latina hoje*: conceitos e interpretações. Rio de Janeiro: Civilização Brasileira, 2006.

OLIVEIRA, P.; VEECK, M. W.; REIS, A. O. *Canela por muitas razões*. 2. ed. Porto Alegre: EST, 2009.

RUBIM, A. A. C. *As políticas culturais e o governo Lula*. São Paulo: Perseu Abramo, 2011.

SCHUTZ, A. *El problema de la realidad social*. Buenos Aires: Amorrortu, 1974.

SCHWARTZ, B. *A educação amanhã*. Petrópolis: Vozes, 1976.

SENNETT, R. *A cultura do novo capitalismo*. Rio de Janeiro: Record, 2006.

SILVA, R. M. D. Os direitos culturais e a política educacional brasileira na contemporaneidade. *Revista Brasileira de Política e Administração da Educação*, v. 26, nº 1, p. 123-136, 2010.

SILVA, R. M. D. *Políticas culturais em cidades turísticas brasileiras*: um estudo sobre as técnicas de vida contemporâneas. Tese (Doutorado em Ciências Sociais) – Universidade do Vale do Rio dos Sinos. São Leopoldo, 2012.

SILVA, A. L. A conveniência da cultura popular: um estudo sobre a pluralidade de domínios, danças devocionais e a ação dos mestres no Vale do Paraíba. Tese (Doutorado em Ciências Sociais) – Pontifícia Universidade Católica de São Paulo. São Paulo, 2011.

SIMMEL, G. *Cultura femenina y otros ensayos*. 5. ed. Buenos Aires: Espasa-Calpe, 1946.

_____. A metrópole a vida mental. In: VELHO, O. (Org.). *O fenômeno urbano*. 4. ed. Rio de Janeiro: Zahar, 1979.

SOVIK, L. Os projetos culturais e seu significado social. *Galáxia*, nº 27, p. 172-182, 2014.

STOLTZ, R. *Primórdios de Canela*: nascente turístico do Rio Grande do Sul. Canela: Fundação Cultural de Canela, 1992.

TOURAINE, A. *Um novo paradigma para compreender o mundo de hoje*. São Paulo: Vozes, 2007.

_____. *Após a crise*: a decomposição da vida social e o surgimento de atores não sociais. Petrópolis: Vozes, 2011.

YÚDICE, G. *A conveniência da cultura*: usos da cultura na era global. Belo Horizonte: Editora UFMG, 2004.

08

MEIO AMBIENTE EM QUESTÃO: PROBLEMÁTICA E DESAFIOS EDUCATIVOS

Dirceu Benincá

Durante muitos séculos o ser humano viveu em equilíbrio e harmonia com o meio ambiente, concebendo a natureza como "mãe", protetora e até como "deusa", ante a qual agia com respeito e cuidado. Com o alvorecer da Era Moderna, aquele *modus vivendi* foi sendo suplantado por uma perspectiva capitalista que, sistematicamente, passou a ver os povos originários como atrasados e "não civilizados". Essa mesma lógica criou mecanismos e fomentou projetos diversos para tornar o mundo "civilizado" e "desenvolvido".

Por meio de processos colonialistas, de descobertas científicas e de inventos técnicos, o homem começou a perscrutar o outro e a natureza como objetos de apropriação e dominação irrestritas. Houve um progressivo fortalecimento da visão mercadológica acerca dos bens produzidos e dos recursos naturais. É precisamente por isso que, hoje, necessitamos redefinir nossa relação com o sistema Terra e instituir políticas e práticas de educação ambiental. De certa forma, nosso grande desafio consiste em voltar às origens e resgatar muito do que a "civilização" pôs a perder.

Problemática ambiental moderna

A industrialização, a urbanização e o consumismo exacerbado estão levando a níveis preocupantes a problemática ambiental.

> "Está em curso uma sistemática de agressão à natureza que já começou nos albores da Modernidade no século XVII e que se acelerou enormemente nas últimas décadas devido às novas tecnologias. Elas

representam ameaças aterradoras ao futuro da vida e à sobrevivência da civilização humana". (BOFF, 2012, p. 17).

Esta realidade está amplamente ancorada e articulada com os princípios estruturantes da modernidade e do capitalismo.

A propósito, vale ressaltar o pensamento de Hannah Arendt (1993), segundo a qual "o conceito principal e completamente novo da Era Moderna – a noção de Progresso como força que governa a história humana – colocou uma ênfase sem precedentes no futuro". Para a autora, a ideia mais danosa difundida no século XX foi a ideia de progresso, pois, em nome dele, criaram-se perversidades e tragédias nunca antes vistas (como as guerras mundiais, o holocausto, a bomba atômica), abismos sociais gigantescos etc. Estabeleceu-se um modo de vida baseado no crescimento a qualquer custo e desencadeou-se uma crise profunda e sem precedentes no sistema Terra.

Várias pesquisas científicas atestam a existência de estreita relação entre fenômenos climáticos extremos (incluindo o aquecimento global) e as formas de intervenção humana sobre a natureza. Se, por um lado, o desenvolvimento tecnológico representou uma verdadeira revolução social com seus inúmeros benefícios e facilidades, por outro, ele passou a se constituir em uma das principais ameaças a todas as espécies de vida. Pela técnica, "inventamos centenas de elementos químicos inexistentes na natureza, e pelos agentes químicos sintéticos podemos levar a um colapso o sistema imunológico do corpo humano e reduzir drasticamente a rica biodiversidade dos ecossistemas" (BOFF, 2012, p. 253).

Para Vieira (2005, p. 127), "as teorias de desenvolvimento do século XX, baseadas na ideia de que somente o crescimento econômico poderia promover o progresso social, melhorar a qualidade de vida e reduzir as desigualdades, não foram confirmadas pela História". Ao contrário do que tais teorias apregoavam e que muitos acreditavam, o crescimento econômico trouxe consigo o aumento da pobreza, da miséria, da desigualdade, da violência e da exclusão social. Esse projeto não foi capaz de promover o desenvolvimento humano justo e equitativo.

Pela dinâmica que lhe é própria, a sociedade industrial causou a elevação exponencial das *externalidades*.[1] Entre as externalidades negativas estão:

---

[1] O conceito *externalidade* foi cunhado em 1890 por Alfred Marshall para retratar os efeitos positivos e/ou negativos do mercado para além da esfera econômica propriamente dita.

a poluição, o desmatamento, o uso de agrotóxicos e o ritmo frenético das grandes cidades. Alguns autores caracterizam o atual estágio da nossa existência como pós-industrial,[2] onde se verificam inúmeras incertezas, ameaças e *riscos* gerados pela tecnologia, pela política econômica e pela ciência em geral. O sociólogo Ulrich Beck a conceitua como *sociedade de risco*, considerando a possibilidade de autodestruição da humanidade em um só ato e as práticas de autodestruição progressiva. A explosão de Chernobyl, maior desastre nuclear da história, ocorrida em 26 de abril de 1986, é apontada como evento referencial para o início do debate público e científico sobre o problema dos riscos nas sociedades contemporâneas.

Neste período-sistema marcado pela globalização de riscos, grupos populacionais e ecossistemas se encontram em uma fronteira tênue entre a sobrevivência e a extinção. Ocorre que os riscos sociais e ambientais não são simples efeitos colaterais do progresso, mas se tornaram centrais e constitutivos da nossa época. Para Maria Adélia de Souza,

> "o período técnico, científico e informacional, produto da acumulação do conhecimento técnico e científico, trouxe para a humanidade a possibilidade de superar a maioria dos obstáculos até então oferecidos pela natureza. Terremotos, tornados, vendavais, *tsunamis*, surpreendiam a todos. Temia-se a natureza. Hoje, eles surpreendem apenas as pessoas e nações pobres, aqueles que não dispõem de informação e conhecimento técnico. Esse é, aliás, o sentido da técnica: criadora permanente de exclusão" (2008, p. 31).

Os riscos que as sociedades atuais enfrentam não existem apesar do conhecimento acumulado, mas, quase sempre, precisamente por causa dele. Com o desenvolvimento da ciência e da tecnologia, criaram-se novos riscos de alta gravidade e de alcance global. Nas "sociedades de riscos", verifica-se conexão causal entre desigualdade econômica e doença. Nelas, é possível identificar múltiplos tipos de doenças, tanto as do *atraso*, quanto as *do avanço*. As primeiras resultam da ação do capitalismo excludente, como a má qualidade da água, a falta de saneamento básico, as péssimas condições

---

[2] Para Domenico De Masi (2000, p. 33), cinco aspectos são constitutivos da sociedade pós-industrial: a) a passagem da produção de bens para a economia de serviços; b) a preeminência da classe dos profissionais e dos técnicos; c) o caráter central do saber teórico, gerador da inovação e das ideias diretivas nas quais a coletividade se inspira; d) a gestão do desenvolvimento técnico e o controle normativo da tecnologia; e) a criação de uma nova tecnologia intelectual.

de moradia, de trabalho, alimentação etc. As doenças do avanço são aquelas oriundas do estilo de vida moderno, caracterizado, por exemplo, pelo sedentarismo, estresse, alimentação inadequada, uso excessivo do computador, consumo de drogas e agrotóxicos.[3]

O Relatório do Desenvolvimento Humano 2013, publicado pelo Programa das Nações Unidas para o Desenvolvimento (PNUD), afirma que o mundo poderá enfrentar uma "catástrofe ambiental" num futuro próximo. O relatório estima que, se não houver medidas eficazes, em 2050 mais de três bilhões de pessoas poderão sofrer de extrema pobreza. O PNUD ressalta que as principais vítimas dos problemas ambientais são os pobres.

> "Muito embora as ameaças ambientais, como sejam as alterações climáticas, a desflorestação, a poluição do ar e da água e as catástrofes naturais, pesem sobre todos, afetam sobretudo os países pobres e as comunidades pobres. As alterações climáticas já hoje exacerbam as ameaças ambientais crônicas, e as perdas de ecossistemas limitam as oportunidades de criação de meios de subsistência, em especial para os pobres. Um ambiente limpo e seguro deve ser considerado um direito e não um privilégio."[4]

A *globalização hegemônica* (SANTOS, 2005) tem aprofundado desigualdades socioeconômicas regionais e nacionais. A exploração de riquezas naturais e da força de trabalho são características marcantes nesse processo. No centro das contradições geradas pelo capitalismo está uma questão de injustiça socioambiental. A injustiça pode ser entendida como "o mecanismo pelo qual sociedades desiguais, do ponto de vista econômico e social, destinam a maior carga dos danos ambientais do desenvolvimento às populações de baixa renda, aos grupos sociais discriminados, aos povos étnicos tradicionais, aos bairros operários, às populações marginalizadas e vulneráveis" (PORTO, 2004, p. 122). Assim, os maiores benefícios e os menores impactos são reservados aos mais ricos, enquanto os menores benefícios e os maiores riscos e perigos recaem sobre os mais pobres.

---

[3] "O Brasil é o campeão mundial no uso de agrotóxicos no cultivo de alimentos. Cerca de 20% dos pesticidas fabricados no mundo são despejados em nosso país. Um bilhão de litros ao ano: 5,2 litros por brasileiro." Disponível em: <http://www.brasildefato.com.br/node/12707>. Acesso em: 1º maio 2013.

[4] Relatório do Desenvolvimento Humano 2013 – A ascensão do sul: progresso humano num mundo diversificado. p. 97. Disponível em: <http://www.pnud.org.br/arquivos/rdh-2013.pdf>. Acesso em: 4 abr. 2013.

De acordo com a Rede Brasileira de Justiça Ambiental (RBJA), "os padrões vigentes de desenvolvimento" e não a "falta de crescimento" figuram como causas da desigualdade socioeconômica e da injustiça ambiental de que são vítimas numerosos grupos sociais na cidade e no campo.

> "A opção exportadora, apoiada fortemente no agronegócio empresarial e no setor mínero-metalúrgico-energético, provoca a expulsão do campesinato e de populações tradicionais das suas terras e a contaminação dos trabalhadores e de seus familiares por agrotóxicos e outras substâncias tóxicas. Ela expressa a reprodução atualizada dos tempos coloniais, da espoliação e do massacre dos povos indígenas e da escravidão negra, ao mesmo tempo em que se orquestram campanhas de difamação contra povos indígenas, quilombolas e outras populações tradicionais, visando a redução ou a supressão dos seus direitos constitucionais e a perda dos seus territórios."[5]

O modelo de desenvolvimento capitalista neoliberal associado aos avanços tecnológicos e à dinâmica da globalização hegemônica mostra-se cada vez mais insustentável. Provoca migrações forçadas, marginalização e exclusão de grupos e segmentos sociais. Entre os que sofrem fortes impactos das injustiças socioambientais, podem-se identificar: desempregados, subempregados, vítimas do trabalho escravo, favelados, atingidos por barragens ou por enchentes, sem-terra, pequenos agricultores violentados pela especulação fundiária, indígenas e afrodescendentes, catadores de materiais recicláveis e outros.

Emergência da reflexividade

No cenário descrito, a questão ambiental se constitui num campo em permanente disputa, não só porque a natureza é a fonte básica de toda matéria-prima, mas também em face das consequências sociais das diversas externalidades. Na contracorrente, emergiu, em nível mundial, a reflexividade em torno desta problemática, cuja origem pode ser situada na década de 1960. Naquele período começaram a surgir movimentos ambientalistas

---

[5] Disponível em: <http://www.fase.org.br/v2/admin/anexos/acervo/17_080102_relatoria_ii_encontro_nacional_rbja_2007.pdf>. Acesso em: 8 set. 2014.

em oposição à modernização desenvolvimentista, a qual tinha como grandes ideais o progresso econômico, a industrialização e a urbanização.

A proposta da *educação ambiental*, enquanto busca de práticas conscientizadoras diante da crise ecológica, nasceu naquele contexto e passou a ser abordada em eventos mundiais, continentais e de outros níveis. Em 1972, a Organização das Nações Unidas promoveu a Conferência de Estocolmo, na Suécia. Foi o primeiro encontro internacional que tratou da *prevenção* como princípio de gestão ambiental ante a condição finita dos recursos naturais. A Conferência divulgou o conceito do *ecodesenvolvimento*, apontando a necessidade de promover a *sustentação do desenvolvimento* e o *desenvolvimento durável*. No mesmo ano, houve a publicação do primeiro relatório do Clube de Roma, intitulado *Os limites do crescimento*, chamando atenção para o problema do esgotamento dos recursos naturais em decorrência do modelo de desenvolvimento vigente.

Entre outros eventos importantes sobre esta temática, na década de 1970, pode-se destacar: Seminário de Educação Ambiental em Jammi, na Finlândia (1974), que reconheceu a educação ambiental como educação integral e permanente; Congresso de Belgrado, na Sérvia (1975), que estabeleceu metas e princípios da educação ambiental; Congresso de Educação Ambiental Brasarville, na África (1976), que considerou a pobreza como o maior problema ambiental; Conferência Intergovernamental sobre Educação Ambiental em Tbilisi, Geórgia (1977), que apresentou o desafio de enfocar os problemas ambientais através de uma perspectiva interdisciplinar e globalizadora. Na América Latina, ressalta-se a Conferência Sub-regional de Educação Ambiental para a Educação Secundária, realizada em Chosica[6] (Peru) em 1976.

Nesta linha de preocupações, em 1983 foi criada a Comissão Mundial sobre Meio Ambiente e Desenvolvimento (CMMAD), que produziu o documento *Nosso futuro comum*, lançado no Brasil em 1988. O documento apresentou o conceito de *desenvolvimento sustentável* como "aquele que atende às necessidades do presente sem comprometer a possibilidade de as gerações futuras atenderem as suas próprias necessidades". Nesse documento tam

---

[6] Nesta conferência a *educação ambiental* foi conceituada como "ação educativa permanente pela qual a comunidade educativa tem a tomada de consciência de sua realidade global, do tipo de relações que os homens estabelecem entre si e com a natureza, dos problemas derivados de ditas relações e suas causas profundas. Ela desenvolve, mediante uma prática que vincula o educando com a comunidade, valores e atitudes que promovem um comportamento dirigido a transformação superadora dessa realidade, tanto em seus aspectos naturais como sociais, desenvolvendo no educando as habilidades e atitudes necessárias para dita transformação" (Disponível em: <http://www.mma.gov.br/educacao-ambiental/politica-de-educacao-ambiental>. Acesso em: 8 set. 2014).

bém se defende a ideia de "produzir mais, com menos recursos naturais", o que, a rigor, não representa significativas mudanças de comportamento, na medida em que aceita o padrão de consumo vigente.

A expressão *desenvolvimento sustentável* é utilizada atualmente de modo indiferenciado nas mais diferentes áreas de pensamento e campos de atuação, instâncias e grupos de interesses. Ela aparece vinculada a estudos científicos, indicadores, planos de ação empresarial, políticas de Estado, projetos de ONGs, bandeiras de movimentos sociais, programas de partidos políticos, orientações produtivas, comerciais, de consumo etc. Constitui-se, porém, em um conceito polêmico e ambíguo, com preceitos e bases teóricas bastante genéricas. Para Veiga (2008, p. 189), a ideia de desenvolvimento sustentável "acabou se legitimando para negar a incompatibilidade entre o crescimento econômico contínuo e a conservação do meio ambiente. Ou ainda, para afirmar a possibilidade de uma conciliação desses dois objetivos, isto é, de crescer sem destruir".

A discussão em torno da questão ambiental foi aprofundada na Conferência das Nações Unidas sobre o Meio Ambiente e Desenvolvimento (CNUMAD),[7] realizada no Rio de Janeiro em junho de 1992, com a participação de 179 países. A preocupação fundamental era de conciliar o desenvolvimento econômico e social, protegendo o meio ambiente. Da Conferência resultou o documento denominado *Agenda 21*, que traz um plano abrangente de ação para o desenvolvimento sustentável no século XXI, salientando a necessidade de combater a pobreza e mudar os padrões de consumo. O documento adverte que os recursos naturais não são de uso exclusivo desta geração, mas são emprestados das futuras gerações.

Cabe enfatizar que a Eco-92 significou uma virada na consciência política sobre a questão ambiental. A partir dessa Conferência, a temática deixou de ser vista e tratada como "refém" dos movimentos estritamente ambientalistas. Problemas relacionados a esgoto a céu aberto, ausência de coleta ou coleta irregular de lixo, poluição atmosférica, trabalho em lixões, desmatamento, agressão aos rios, contaminação das águas e outros começaram a fazer parte da pauta de vários movimentos e organizações populares do meio rural e urbano.

A *Agenda 21* foi elaborada visando envolver o poder público, o setor privado e a sociedade civil em compromissos, ações e metas comuns. Seu esco-

---

[7] O evento foi denominado Eco-92 pelos movimentos ecológicos; Cúpula da Terra pelos ambientalistas não radicais e Rio-92 pela sociedade em geral.

po está direcionado a desencadear e fortalecer iniciativas que conservem e promovam a integridade da criação, a justiça social, a saúde pública e a valorização da diversidade cultural. Tudo isso articulado com o aprimoramento da democracia, a educação para todos, a qualidade de vida, os direitos e a dignidade humana. O documento salienta a importância da cooperação internacional, destacando a necessidade do combate à pobreza, a preservação dos bens naturais e a redução dos impactos ambientais.[8]

No conjunto das expressões significativas de reflexividade sobre a problemática ambiental encontra-se também a *Carta da Terra*, lançada em março de 2000. Consiste em uma declaração de princípios éticos essenciais para a construção de uma sociedade global, justa e sustentável. Redigida por pessoas e organizações de todas as regiões do planeta, a *Carta da Terra* chama atenção para a necessidade de cuidar da comunidade de vida, proteger e restaurar a integridade dos sistemas ecológicos. Intenta estimular todos os povos a um novo sentido de interdependência global e responsabilidade compartilhada, com vistas a garantir o bem-estar de toda família humana, da grande comunidade de vida e das futuras gerações.

O documento apresenta 16 princípios a serem observados pelos indivíduos, organizações, empresas, governos e instituições transnacionais. Entre os referidos princípios, constam: respeitar a Terra e a vida em toda sua diversidade; construir sociedades democráticas, justas, participativas, sustentáveis e pacíficas; adotar padrões de produção, consumo e reprodução que protejam as capacidades regenerativas da Terra, os direitos humanos e o bem-estar comunitário; erradicar a pobreza como um imperativo ético, social e ambiental; afirmar a igualdade e a equidade de gênero; promover uma cultura de tolerância, não violência e paz.

Contemporaneamente ao lançamento da *Carta da Terra*, os sociólogos Anthony Giddens e Ulrich Beck divulgaram o conceito *modernidade reflexiva*, referindo-se ao fato de que vivemos em um mundo plural, com profundas crises, riscos e mudanças, o que estimula a reflexão, a crítica ativa e a autoconfrontação. Segundo Beck (1997, p. 17),

---

[8] Em 1997, princípios e orientações da *Agenda 21* foram inseridos no Protocolo de Kyoto, acordo ambiental que passou a vigorar em 16 de fevereiro de 2005. O mesmo previa a redução de 5,2% da emissão de gases produzidos por combustíveis fósseis até o ano 2012 como forma de minimizar o aquecimento global.

> "com o advento da sociedade de risco, os conflitos de distribuição em relação aos 'bens' (renda, empregos, seguro social), que constituíram o conflito básico da sociedade industrial clássica e conduziram às soluções tentadas nas instituições relevantes, são encobertos pelos conflitos de distribuição dos 'malefícios'".

Embora os documentos oficiais, nas últimas quatro décadas, tenham apontado vários problemas ambientais surgidos ou acentuados nesse período e sugerido ações urgentes por parte de governos, organizações da sociedade civil, instituições e sociedade em geral, poucas medidas relevantes foram concretizadas. Enquanto isso acentuaram-se a exploração predatória dos recursos naturais, o crescimento populacional, as desigualdades socioeconômicas e o abismo que separa os países desenvolvidos daqueles em desenvolvimento.

Nos âmbitos escolares e universitários, verificam-se fragilidades e mesmo total ausência de processos reflexivos mais comprometidos com a transformação desse cenário. De acordo com Hathaway e Boff (2012, p. 158),

> "poucos sistemas educacionais (ou educadores) procuram transmitir uma visão da realidade que verdadeiramente valorize nosso relacionamento com a grande comunidade de vida da Terra. Os conhecimentos tradicionais e as histórias dos povos indígenas são muito poucas vezes valorizados. [...] Os estudantes são ensinados a funcionar de maneira autônoma numa sociedade competitiva: eles não são ensinados a funcionar como participantes na grande comunidade da vida".

A questão central em jogo é a construção de um modo de vida sustentável, o que requer a compreensão de que a Terra e a humanidade estão umbilicalmente interligadas e demandam cuidados mútuos. Trata-se, portanto, de fortalecer uma visão holística, integrada e corresponsável. A esse princípio-atitude muitos associam elementos e enfoques de espiritualidade, de consciência ecológica, de sustentabilidade, de economia "de suficiência", etc. Talvez pudéssemos sintetizar esse grande desafio em torno da necessidade de uma *nova ética socioambiental*, o que seguramente depende de profundos e continuados processos pedagógicos.

Centralidade da educação ambiental

Os modelos educacionais podem se constituir em mecanismos de legitimação e reprodução de sistemas socioeconômicos, políticos e culturais ou em meios para criação e fortalecimento de projetos alternativos. Em cada contexto histórico, a educação responde a determinados objetivos e interesses, os quais se orientam de acordo com diretrizes do sistema econômico, do Estado ou da sociedade civil organizada. Mas pode também haver uma concomitância de objetivos, o que caracteriza um estágio mais avançado de democratização das políticas educacionais.

Ao tratar da construção de uma sustentabilidade planetária possível e necessária, é fundamental considerar os princípios filosófico-científicos emergidos das novas teorias e paradigmas. Entre eles, a complexidade, a sistêmica, a recursividade, a conjugação e a interdisciplinaridade. O princípio da complexidade se opõe ao reducionismo, às simplificações e generalizações da realidade. O princípio da sistêmica sugere a existência de totalidades, organizações e relações. Assim, advém a compreensão de que um sistema é sempre mais que a soma de suas partes constituintes.

O princípio da interdisciplinaridade perpassa os novos paradigmas científicos e tem importância central na questão ambiental. Alude às conexões ocultas e às redes complexas existentes em todos os níveis e formas de vida, bem como na inter-relação entre os vários componentes dos sistemas. De acordo com Capra (1996, p. 23), "quanto mais estudamos os principais problemas de nossa época, mais somos levados a perceber que eles não podem ser entendidos isoladamente. São problemas sistêmicos, o que significa que estão interligados e são interdependentes". Desse modo, exigem também que se busquem soluções de forma articulada.

O conceito *patrimônio comum da humanidade* – surgido no contexto de uma abordagem antimercantil e contra-hegemônica acerca do patrimônio e da História – é basilar na instituição de princípios norteadores para uma educação ambiental. Segundo esta concepção, os bens indispensáveis à sobrevivência humana jamais deveriam pertencer a alguém ou a um grupo em particular. O patrimônio comum (a biodiversidade) deveria ser mantido rigorosamente a serviço da coletividade, isto é, livre do intervencionismo do mercado.

As condições para uma eficaz educação ambiental passam necessariamente pela centralidade dos princípios-atitudes do *respeito* e do *cuidado* para com a grande comunidade da vida (Carta da Terra). O cuidado é o novo imperativo categórico de uma educação ambiental capaz de superar o colonialismo das mentes, as guerras, a agressão e a degradação dos ecossistemas. Na compreensão de Boff (2012, p. 21),

> "mais que uma técnica, o cuidado é uma arte, um paradigma novo de relacionamento para com a natureza, para com a Terra e para com os seres humanos. Sustentabilidade e cuidado devem ser assumidos conjuntamente para impedir que a crise se transforme em tragédia e para conferir eficácia às práticas que visam fundar um novo paradigma de convivência ser-humano-vida-Terra".

A sociedade da técnica e do conhecimento desemboca na sociedade marcada por forte tendência ao crescimento econômico e ao consumo ilimitado. Enquanto o crescimento econômico necessita de limitantes e parâmetros de contenção sob pena de produzir crises sistêmicas, o desenvolvimento social e humano se abre à possibilidade virtuosa de avanço crescente. Esta reflexão vem sendo feita há décadas por pensadores de diversas áreas. No início dos anos 1970, estabeleceu-se a distinção entre "ecologia rasa" e "ecologia profunda". Acerca desses conceitos, o físico Fritjof Capra (1996, p. 25-26) afirma:

> "a ecologia rasa é antropocêntrica, ou centralizada no ser humano. Ela vê os seres humanos como situados acima ou fora da natureza, como a fonte de todos os valores, e atribui apenas valor instrumental, ou de 'uso', à natureza. A ecologia profunda [...] vê o mundo não como uma coleção de objetos isolados, mas como uma rede de fenômenos que estão fundamentalmente interconectados e são interdependentes [...]. A ecologia profunda faz perguntas profundas a respeito dos próprios fundamentos da nossa visão de mundo e do nosso modo de vida modernos, científicos e industriais, orientados para o crescimento e materialistas. Ela questiona todo esse paradigma com base numa perspectiva ecológica: a partir da perspectiva de nossos relacionamentos uns com os outros, com as gerações futuras e com a teia da vida da qual somos parte".

De acordo com Boff, a educação ambiental requer uma ecologia mental, ou seja, a instauração de uma nova mentalidade, alternativa ao atual formato do desenvolvimento capitalista neoliberal. Este se reproduz à custa da depredação do meio ambiente, da concentração da riqueza e da exclusão de setores inteiros da população. Efetivamente, "a lógica que explora as classes e submete os povos aos interesses de uns poucos países ricos e poderosos é a mesma que depreda a Terra e espolia suas raízes, sem solidariedade para com o restante da humanidade e para com as gerações futuras" (BOFF, 2004, p. 11).

A educação ambiental se configura em um processo coletivo e permanente de aprendizagem e de valorização dos múltiplos saberes. Constitui-se em um movimento transdisciplinar voltado para a formação da cidadania ecológica que abarca desde o âmbito local até o global. Na análise de Loureiro (2005, p. 92),

> "a educação ambiental é elemento inserido em um contexto maior, que produz e reproduz as relações da sociedade as quais, para serem transformadas, dependem de uma educação crítica[9] e de uma série de outras modificações nos planos político, social, econômico e cultural. A educação, ambiental ou não, é um dos mais nobres veículos de mudança na história, a conquista de um direito inalienável do ser humano, mas não age isoladamente".

No atual contexto socioeconômico, a educação ambiental cumpre com uma função fundamental. Para Meira-Cartea (2005, p. 13), ela "é, ou deve ser também, um instrumento de mobilização e mudança social que atua sobre o fator mais importante na busca de uma gestão equilibrada e democrática do ambiente: o fator humano". Nesse sentido, trata-se de uma pedagogia de cunho político, onde os educadores ambientais constituem-se também e, necessariamente, em agentes políticos.

Embora as políticas ambientais propostas nos últimos anos apontem o papel central da educação no que tange à formação de uma consciência ambiental coletiva, ainda não há adequada e suficiente destinação de recursos financeiros para esse fim, quer em nível nacional ou internacional. Ademais, "a influência social da Educação Ambiental é difusa e difícil de calibrar por sua própria natureza" (MEIRA-CARTEA, 2005, p. 173). Convém ressaltar também que, sob o rótulo de educação ambiental, são desenvolvidas múltiplas práticas, por diversos agentes, com paradigmas ambientais e concepções educativas plurais, divergentes e até antagônicas.

---

[9] Theodor Adorno traz a concepção de educação crítica, educação como formação, autodesenvolvimento da consciência humana, não mero treinamento. Ele destaca a educação para a democracia, para a convivência e para a humanização. "A Teoria Crítica almeja o esclarecimento do homem sobre a sua condição de agente histórico da produção de suas condições de vida e das relações sociais às quais está submetido, a fim de criar as condições capazes de mobilizá-lo para uma ação transformadora." (VILELA, 2006, p. 4).

Políticas de educação ambiental

A educação ambiental é considerada por muitos como "herdeira direta" dos movimentos ecológicos emergidos a partir dos anos 1960. No Brasil, ela deu seus primeiros passos com a criação, em 1973, da Secretaria Especial do Meio Ambiente (SEMA). Entre outras competências, atribuía-se à SEMA a responsabilidade de "promover, intensamente, através de programas em escala nacional, o esclarecimento e a educação do povo brasileiro para o uso adequado dos recursos naturais, tendo em vista a conservação do meio ambiente".[10]

As preocupações ambientais se intensificaram nos anos 1980. A Política Nacional do Meio Ambiente (PNMA), instituída pela Lei nº 6.938/81, em seu art. 2º, inciso X, estabelece o princípio da "educação ambiental a todos os níveis de ensino, inclusive a educação da comunidade, objetivando capacitá-la para participação ativa na defesa do meio ambiente". Tornou, assim, a educação ambiental um compromisso político, embora ainda sem apontar claramente as responsabilidades de sua execução. Em sintonia com o documento *Nosso futuro comum*, da CMMAD, a Constituição Federal de 1988, no art. 225, afirma: "Todos têm direito ao meio ambiente ecologicamente equilibrado, bem de uso comum do povo e essencial à sadia qualidade de vida, impondo-se ao Poder Público e à coletividade o dever de defendê-lo e preservá-lo para as presentes e futuras gerações."

Para garantir a efetividade do direito *supra*, o referido artigo da Constituição em seu § 1º, alínea *IV*, incumbe o Poder Público de "exigir, na forma da lei, para instalação de obra ou atividade potencialmente causadora de significativa degradação do meio ambiente, estudo prévio de impacto ambiental, a que se dará publicidade". Ainda no âmbito institucional, em 1992 o Ministério de Meio Ambiente (MMA) foi redefinido com a missão de

> "promover a adoção de princípios e estratégias para o conhecimento, a proteção e a recuperação do meio ambiente, o uso sustentável dos recursos naturais, a valorização dos serviços ambientais e a inserção do desenvolvimento sustentável na formulação e na implementação de políticas públicas, de forma transversal e

---

[10] Art. 4º, inciso "i", do Decreto Federal nº 73.030, de 30 de outubro de 1973.

compartilhada, participativa e democrática, em todos os níveis e instâncias de governo e sociedade".[11]

A Lei nº 9.795/1999, que cria a Política Nacional de Educação Ambiental, em seu art. 1º, afirma:

> "Entendem-se por educação ambiental os processos por meio dos quais o indivíduo e a coletividade constroem valores sociais, conhecimentos, habilidades, atitudes e competências voltadas para a conservação do meio ambiente, bem de uso comum do povo, essencial à sadia qualidade de vida e sua sustentabilidade."

No art. 2º, enfatiza seu caráter imprescindível: "A educação ambiental é um componente essencial e permanente da educação nacional, devendo estar presente, de forma articulada, em todos os níveis e modalidades do processo educativo, em caráter formal e não-formal."

Entre outros, a referida lei apresenta os seguintes princípios básicos constituintes da educação ambiental: o enfoque humanista, holístico, democrático e participativo; a concepção do meio ambiente em sua totalidade sob a perspectiva da sustentabilidade; o pluralismo de ideias e concepções; a vinculação entre a ética, a educação, o trabalho e as práticas sociais; a continuidade do processo educativo bem como sua permanente avaliação crítica; a abordagem articulada das questões ambientais locais, regionais, nacionais e globais; e o reconhecimento e o respeito à pluralidade e à diversidade individual e cultural.

Para que as presentes e futuras gerações possam usufruir dos bens naturais, é preciso conservá-los. Para tanto, são fundamentais os princípios da solidariedade, da responsabilidade global, da tolerância e da generosidade. Como resistência diante do atual modelo de desenvolvimento neoliberal, em diversos países latino-americanos estão sendo fortalecidos projetos e práticas baseados no milenar conceito do "bem viver" ou "viver bem". De acordo com a filósofa argentina e educadora popular Isabel Rauber,

> "a expressão Viver Bem, própria dos povos indígenas da Bolívia, significa, em primeiro lugar 'viver bem entre nós'. Trata-se de uma convivência comunitária intercultural e sem assimetrias de poder [...].

---

[11] Disponível em: <http://www.mma.gov.br/o-ministerio/apresentacao>. Acesso em: 4 abr. 2013.

> É um modo de viver sendo e sentindo-se parte da comunidade, com sua proteção e em harmonia com a natureza [...] diferenciando-se do 'viver melhor' ocidental, que é individualista e que se faz geralmente a expensas dos outros e, além disso, em contraponto à natureza".[12]

A lógica do "bem viver" implica a superação do antropocentrismo e da mentalidade individualista, competitiva e predatória. Requer o estabelecimento de processos educacionais capazes de fomentar uma nova consciência socioambiental de cooperação, respeito e cuidado. Torna necessário um novo olhar sobre a realidade, ancorado no princípio da inalienabilidade da Terra como superorganismo vivo que produz e sustenta todas as formas de vida. Exige transformações substantivas nos modos de produção, nos padrões de consumo e no tratamento dos diferentes tipos de resíduos.

O século XX foi marcado pela luta em vista da garantia dos direitos humanos. Em face das exigências da própria realidade e da crescente consciência *ecocêntrica*, o século XXI deverá ser o século de ascensão dos direitos da natureza. A educação ambiental capaz de produzir mudanças profundas nas formas de relacionamento com a natureza se constitui em crucial desafio atual. Ela está necessariamente associada com os princípios da *justiça ambiental*, que insere a noção de igualdade de proteção de todos diante de ameaças ambientais e de saúde; o direito às condições de uma vida digna e saudável a todas as pessoas e povos.

Para o economista ecológico Martínez Alier (2007, p. 236), "o movimento de justiça ambiental é funcional com a sustentabilidade, fazendo sentido para os pobres de todas as partes". A justiça ambiental é um movimento que luta, antes de tudo, por direitos civis, articulando questões ecológicas, étnico-raciais, sociais e de gênero. Inclui um conjunto de princípios em vista de assegurar a todos os indivíduos o acesso justo e equitativo aos recursos e serviços ambientais, bem como às informações necessárias para a construção de modelos alternativos e democráticos de desenvolvimento. Neste sentido, podemos falar da justiça ambiental como eixo aglutinador de lutas da sociedade civil organizada para obtenção de políticas públicas.

O Relatório do Desenvolvimento Humano 2013, do Programa das Nações Unidas para o Desenvolvimento (PNUD) adverte:

---

[12] Disponível em: <http://www.ihu.unisinos.br/noticias/35730-bolivia-uma-opcao-civilizatoria-com-rosto-indigena>. Acesso em: 8 set. 2014.

> "A fim de sustentar o progresso do desenvolvimento humano é necessário prestar muito mais atenção ao impacto que os seres humanos exercem no ambiente. O objetivo é um desenvolvimento humano elevado e uma pegada ecológica baixa per capita [...]. Os países desenvolvidos necessitarão de reduzir a sua pegada ecológica, enquanto os países em desenvolvimento necessitarão de elevar o valor do respectivo IDH sem aumentar a sua pegada ecológica. As tecnologias limpas inovadoras desempenharão aqui um papel importante."[13]

Convém, portanto, ressaltar que as políticas de educação ambiental implicam necessariamente que se conheçam as premissas, as práticas e os impactos do atual modelo de desenvolvimento. A partir disso, é fundamental estabelecer posicionamentos críticos e desencadear novos processos educacionais e políticos. Conforme Löwy (2005), trata-se de construir o ecossocialismo, que requer uma nova sociedade, um novo modo de produção e também um novo paradigma de civilização.

As políticas ambientais e os programas educativos necessários para superar a atual crise ambiental exigem medidas efetivas tanto no âmbito formal quanto no não formal. De acordo com Leff (2001), é impossível superar os complexos problemas ambientais e reverter suas causas sem uma transformação profunda nos sistemas de conhecimento, nos valores e comportamentos alicerçados na racionalidade capitalista. A questão da sustentabilidade socioambiental evoca reflexões e ações transdisciplinares e integradoras. Implica definir limites ao crescimento, parâmetros éticos para o desenvolvimento e participação ativa da sociedade nos debates sobre o futuro da humanidade. Nesse sentido, a educação é o caminho por excelência para a construção de relações de equilíbrio e interação entre os indivíduos e o meio ambiente.

Considerações finais

A sustentabilidade do planeta tornou-se tema político denso, diante do qual o Estado e a sociedade em geral têm um papel essencial. Não se trata apenas de desencadear lutas e iniciativas para garantir formas de desenvolvimento sustentável. A consciência socioambiental e as ações educativas

---

[13] Relatório do Desenvolvimento Humano 2013 – A ascensão do sul: progresso humano num mundo diversificado. p. 97. Disponível em: <http://www.pnud.org.br/arquivos/rdh-2013.pdf>. Acesso em: 4 abr. 2013.

precisam ser direcionadas para a construção de uma *sociedade* e um *planeta* sustentável, como espaço dentro do qual seja garantida a sustentabilidade de todas as formas de vida e a equilibrada inter-relação entre os sistemas.

Advém dessa proposta o primordial desafio da construção do *sujeito ecológico*, sem o que não haverá educação ambiental nem cidadania planetária. É preciso fortalecer as formas de desenvolvimento capazes de garantir justiça e dignidade para todas as pessoas e classes sociais. Significa promover um desenvolvimento economicamente viável, socialmente justo, politicamente democrático e culturalmente diversificado, tendo no centro do processo a preocupação com todas as formas de vida.

Feita esta reflexão, permanece a pergunta: como seria uma sociedade verdadeiramente sustentável? Um bom exemplo de sustentabilidade pode ser encontrado nas culturas originárias dos povos ameríndios. Caracterizados pelo cuidado com a "mãe" natureza e orientados pelo princípio do "bem viver", seu modo de vida representa baixíssimo impacto ambiental. Em sentido oposto, é emblemático o exemplo da atual sociedade norte-americana, conhecida pelos altos índices de consumo *per capita*. Ao se replicar em nível mundial esse modelo de desenvolvimento e de consumo norte-americano, haveria um colapso global.

O paradigma norte-americano, que tem sido a meta do desenvolvimento moderno, é totalmente insustentável em face dos altos custos ambientais e profundas desigualdades sociais por ele gerados. Enquanto escolha voluntária da sociedade tecnificada, consumista e globalizada, o protótipo de vida dos povos ameríndios, na prática, também se torna irrealizável, dado que implicaria redefinir ou, no limite, abandonar um conjunto enorme de "avanços", de inventos tecnológicos, conquistas e facilidades. Daí que o grande desafio parece ser o de encontrar o *caminho do meio*!

Referências

ARENDT, H. *A vida do espírito*: o pensar, o querer, o julgar. 2. ed. Rio de Janeiro: Relume Dumará, 1993.

ACSELRAD, H. et al. (Org.) *Justiça ambiental e cidadania*. Rio de Janeiro: Relume Dumará: Fundação Ford, 2004.

ALIER, J. M. *O ecologismo dos pobres*: conflitos ambientais e linguagens de valoração. São Paulo: Contexto, 2007.

BECK, U.; GIDDENS, A.; LASH, S. *Modernização reflexiva*: política, tradição e estética na ordem social moderna. São Paulo: Editora da UNESP, 1997.

_____. *La sociedade del riesgo*: hacia una nueva modernidad. Barcelona: Paidós, 1998.

BENINCÁ, D. *Energia e cidadania*: a luta dos atingidos por barragens. São Paulo: Cortez, 2011.

BOFF, L. *O cuidado necessário*: na vida, na saúde, na educação, na ecologia, na ética e na espiritualidade. Petrópolis: Vozes, 2012.

_____. *Sustentabilidade*: o que é; o que não é. Petrópolis: Vozes, 2012.

_____. *A opção-Terra*: a solução para a Terra não cai do céu. Rio de Janeiro: Record, 2009.

_____. *Ecologia*: grito da terra, grito dos pobres. Rio de Janeiro: Sextante, 2004.

CAPRA, F. *A teia da vida*: uma nova compreensão científica dos sistemas vivos. São Paulo: Cultrix, 1996.

CARVALHO, I. C. M. A invenção do sujeito ecológico: identidades e subjetividade na formação dos educadores ambientais. In: SATO, M.; CARVALHO, I. C. M. (Org.). *Educação ambiental*. Porto Alegre: Artmed, 2005.

HATHAWAY, M.; BOFF, L. *O Tao da libertação*: explorando a ecologia da transformação. Petrópolis: Vozes, 2012.

LEFF, E. *Epistemologia ambiental*. São Paulo: Cortez, 2001.

LOUREIRO, C. F. B. Educação ambiental e movimentos sociais na construção da cidadania ecológica e planetária. In: LOUREIRO, C. F.; LAYRARGUES, P. P.; CASTRO, R. S. (Org.). *Educação ambiental*: repensando o espaço da cidadania. 3. ed. São Paulo: Cortez, 2005.

LÖWY, M. *Ecologia e socialismo*. São Paulo: Cortez, 2005.

MASI, D. (Org.). *A sociedade pós-industrial*. 3. ed. São Paulo: Editora Senac, 2000.

MEIRA-CARTEA, P. A. A catástrofe do prestige: leituras para a educação ambiental na sociedade global. In: SATO, M.; CARVALHO, I. C. M. (Org.). *Educação ambiental*. Porto Alegre: Artmed, 2005.

PORTO, M. F. S. Saúde pública e (in)justiça ambiental no Brasil. In: ACSELRAD, H. et al. (Org.). *Justiça ambiental e cidadania*. Rio de Janeiro: Relume Dumará/Fundação Ford, 2004.

SANTOS, B. S. Os processos da globalização. In: SANTOS, B. S. (Org.). *A globalização e as Ciências Sociais*. 3. ed. São Paulo: Cortez, 2005.

VEIGA, J. E. *Desenvolvimento sustentável*: o desafio do século XXI. 3. ed. Rio de Janeiro: Garamond, 2008.

VIEIRA, L. *Cidadania e Globalização*. 8. ed. Rio de Janeiro: Record, 2005.

VILELA, R. A. *A Teoria Crítica da Educação de Theodor Adorno e sua apropriação para análise das questões atuais sobre currículo e práticas escolares*. Belo Horizonte: CNPQ (Relatório de Pesquisa), 2006.

09

REDENÇÃO, SALVACIONISMO E PEDAGOGIA DA INFÂNCIA: PROBLEMATIZANDO DISCURSOS PRESENTES NAS DIRETRIZES CURRICULARES NACIONAIS DE EDUCAÇÃO INFANTIL

Rodrigo Saballa de Carvalho
Zoraia Aguiar Bittencourt

O reconhecimento teórico e legal da função social, política e pedagógica da Educação Infantil tornou-se um campo de embates, no qual existe a disputa de discursos em torno da imposição de significados sobre qual é a concepção "adequada" de currículo para esta etapa de ensino. A leitura das Diretrizes Curriculares Nacionais para Educação Infantil (DCNEI 2009) permite afirmar que se procura promover e garantir a existência de um currículo que rompa com o assistencialismo, se distancie da escolarização e seja promotor das relações das crianças consigo mesmas, com seus pares, com os adultos e com o mundo. Em tal perspectiva, no campo da Pedagogia da Infância, palavras como *aula*, *aluno*, *ensino*, *escola* e *conteúdo* são geralmente interditadas do vocabulário pedagógico, por serem entendidas pelos especialistas da área (cujos estudos fundamentam-se no campo da Sociologia da Infância e da Pedagogia Italiana) como integrantes de uma concepção escolarizante da infância.

A preocupação de tais pesquisadores, dentre outros Rocha (2001) e Barbosa (2009), os quais compõem a comunidade epistêmica da área, é com a reprodução das práticas do Ensino Fundamental na Educação Infantil. Tal preocupação deriva-se de dois fatores: a) pela recente construção de uma Pedagogia da Infância como campo próprio de ação pedagógica; b) pela constatação de que muitos profissionais, por não se sentirem habilitados para atuar com crianças na faixa etária dos zero aos cinco anos, mesmo sendo egressos de cursos de licenciatura em Pedagogia, ainda utilizam as práticas desenvolvidas nos Anos Iniciais do Ensino Fundamental como um modelo a ser seguido em sala de aula. Em contrapartida, embora com menor visibilidade no cenário nacional, existem pesquisadores da área de Educação Infantil (influenciados pelas teorizações marxistas e pelos estudos de Vygotsky), como Arce (2004), Prado e Azevedo (2012), que vêm tecendo uma crítica contundente ao que nomeiam como processo de (des)escolarização da Educação Infantil e fetichização da infância, reivindicando que a primeira etapa da Educação Básica também seja entendida do ponto de vista do conhecimento a ser ensinado às crianças.

Por essa razão, a partir das contribuições do campo dos Estudos Culturais em Educação e dos Estudos de Michel Foucault, temos como objetivo analisar os discursos legais presentes nas DCNEI (2009), evidenciando o modo como estas diretrizes, ao proporem orientações específicas para educação das crianças de zero a cinco anos de idade (mesmo procurando distanciar-se dos discursos dos pesquisadores que defendem a escolarização da Educação Infantil), instituem saberes que procuram, entre outros aspectos, disciplinar, regular e "produzir" sujeitos de um determinado tipo, sob a visível sustentação do campo da Pedagogia da Infância. Tais colocações possibilitam afirmar que, independentemente da posição teórica assumida, não existe uma proposição curricular isenta de relações de poder. Corroborando com o referido argumento, Popkewitz (1994, p. 208) afirma que os discursos sobre educação construídos nas formulações das políticas curriculares "não são meramente linguagens sobre a educação, mas parte de processos produtivos da sociedade, pelos quais os problemas são classificados e as práticas mobilizadas". As proposições curriculares contêm em si não apenas informações, mas formas particulares de ver e sentir o mundo (nas quais podem ser incluídas as concepções de infância e de sua educação), configuradas nos modos como o conhecimento é organizado. Assim, esforços para organizar o conhecimento como currículo constituem modos de regulação social.

Desse modo, a partir da exposição, cabe esclarecer o que são Diretrizes Curriculares. As diretrizes podem ser entendidas como um conjunto de orientações, de parâmetros gerais curriculares colocados para uma etapa educacional. O documento legal deve ter uma perspectiva plural, não devendo se constituir enquanto um tratado educacional, nem explicitar uma opção por determinada linha teórica. Embora sejam feitas ressalvas em relação a uma suposta perspectiva plural das diretrizes, destacamos que as mesmas, como qualquer outra série enunciativa, apresentam lógicas específicas, afirmando seus próprios ordenamentos no detalhe. Ao definirem uma concepção de currículo, de proposta pedagógica, de princípios, eixos norteadores e objetivos que devem ser alcançados através das propostas, as diretrizes evidenciam claramente a precisão de suas fronteiras. Os ordenamentos do documento apoiam-se em esquemas de causalidade linear, em redes causais de explicação baseadas no que se apresenta como sendo as condições necessárias, inevitáveis e determinantes para que a formação das crianças de zero a cinco anos se realize plenamente.

As diretrizes, por serem constituídas a partir de um conjunto de enunciados implicados em uma discursividade pedagógica oficial, não se operacionalizam por meio da repressão ou do constrangimento, mas através da produção permanente da subjetividade de todos os envolvidos. Os discursos do documento, embora tenham como foco principal as crianças, sutilmente difundem práticas para o docente exercitar, posturas para seguir e maneiras de conduzir-se, tendo em vista seu exercício profissional. É possível dizer, então, que a proposição de orientações curriculares é uma das formas que as instituições estatais utilizam para regular, orientar, fixar limites, prescrever determinadas práticas e relações sociais no campo educativo. Por essa razão, o texto legal não é constituído por uma única voz ou por um conjunto de prescrições homogêneas, mas sim por uma variedade de discursos produtores de relações de poder e saber que tornam possível o domínio da subjetividade infantil – ao apresentar modos de nomear e de entender as crianças, definindo modelos para conduzir a ação pedagógica a elas dirigida.

Temos, assim, uma "arte das distribuições" normalizando corpos, exercendo práticas de individualização através da cuidadosa distribuição dos saberes que, ao ampliar a visibilidade sobre as crianças e docentes, os produz como sujeitos. As DCNEI orientam formas de perguntar, compreender e organizar o currículo, já que o mesmo é atravessado por definições históricas sobre o que deve ser conhecido e o modo como devem ser reativados os objetos de conhecimento. As orientações legais curriculares podem ser consideradas como instâncias que classificam e ordenam um corpo de conhecimentos e ocupações escolares, que não legislam e nem funcionam por mando e obediência, mas através da distribuição e normalização que dão forma e da circulação microfísica das relações de poder. Dessa forma, destacamos que os ordenamentos legais que constituem as diretrizes também evidenciam o efeito dinâmico das rápidas mudanças que atravessam a cultura e o mundo contemporâneo ao inventarem produtivos aparatos para a produção de verdades (indicações de práticas a serem desenvolvidas), organizarem sistemas de enunciados (estabelecerem uma ordem do discurso docente) que sustentam estratégias para que se levem a efeito as operações que se encarregam da produção das subjetividades infantis.

Do modo de proceder às análises: ferramentas teóricas

A partir do referencial teórico foucaultiano, desenvolveremos uma análise do discurso das DCNEIS, entendendo as mesmas como um discurso pedagógico, que, no âmbito das instituições de Educação Infantil, opera articulando jogos de poder e vontades de saber, estabelecendo vínculos entre um jogo de sedutoras proposições e a prescrição de uma série de ações possíveis que têm por objetivo produzir crianças e docentes de um determinado tipo. Para tanto, desenvolveremos as análises a partir das seguintes questões: a) Que prescrições (estratégias discursivas) são priorizadas para orientar a conduta dos docentes em relação à ação docente na Educação Infantil? b) De que modos os discursos emergentes do documento legal promovem um determinado modo de significar o currículo e as práticas pedagógicas na Educação Infantil?

Em tal perspectiva, conforme Foucault (2007), os discursos não são entendidos apenas como conjuntos de signos, mas enquanto práticas que formam sistematicamente os objetos dos quais tratam. Logo, para o autor, os discursos também podem ser considerados como jogos estratégicos de ação e reação, de pergunta e de resposta, de dominação e de esquiva, como também de luta. Assim, corroborando com tais assertivas, Veiga-Neto (1996, p. 300) aponta que "os discursos, por mais originais e livres que pareçam, jamais são simples produtos de *insights* ou de uma Razão suficiente; jamais eles resultam de atos de uma vontade soberana". Por isso, entendemos o conceito de discurso, no contexto de nossas análises, em sua qualidade de constituidor daquilo mesmo sobre o que se diz.

Desse modo, o foco analítico será centrado no papel dos discursos das DCNEI enquanto documento legal, problematizando a linguagem – o que é efetivamente dito em seus artigos – como ditos constitutivos de determinados modos de entender as crianças, o currículo e as práticas desenvolvidas nas instituições. A intencionalidade das análises não será a de fazer interpretações reveladoras, mas de capturar, no documento curricular, as regularidades sobre os sentidos que são atribuídos às crianças e aos docentes no texto legal. Por essa via, também afirmamos que as diretrizes operacionalizam um tipo de governamento, já que elas, através de suas orientações, modificaram a organização curricular da Educação Infantil em nosso país e definiram um modo de exercício docente – com seus vocabulários e práticas específicas. Em tal perspectiva, entendemos o conceito de governamento como qualquer modo mais ou menos calculado de direcionamento dos comportamentos ou das ações dos indivíduos. Neste sentido, é possível dizer que o processo de intervenção das diretrizes em relação ao currículo consistiu (e ainda consiste) em um (amplo) processo de condução de condutas de professores, acadêmicos, instituições de Educação Infantil e da própria sociedade.

A prática de governamento operada pelas DCNEI pode ser entendida como uma ação de forças mais ou menos refletida e calculada que estrutura uma eventual maneira de atuação, na medida em que exerce um tipo de poder que incita, estimula e impele os indivíduos a seguir uma determinada direção. Através das orientações legais, crianças e docentes são descritos e expostos à intervenção e regulação em um campo de governamento. Desse modo, é possível dizer que o governamento viabilizado nas diretrizes, por meio das orientações que prescrevem as orientações curriculares, constitui-se em uma forma de ação que objetiva guiar, moldar, transformar a conduta dos docentes de maneira a torná-los sujeitos aptos a desenvolverem a prática pedagógica fundamentada na ordem do discurso das diretrizes curriculares.

Tais argumentos serão posteriormente evidenciados de modo sistemático no decorrer das análises dos arts. 3º, 4º, 5º, 6º, 7º, 8º e 9º, constantes no documento. Sendo assim, também destacamos que as diretrizes, ao procurarem estruturar uma eventual maneira de atuação para os docentes, por meio de suas orientações, aproximam-se dos pressupostos da Pedagogia da Infância, dentre os quais se destacam: a) respeito à individualidade da criança; b) centralidade da criança no planejamento; c) ênfase nos interesses e necessidades da criança; d) criação de espaços em que as crianças possam produzir culturas infantis; e) assunção do processo de aprendizagem em detrimento ao ensino; f) renovação do repertório vocabular pedagógico; g) orientação dos docentes e suas consciências nos caminhos que conduzem ao progresso, à verdade, à emancipação e à salvação, tendo em vista o desenvolvimento integral das crianças. Tal vontade da Pedagogia, sob a influência da tradição moderna, pode ser entendida como impulsionada pelos ideais de um ensino pleno, perfeito, harmonioso, que nega fortemente tudo o que ameaça a realização de tais ideais: a ambiguidade, a contingência, os conflitos e a indeterminação. No campo da Educação Infantil, existe uma busca incessante pela plenitude, que se manifesta através de uma vontade ordenadora, na qual se destaca o rechaço à indeterminação.

Portanto, a partir da apresentação dos propósitos do artigo, esclarecemos que, para contemplar a problematização proposta, nossas análises serão desenvolvidas a partir de duas unidades analíticas. Inicialmente apresentaremos de modo panorâmico as condições de produção das diretrizes, destacando, através dos documentos curriculares que as antecederam, as suas condições de emergência. Em seguida, nosso foco será a concepção de currículo expressa no documento legal e seus efeitos no que diz respeito ao trabalho docente. Prosseguindo a problematização das orientações curriculares, destacaremos os princípios, objetivos e eixos norteadores das propostas pedagógicas. Na seção analítica seguinte, apresentaremos as considerações finais e algumas possibilidades para continuarmos problematizando o caráter constitutivo da linguagem e os modos como os discursos curriculares legais constituem os docentes.

Das condições de produção das (novas) DCNEI

As concepções teóricas e a legislação específica em relação aos direitos das crianças foram sendo modificadas a partir das últimas décadas do século XX em nosso país. A Educação Infantil deixou de ter como referência as políticas de assistência, recreação e saúde e passou a ser tratada como um tema educacional. A criança tornou-se o centro do processo educativo, tendo direito à educação formal. De acordo com Flores (2010), nesse contexto, a Constituição Federal (CF) de 1988 foi um marco legal importante para garantia da Educação Infantil enquanto direito das crianças e de suas famílias.

A partir de então, teve início a publicação de programas de documentos oficiais relativos à situação da Educação Infantil no país. Em 1994, foi estabelecida pela primeira vez uma Política Nacional de Educação Infantil. As proposições de tal política enfatizaram a preocupação com o desenvolvimento de propostas curriculares específicas para as crianças em creches e pré-escolas e definiram que o currículo da Educação Infantil deveria ter como referência o nível de desenvolvimento das crianças, a diversidade social, cultural e os conhecimentos que se pretendia universalizar. A partir do ano seguinte, intensificou-se o debate sobre a elaboração de propostas pedagógicas para o desenvolvimento do trabalho na Educação Infantil. A

Coordenação da Educação MEC/COEDI realizou um diagnóstico a respeito das propostas pedagógicas em curso naquela época nas cidades brasileiras.

Através do diagnóstico realizado, foram publicados documentos que marcaram efetivamente o início da operacionalização de uma política curricular para Educação Infantil no país, tais como dois documentos: 1) critérios para um atendimento em creches que respeitem os direitos fundamentais das crianças; 2) propostas pedagógicas e currículo na Educação Infantil: um diagnóstico e a construção de uma metodologia de análise. O segundo documento abordou a conceitualização e a definição das funções de um currículo para a educação de crianças em creches e pré-escolas e destacou a necessidade de serem elaboradas propostas curriculares. Para Sobral e Carvalho (2012), esse movimento de discussão e proposição de orientações para a elaboração de propostas pedagógicas nas instituições foi caracterizado naquele contexto por seu caráter "democrático" de consulta às redes de ensino e aos pesquisadores da área. Os documentos citados fizeram parte do debate nacional em torno da elaboração da Lei de Diretrizes e Bases da Educação Nacional (LDB 9.394/96), que consolidou a inclusão de creches e pré-escolas nos sistemas de ensino, tornando efetivamente legal as principais diretrizes apontadas pela Política Nacional de Educação Infantil. A partir da homologação da lei, iniciou-se no país um período de transição das instituições de Educação Infantil das Secretarias de Assistência Social para as Secretarias de Educação, objetivando que fossem atendidas as normativas presentes na nova legislação.

Em 1998, foi então publicado e distribuído *Subsídios para credenciamento e funcionamento de Instituições de Educação Infantil*. O documento tinha como objetivo orientar a elaboração, execução e avaliação de propostas pedagógicas. Além disso, enfatizou que as propostas pedagógicas, a partir daquele momento, seriam consideradas requisito indispensável para o funcionamento das instituições.

Mesmo diante do trabalho realizado pela equipe de assessoria a respeito da elaboração das propostas curriculares para a Educação Infantil, o Ministério da Educação e Cultura (MEC), ainda no ano de 1998, apresentou um currículo nacional para esse nível de ensino através da publicação dos Referenciais Curriculares Nacionais de Educação Infantil (RCNEI), como integrantes da série de Parâmetros Curriculares Nacionais (PCN) publicados para o Ensino Fundamental e Médio no mesmo período. Antes de serem publicados, os RCNEI sofreram muitas críticas de especialistas da área da Educação Infantil, que escreveram pareceres não favoráveis à publicação do documento. O MEC reelaborou algumas questões dos referenciais a partir dos pareceres dos especialistas consultados e publicou os referenciais com a aprovação do Conselho Nacional de Educação (CNE), que os definiu como orientações de caráter não obrigatório.

A partir da divulgação dos referenciais, o MEC encerrou, conforme apontam Amorim e Dias (2012), as discussões sobre a elaboração das propostas curriculares para a Educação Infantil. A atitude do governo corroborou o entendimento de que os RCNEI seriam "a" proposta curricular nacional a ser seguida por todas as instituições, embora não tivessem caráter obrigatório. No final do ano de 1998, o CNE aprovou o Parecer CEB 22/98, que apresentou as Diretrizes Curriculares Nacionais para Educação Infantil (DCNEI), e, em 7-4-1999, aprovou a resolução que as instituiu com o objetivo de nortear, em caráter obrigatório, o processo de organização das propostas pedagógicas das instituições de Educação Infantil. Prosseguindo com as orientações legais, em 2001, por meio do Plano Nacional de Educação (PNE), o MEC publicou um conjunto de documentos que tinham como objetivo orientar os estados e municípios no desenvolvimento de políticas públicas, com vistas ao alcance da qualidade no atendimento às crianças pequenas. Dentre os documentos publicados, destacam-se os seguintes: 1) Política Nacional de Educação Infantil; 2) Parâmetros Nacionais de Qualidade para Educação Infantil; 3) Indicadores de Qualidade na Educação Infantil. O conjunto de documentos apresentados retomou e ampliou os princípios defendidos na Política Nacional de Educação Infantil de 1994. No âmbito do Programa Currículo em Movimento (Secretaria da Educação Básica/MEC), também foram produzidos por especialistas da área outros documentos endereçados à Educação Infantil: 1) Práticas cotidianas na Educação Infantil: bases para a reflexão sobre as orientações curriculares; 2) Subsídios para Diretrizes Curriculares para Educação Básica: Diretrizes Curriculares Nacionais Específicas para Educação Infantil.

Além desses documentos, também foram elaboradas as novas Diretrizes Curriculares Nacionais para Educação Infantil. Foi aprovada a Resolução CNE/CEB nº 5/2009, que instituiu as novas DCNEI a serem observadas na organização das propostas pedagógicas das instituições de Educação Infantil brasileiras, revogando-se as diretrizes que haviam sido aprovadas dez anos antes. Entendemos que o objetivo da homologação das novas DCNEI foi o de orientar as instituições de Educação Infantil a planejarem suas propostas curriculares, apontando um conjunto de princípios defendidos pelos diversos segmentos ouvidos no processo de sua elaboração. Assim, as diretrizes retomaram os princípios éticos, políticos e estéticos que haviam sido definidos na resolução anterior, estabelecendo como eixos norteadores do currículo as interações e as brincadeiras, como poderá ser acompanhado nas discussões da próxima seção.

O currículo da Educação Infantil

> "Art. 3º O currículo da Educação Infantil é concebido como um *conjunto de práticas* que buscam *articular as experiências e os saberes das crianças com os conhecimentos* que fazem parte do patrimônio cultural, artístico, ambiental, científico e tecnológico, de modo a *promover o desenvolvimento integral* de crianças de 0 a 5 anos de idade." (BRASIL, Res. CNE/CP nº 5/2009, de 17 de dezembro de 2009). (grifos nossos).

> "Art. 4º As propostas pedagógicas da Educação Infantil deverão considerar que *a criança, centro do planejamento curricular*, é sujeito histórico e de direitos que, nas *interações, relações e práticas cotidianas que vivencia, constrói sua identidade pessoal e coletiva*, brinca, imagina, fantasia, deseja, aprende, observa, experimenta, narra, questiona e constrói sentidos sobre a natureza e a sociedade, produzindo cultura (BRASIL, Res. CNE/CP nº 5/2009, de 17 de dezembro de 2009)." (grifos nossos).

> "Art. 5º A Educação Infantil, primeira etapa da Educação Básica, é *oferecida em creches e pré-escolas, as quais se caracterizam como espaços institucionais não domésticos* que constituem estabelecimentos educacionais públicos ou privados que educam e cuidam de crianças de 0 a 5 anos de idade no período diurno, em jornada integral ou parcial, regulados e supervisionados por órgão competente do sistema de ensino e submetidos a controle social." (BRASIL, Res. CNE/CP nº 5/2009, de 17 de dezembro de 2009). (grifos nossos).

O currículo é significado como conjunto de práticas. A criança vista como centro do planejamento e produtora de culturas infantis. A promoção do desenvolvimento integral das crianças por meio de uma educação pautada nas brincadeiras, imaginação, fantasia e desejo. Há articulação dos saberes e experiências das crianças com os conhecimentos que fazem parte do patrimônio cultural, artístico, ambiental, científico e tecnológico da sociedade. Mostra-se a aprendizagem como vetor da ação pedagógica e modos de conceber o currículo na Educação Infantil, a partir da constituição de um vocabulário específico, em que os saberes, os interesses e as necessidades das crianças assumem o primeiro plano da ação pedagógica.

A homologação das DCNEI foi um modo encontrado de normatizar as orientações curriculares. Barbosa (2009), a partir de uma pesquisa em que analisou as propostas pedagógicas das instituições de Educação em nosso país, identificou uma variedade de modos de significar o currículo. A autora constatou a existência de instituições que trabalham com um currículo centrado em áreas de conhecimento (língua portuguesa, matemática, ciências naturais etc.), instituições que têm trabalhado com o currículo centrado somente em brincadeiras e ainda um grande número de instituições que trabalham com um currículo baseado em datas comemorativas sob a alcunha de projetos pedagógicos, nas quais são desenvolvidas atividades variadas sem propósitos claros e significativos para as crianças.

Conforme apontam Aquino e Vasconcellos (2012), o conceito de currículo expresso nas diretrizes não é pautado no conhecimento disciplinar e escolar, pois é visto como conjunto de práticas que possibilitam que os docentes de modo autônomo elaborem os seus planejamentos a partir das experiências e dos interesses das crianças, tendo em vista as relações, as brincadeiras e a promoção das culturas infantis. Canavieira (2012, p. 43) corrobora com o argumento exposto ao afirmar que o conceito de currículo expresso nas orientações curriculares "propiciou certo avanço na superação de algumas polêmicas dentro da área, tais como o peso do viés da psicologia cognitivista, o entendimento de formação de leitores e escritores na primeira infância e, principalmente, a importância das interações infantis no processo educativo". Para a autora, o desafio proposto para que as instituições de Educação Infantil desenvolvam suas práticas pedagógicas tendo como eixos norteadores do currículo as interações e as brincadeiras pode ser considerado um avanço político, pedagógico e epistemológico, pois tais definições evidenciam a centralidade que as relações estabelecidas entre as crianças devem ter no processo educativo. Porém, a autora também ressalta que a compreensão teórica desse novo modo de conceber o currículo não tem sido fácil para os docentes que atuam na Educação Infantil, pois, além da falta de formação inicial e continuada, faltam espaços adequados e materiais que possibilitem o desenvolvimento do trabalho pedagógico com as crianças.

Contrariando a perspectiva apresentada, Prado e Azevedo (2012) ressaltam que os defensores do currículo expresso nas diretrizes, por assumirem os pressupostos da Pedagogia da Infância, estão advogando a "não escolarização" por meio de um currículo apenas como conjunto de práticas, em razão de conceituarem o termo "escolarização" como um processo de ensino meramente transmissivo, ligado à forma como os escolanovistas a concebiam. A concepção das autoras aponta para o entendimento da "escolarização" da criança como um processo educativo que tem início com a entrada da mesma na instituição escolar, independentemente de sua idade e que, portanto, não se limita ao ensino de conteúdos escolares. Ratificando a crítica das referidas autoras, Arce (2004, p. 156), de modo contundente, declara que o movimento da Pedagogia da Infância corta definitivamente todos os laços com o ensino e com a figura do professor como alguém que transmite conhecimento às crianças. A autora afirma que as crianças estão sendo naturalizadas pelos docentes como detentoras do saber, da bondade e da solidariedade humana, remontando às concepções educacionais de Froebel – o criador dos jardins de infância. A partir de tal linha argumentativa, também questiona: é possível existir educação sem ensino? O que diferenciaria as instituições de Educação Infantil de outros espaços não escolares, como clubes, parques, *playgrounds* e praças, onde as crianças também brincam e interagem com os seus pares?

A partir da exposição, cabe destacar a luta pela imposição de significados, a arena de embates na qual tem sido travada uma disputa em relação aos modos de significar o currículo na Educação Infantil. Percebe-se o caráter ordenador e disciplinador do currículo, no qual são operacionalizadas certas disposições, modos de pensar, de classificar e hierarquizar o que deve ser conhecido tendo em vista a produção de subjetividades. Em uma perspectiva foucaultiana, a subjetividade é completamente produzida em diferentes práticas discursivas, em relações heterogêneas de poder-saber. Essa subjetividade demandada pelo discurso das diretrizes disputa espaço com demandas de outros textos que, por sua vez, também divulgam outros modos de entender a criança, a educação, o docente e o currículo. Conforme Bujes (2002, p. 193), em tal perspectiva, "o currículo é atravessado por definições históricas sobre o que deve ser conhecido do mesmo modo que classifica e ordena o corpo de conhecimentos e as ocupações escolares". Por essa via, ao entendermos o currículo em relação imanente com as tecnologias de poder, é possível problematizá-lo conforme a autora: na sua condição de discurso pedagógico que organiza, articula e coloca em ação determinados modos de falar e de pensar, tornando-se um operador de distribuições de indivíduos, de acontecimentos e de atividades no espaço e no tempo. Podemos afirmar que as orientações curriculares procuram produzir certos tipos de indivíduos que delas passam a fazer parte.

A partir de tal argumento, podemos dizer que não existe *o* sujeito (*a* criança, *o* docente de Educação Infantil), mas a produção de subjetividades. O sujeito do discurso não é individual, mas uma posição que se ocupa em relação aos objetos de que fala. Tomando como exemplo a produção da subjetividade docente a partir das orientações curriculares em análise, Prado e Azevedo (2012, p. 49) ressaltam que o mesmo é entendido no âmbito da lei como mero protetor dos direitos da infância, que acompanha as crianças em um espaço de vivência, "um lugar protegido no qual as crianças estão protegidas das mazelas do mundo adulto". Isto nos remete à compreensão de que o discurso curricular pode ser entendido como um conjunto de estratégias através das quais o poder, continuamente, investe em práticas de governo – normativo, regulatório e prescritivo, que funcionam como (ou fazem funcionar) práticas de governamento.

Propostas Pedagógicas: princípios, objetivos e eixos norteadores

> "Art. 6º As propostas pedagógicas de Educação Infantil *devem respeitar* os seguintes princípios:
>
> I – Éticos: da autonomia, da responsabilidade, da solidariedade e do respeito ao bem comum, ao meio ambiente e às diferentes culturas, identidades e singularidades.
>
> II – *Políticos:* dos direitos de cidadania, do exercício da criticidade e do respeito à ordem democrática.
>
> III – *Estéticos:* da sensibilidade, da criatividade, da ludicidade e da liberdade de expressão nas diferentes manifestações artísticas e culturais (BRASIL, Res. CNE/CP nº 5/2009, de 17 de dezembro de 2009)." (grifos nossos).

"Art. 7º Na observância destas Diretrizes, a proposta pedagógica das instituições de Educação Infantil *deve garantir que elas cumpram plenamente sua função sociopolítica e pedagógica:*

I – oferecendo condições e recursos para que as crianças usufruam seus direitos civis, humanos e sociais;

II – assumindo a responsabilidade de *compartilhar e complementar* a educação e cuidado das crianças com as famílias;

III – possibilitando tanto a convivência entre crianças e entre adultos e crianças quanto à ampliação de saberes e conhecimentos de diferentes naturezas;

IV – *promovendo a igualdade de oportunidades* educacionais entre as crianças de diferentes classes sociais no que se refere ao acesso a bens culturais e às possibilidades de vivência da infância;

V – *construindo novas formas de sociabilidade e de subjetividade* comprometidas com a ludicidade, a democracia, a sustentabilidade do planeta e com o rompimento de relações de dominação etária, socioeconômica, étnico-racial, de gênero regional, linguística e religiosa (BRASIL, Res. CNE/CP nº 5/2009, de 17 de dezembro de 2009)." (grifos nossos).

"Art. 8º A proposta pedagógica das instituições de Educação Infantil *deve ter como objetivo garantir à criança acesso a processos de apropriação, renovação e articulação de conhecimentos e aprendizagens de diferentes linguagens,* assim como o direito à proteção, à saúde, à liberdade, à confiança, ao respeito, à dignidade, à brincadeira, à convivência e à interação com outras crianças." (BRASIL, Res. CNE/CP nº 5/2009, de 17 de dezembro de 2009). (grifos nossos).

"Art. 9º As *práticas pedagógicas* que compõem a proposta curricular da Educação Infantil devem ter como *eixos norteadores as interações e a brincadeira.*" (BRASIL, Res. CNE/CP nº 5/2009, de 17 de dezembro de 2009). (grifos nossos).

A partir da leitura dos artigos, faremos duas considerações analíticas. A primeira consideração diz respeito aos modos como os artigos em questão apresentam um vocabulário que instrui o docente a respeito dos modos como deve ser configurada a proposta pedagógica nas instituições de Educação Infantil. O uso da palavra *deve*, nos arts. 6º, 7º e 8º, é exemplar por evidenciar o caráter prescritivo das diretrizes. As propostas pedagógicas *devem* respeitar, *devem* garantir e *devem* ter como objetivo. O uso aparentemente natural do vocábulo em questão denota que, embora as diretrizes sejam significadas pelo seu caráter plural e flexível, as mesmas apresentam fronteiras muito precisas. Os vocabulários utilizados jamais são neutros, pois os mesmos exercem um estrito controle sobre aquilo que pode ser dito ou não no campo da educação. Esta é a ordem do discurso que permite aos seus enunciados se inscreverem em determinado horizonte teórico ao definirem o que pertence a este campo e os limites entre proposições verdadeiras e falsas. Ao apresentar os modos como devem ser elaboradas as propostas pedagógicas, o documento apresenta maneiras específicas de significar a criança, a aprendizagem e o currículo.

As orientações presentes nos artigos, em que são enfatizados os princípios das propostas pedagógicas, podem ser entendidas como uma espécie de "pastorado das consciências e do bem agir", que têm efeitos disciplinares sobre a conduta dos indivíduos. Este pastorado, conforme Garcia (2002), pretende a redenção e a conversão dos indivíduos em sujeitos esclarecidos, autorreflexivos e participativos na construção de uma sociedade que se pretende igualitária, emancipada e democrática. Para operacionalização do pastorado das consciências, é imprescindível que o docente sinta-se impelido a assumir o papel de intelectual crítico, reflexivo, abnegado e comprometido com a "salvação" das crianças por meio da educação. Tal intelectual atua como mentor, guiando a conduta de todos (e de cada um), provendo as carências de seu rebanho (através de sua "visão de mundo" e criticidade), como um conselheiro e pastor que estimula a participação e zela pelo cuidado e educação dos seus. Nesse sentido, cabe reiterar que o poder pastoral pode ser considerado, entre outros aspectos, como uma forma de governamento que teve suas condições de emergência nas instituições cristãs. Enquanto forma de racionalidade política, é possível dizer que foi a pastoral cristã que disseminou o comportamento da pessoa autorreflexiva, extremamente valorizada pelos teóricos críticos, através de uma pedagogia de subjetivação moral que se encontra no centro da escolarização moderna e ressoa de modo exemplar no texto das DCNEI. O foco do trabalho das propostas pedagógicas presentes no contexto da orientação legal é direcionado para ampliação de conhecimentos e saberes promotores de igualdade de oportunidades educacionais às crianças enquanto sujeitos de direitos.

Prosseguindo a análise, destacamos que a segunda consideração relaciona-se à flexibilidade curricular presente no documento, na qual existe um suposto espaço para os docentes pensarem os modos de realizarem a seleção e a articulação das linguagens que serão trabalhadas com as crianças. Tomando como eixos norteadores as interações e as brincadeiras, a proposta pedagógica é apresentada nas diretrizes como sendo o modo institucional de operacionalização do currículo pelos docentes, como se os mesmos fossem conhecedores do vocabulário empregado e das concepções teóricas subjacentes ao texto legal. Conforme afirma Veiga-Neto (2005), mesmo que a flexibilidade curricular seja entendida como um atributo positivo na medida em que se torna cada vez mais capaz de se adaptar em relação às rápidas mudanças que ocorrem no mundo social, não se pode esquecer que quanto mais flexível é o currículo, menor é a autonomia docente, pois ela modela os modos de pensar o currículo, pelos conhecimentos que torna disponível e, sobretudo, pelas habilidades que consegue "implantar" naqueles que por ela são envolvidos. Desse modo, tendo em vista o encaminhamento das reflexões finais, discutiremos alguns efeitos das DCNEI no processo de produção de crianças e docentes.

Considerações finais

O discurso das diretrizes constrói a realidade pelo campo de possibilidades que ativa. Ele governa a realidade na medida em que, por exemplo, as crianças são vistas como seres produtores de cultura que devem aprender a partir de múltiplas linguagens, por meio das interações e brincadeiras. O valor de verdade atribuído a essas enunciações faz do discurso das diretrizes uma prática efetiva. Tal atribuição impõe uma demanda ao campo da educação, fazendo com que diversos mecanismos pedagógicos sejam ativados, favorecendo determinadas situações e impossibilitando outras. Por essa razão, a problematização das DCNEI, no decorrer do artigo, possibilitou a desconstrução do texto legal enquanto um objeto aparentemente "estável" e "natural". Foi possível evidenciar o caráter produtivo do documento, destacando que, através da linguagem, constituímos os sentidos que atribuímos ao currículo na Educação Infantil. Partindo dessa perspectiva, é possível afirmarmos que não existe um "objeto natural" chamado currículo, pois somente ao ser objetivado como tal, através da produção de discursos, que o mesmo passa a se materializar. Logo, através das diretrizes e da proposição de um currículo, constitui-se discursivamente um determinado modo de conceber o conhecimento, a criança e o docente de Educação Infantil.

Desse modo, também foram apresentadas as condições de produção das diretrizes e discutidos os modos como tem sido significado o currículo e as práticas pedagógicas no documento, enquanto estratégias de governamento que estão diretamente implicadas na produção de um docente que esteja apto para operacionalizar os pressupostos apresentados no documento curricular. O objetivo das discussões desenvolvidas não foi o de procurar nas DCNEI o currículo em sua materialidade, mas o de apenas evidenciar as práticas discursivas que o constituem. Por essa razão, foi possível perceber que as prescrições presentes nas diretrizes podem operar formas de governamento, através das quais o documento apresenta-se enquanto um "imperativo pedagógico" fundamentado na Pedagogia da Infância, que confere visibilidade às crianças enquanto seres naturais, que define o que pode ser dito (e quem pode dizê-lo) e que, sobretudo, determina o que é permitido e o que deve ser excluído no discurso pedagógico docente.

A produção discursiva das diretrizes expressa claramente um processo de redenção e salvacionismo por meio da formação "integral" da criança. Popkewitz (1994) ratifica tal assertiva ao afirmar que as ciências pedagógicas colocam em destaque uma cultura da redenção, que, através dos discursos de salvação, tornam a criança um indivíduo que com atenção e cuidado pode ser salvo. Esse processo, é claro, tem contribuído na produção de novos sujeitos. Ainda é cedo para analisarmos os efeitos políticos desse processo. Mas é certo que os profissionais da área precisam estar atentos, pois, mais do que orientar o planejamento das práticas pedagógicas desenvolvidas com as crianças e a mediação da aprendizagem por meio de interações e brincadeiras, as diretrizes engendram saberes capazes de constituir a criança e, de modo correlato, o próprio docente da Educação Infantil.

Assim, é possível dizer que as diretrizes reativam discursos "redentores" para designar que, através do trabalho docente e da escola enquanto grande instituição moderna responsável pela construção da cidadania, os problemas educacionais da Educação Infantil podem ser combatidos, reforçando a "missão salvacionista" que é atribuída às instituições educacionais. Logo, o que podemos fazer diante das discussões apresentadas no decorrer do artigo? Pensamos que, a partir do entendimento do currículo como espaço de circulação de discursos que lutam para impor seus significados, seja possível finalmente entendermos, a partir de Foucault (1995), que a verdade é algo desse mundo e que, portanto, podemos problematizar suas regras no seu próprio ato de funcionamento. Eis o desafio que lançamos para os docentes e pesquisadores da área de Educação Infantil.

Referências

AMORIN, A. L. N.; DIAS, A. A. Currículo e Educação Infantil: uma análise dos documentos curriculares nacionais. *Espaço do Currículo*, v.4, n.2, p.125-137, set./mar. 2012.

AQUINO, L. M. L.; VASCONCELLOS, V. M. R. Questões curriculares para Educação Infantil e PNE. In: FARIA, A. L. G.; AQUINO, L. M. L. (Org.). *Educação infantil e PNE*: questões e tensões para o século XXI. Campinas: Autores Associados, 2012.

ARCE, A. Pedagogia da infância ou fetichismo da infância? In: DUARTE, N. (Org.). *Crítica ao fetichismo da individualidade*. Campinas: Autores Associados, 2004.

BARBOSA, M. C. S. Práticas cotidianas na educação infantil: bases para reflexão sobre as orientações curriculares. *Projeto de Cooperação Técnica MEC e UFRGS para construção de orientações curriculares para a Educação Infantil*. BRASIL. MEC. SEB. UFRGS. Brasília, 2009.

BRASIL. Ministério da Educação/CNE/CEB. Diretrizes curriculares nacionais para a educação infantil. Resolução CNE/SEB nº 5/2009. Diário Oficial da União, Brasília, DF, 18 de dezembro de 2009.

BUJES, M. I. E. *Infância e maquinarias*. Rio de Janeiro: DP&A, 2002.

CANAVIEIRA, F. O. Por uma política para educação da primeira infância que garanta a interação entre elas: a relação criança-criança nos indicadores de qualidade na educação infantil. In: FARIA, A. L. G.; AQUINO, L. M. L. *Educação infantil e PNE*: questões e tensões para o século XXI. Campinas: Autores Associados, 2012.

FLORES, M. L. R. *Garantia do direito à educação infantil no Brasil*: histórico do campo, conquistas e desafios atuais. Porto Alegre, 2010.

FOUCAULT, M. *Microfísica do poder*. Rio de Janeiro: Graal, 1995.

_____. *A arqueologia do saber*. Rio de Janeiro: Forense Universitária, 2007.

GARCIA, M. M. A. G. *Pedagogias críticas e subjetivação*: uma perspectiva foucaultiana. Rio de Janeiro: Vozes, 2002.

POPKEWITZ, T. S. História do currículo, regulação social e poder. In: SILVA, T. T. (Org.). *O sujeito da educação*: estudos foucaultianos. Petrópolis: Vozes, 1994.

PRADO, A. E. F. G.; AZEVEDO, H. H. O. Currículo para a educação infantil: argumentos acadêmicos e propostas de "educação" para crianças de 0 a 5 anos. In: ARCE, A.;

JACOMELI, M. R. M. (Org.). *Educação infantil versus educação escolar?* Entre a (des)escolarização e a precarização do trabalho pedagógico nas salas de aula. Campinas: Autores Associados, 2012.

ROCHA, E. A. C. A Pedagogia e a educação infantil. *Revista Brasileira de Educação*, nº 16, p. 27-34, 2001.

SOBRAL, E. S.; CARVALHO, D. M. Educação infantil e currículo: entre (in)definições oficiais: trabalho apresentado no X Colóquio sobre questões curriculares e VI Colóquio luso brasileiro de currículo: desafios contemporâneos no campo da educação. Belo Horizonte. 2012.

VEIGA-NETO, A. A didática e as experiências de sala de aula: uma visão pós-estruturalista. *Educação e Realidade*, v. 21, nº 2, p. 161-176, 1996.

_____. Princípios norteadores para um novo paradigma curricular: interdisciplinaridade, contextualização e flexibilidade em tempos de Império. In: VEIGA, I. P. A.; NAVES, M. L. (Org.). *Currículo e avaliação na educação superior*. Araraquara: Junqueira e Marin, 2005.

10

MEMÓRIAS E PROJETOS DE VIDA: AÇÕES QUE TRANSFORMAM OS IDOSOS EM ATORES SOCIAIS

Solange Beatriz Billig Garces

> *"Quando quis tirar a máscara, estava pregada à cara. Quando a tirei e me vi ao espelho, já tinha envelhecido."*
> (Fernando Pessoa)

Introdução

O número de idosos, nas últimas décadas, cresceu a largos passos e gerou mudanças demográficas consideráveis na pirâmide etária. No Brasil, isso se deve principalmente à queda da taxa de natalidade e de mortalidade, além das conquistas e avanços da ciência, especialmente na área médica.

Destarte, o envelhecimento humano foi uma das características sociais importantes do final do século XX, e traz como consequências para o século XXI novos atores sociais. Será a sua ação que o identificará como ator social contemporâneo. A ação social torna o idoso protagonista, caso contrário será representado nos espaços destinados a esse reconhecimento. O ator social idoso contemporâneo trabalha com a ideia de luta por reconhecimento, quer ser ouvido, respeitado e garantir um espaço na esfera pública, também para si, pois esse espaço contemporâneo privilegia as pessoas mais jovens (GARCES, 2012).

Como as mudanças demográficas alteram os paradigmas da população brasileira, faz-se necessário buscar estratégias e idealizar projetos para garantir também a ação social do ator idoso, embora para muitos idosos o espaço de representação social seja bastante restrito à família[1] ou à própria comunidade.

---
[1] Esta restrição é bem maior quando o idoso apresenta dependência. Entretanto, como existem muitas informações e possibilidades de continuidade de uma vida ativa, isso faz com que os idosos vivam cada vez mais com autonomia e qualidade de vida.

Portanto, o processo de envelhecimento humano é uma temática social que não pode mais ser ignorado pela área das ciências sociais e humanas, especialmente a Sociologia e a Educação.

Dessa forma, este capítulo objetiva demonstrar as ações sociais realizadas por idosos do Brasil, que permitam refletir sobre a construção de sua subjetividade na contemporaneidade, em uma perspectiva educacional e cultural. A partir de exemplos concretos, pretendo analisar os processos de constituição da sua identidade e reconhecimento e suas estratégias de ação para efetivação de seus projetos. Trata-se de um recorte do capítulo de tese doutoral, de minha autoria, intitulada *Movimentação dos atores idosos na esfera pública e na sociedade civil: sociabilidades presentes no território dos idosos*.

Campos de possibilidades para construção de projetos

Contemporaneamente, as relações sociais geram pluralidades de sentidos e, por isso, conflitos e negociações. Isso definirá campos de possibilidades para a construção de projetos, conforme desenvolvido nos estudos de Velho (2003; 2009). O projeto constitui-se na definição dos planos de ação, ou seja, o ato antecipado (quando a imaginação antecipa algo realizado) e usa o conceito de Schutz (1974) para dizer que o projeto é a conduta organizada para atingir finalidades específicas. Também Mead (1982) colabora com a compreensão de que quando se projeta uma ação, o sujeito tenta se colocar no lugar do outro; ao contrário, na ausência de projetos é através do outro que se produz.

Beauvoir (1990, p. 495) explicita que

> "as coisas mudam, nós mudamos: mas sem perder nossa identidade. Nossas raízes, nosso passado, nosso ancoradouro no mundo permanecem imutáveis: é por aí que se definem os objetivos que nos esperam, no futuro, as coisas a fazer, as coisas a dizer. Não se pode inventar arbitrariamente projetos para si mesmo: é preciso que esses projetos estejam inscritos no nosso passado, como exigências".

Ao construir projetos criam-se técnicas de vida, erigidas a partir de uma definição situacional e por tipicidades. Conforme Schutz (1974), o ator social vai constituindo suas tipicidades pelas coisas que tiveram relevância ou significado em sua vida, ou seja, ao mundo pressuposto[2] das experiências anteriores e a partir da situação biograficamente definida. Assim, as ações dependerão do conhecimento à mão que possuem e da sua situação biograficamente definida. Portanto, é a ação que identificará o ator social e o sentido desta para o mesmo. A ação torna o ator protagonista, caso contrário significa ausência de ação; mas, para isso, se utiliza de estratégias e táticas para negociar com seu cotidiano.

De acordo com Weber (1963), os atores sociais não operam numa única lógica de ação, isto é, fazem aproximações da racionalidade. No caso do sujeito idoso, suas trajetórias possibilitam a realização de seus projetos de vida, como evidencia Velho (2003, p. 47):

> "As trajetórias dos indivíduos ganham consistência a partir do delineamento mais ou menos elaborado de projetos com objetivos específicos. A viabilidade de suas realizações vai depender do jogo e interação com outros projetos individuais ou coletivos da natureza e da dinâmica do campo de possibilidades."

Embora na sociedade predomine a ideologia individualista, priorizando a realização de projetos individuais, de acordo com Velho (2003) estes "projetos individuais sempre interagem com outros dentro de um campo de possibilidades". Assim, os campos de possibilidades para os atores idosos construírem seus projetos na contemporaneidade se encontram nas diferentes sociabilidades que os mesmos constroem em seus diferentes campos de ação e também de acordo com os conhecimentos à mão que trazem em suas trajetórias de vida.

Dessa forma, o sujeito idoso pode na contemporaneidade fazer escolhas, buscar círculos sociais como formas de potencializar suas lutas pela aceitação do idoso na sociedade ou a conquista de espaços sociais. Estes círculos sociais podem ser grupos de terceira idade, de hipertensos, de diabéticos, clubes de terceira idade, grupos de convivência, universidades abertas à terceira idade, grupos de artesanato, de cooperativas solidárias de geração de trabalho e renda, conselhos de idosos, conferências, fóruns, associação de aposentados, clube do carteado, bingos, bailes de terceira idade, academia

---

[2] O mundo pressuposto consiste no conjunto das experiências do ator e seus referentes ao mundo, ao mundo físico e ao mundo social, são seus conhecimentos à mão, com os quais o indivíduo opera a elaboração de seus projetos.

de ginástica, movimentos sociais, culturais, rodas de samba, histórias de vivências, rodeios, jogos, entre outros. Assim, constituem espaços próprios capazes de torná-los potentes. Lins de Barros (2006, p. 120) chama estes espaços de territórios e se refere principalmente aos territórios com características mais hedônicas:

> "Nos 'territórios' dos mais velhos, a dança e os jogos criam as regras básicas de sociabilidade entre os frequentadores, onde estão incluídas as transgressões a padrões tradicionais de velhice, como o namoro e os jogos de sedução. Nestes espaços de interação prevalece, ao contrário da velhice estigmatizada, uma versão da experiência de velhice ativa que remete à ideia de juventude."

Percebe-se que os processos de escolhas dos idosos são pessoais (individuais), subjetivos, culturais e se ligam à sua própria trajetória de vida. Fatores como formação, condições socioeconômicas, sua capacidade funcional e suas condições de saúde e de seus familiares implicam nestas escolhas. Por isso, como explica Schutz (1974), estas escolhas baseiam-se em "conhecimento a mão" e na situação biográfica de cada um. Para Lins de Barros (2006, p. 111) "é a própria percepção da velhice como o último momento de vida que torna possível a formulação e execução de um projeto de vida".

Memórias e projetos: relatos de ações

Constata-se que uma das escolhas de ação dos idosos insere o mundo cultural, o envolvimento com a arte, a cultura e o agenciamento de recursos para possibilitar a ação de projetos. Os idosos "transgressores", que possuem a capacidade de ir além daquilo que a normatividade espera deles, evidenciam um "imperativo social do desempenho"[3] (YÚDICE, 2004). Sentem-se participantes e atuantes nos processos de decisão. O que os move, na lógica desta sociedade individualista, é a tomada de consciência de si (MEAD, 1982) e a reflexividade, características estas que ampliam possibilidades de construção dos projetos de vida. Aspectos esses vistos concretamente, por exemplo, nas narrativas de síntese da trajetória de vida dos idosos Oscar (SP), 82 anos; Sirley (RS), 75 anos; Artidório (RS), 72 anos; Osvaldo (RS),

---

[3] Yúdice se refere ao imperativo da competitividade em todas as partes do mundo e em todas as esferas da vida, inclusive a cultural.

80 anos; Sônia (RS), 70 anos; Dilceu (RS), 73 anos; Selene (RS), 65 anos; Valter (RS), 60 anos; Maria de Jesus (PI), 74 anos; José (AM), 71 anos; e Jan (TO), 65 anos, relacionados a seguir.

Selene (RS), 65 anos: filha de uma família patriarcal com onze irmãos. Hoje, mora próximo à capital. É viúva, mãe de dois filhos, quatro netos, ainda trabalha muito na área da assistência social e do Conselho do Idoso. Bastante experiente, gosta de transformar palavras e memórias em poesia. Suas lembranças de todos os momentos de sua vida, mas principalmente da infância, a libertam da solidão e transformam em aprendizagem para a vida.

Sirley (RS), 75 anos: única filha de uma senhora negra que trabalhava de babá para uma família rica de Pelotas (RS). Na época, era costume as famílias ricas e brancas buscarem em Canguçu (RS) (região de quilombolas) uma negra para ser babá de cada filho que tinham. O pai era o cozinheiro que fazia os quitutes que abasteciam o casarão nos finais de semana. O pai de Sirley era espírita e folião. A mãe também gostava de carnaval e festa de São João e organizava blocos para comemorar essas datas, além de preparar pomadas e unguentos com banha de ovelha. A filha desfilava no carnaval desde pequena e com isso aprendeu o gosto pela cultura popular. A patroa da mãe foi sua madrinha e, desde pequena, junto com sua mãe, lhe ensinou a bordar e costurar a mão. Queria ser professora de ginástica, mas a mãe insistiu para que aprendesse corte e costura. Quando fez 15 anos mandou-a para Porto Alegre para aprender o corte. Morou na Rua da República e se apaixonou por Porto Alegre, onde ia muito ao cinema. Voltando a Pelotas, estava com emprego garantido em um ateliê de alta costura, pois na época Pelotas vivia a efervescência da elegância. Casou-se, teve dois filhos e o marido abandonou-a. Continuou trabalhando com corte e costura até se aposentar. Os filhos também herdaram o gosto pela cultura popular. Começou a frequentar o Grupo de Terceira Idade da Universidade Católica de Pelotas (UCPEL), em 2003, onde participa de oficinas de música, pintura em tecidos, teatro, crochê, moda e canta no coral. Também participa de um Projeto do Ministério da Cultura, integrante do Programa Cultura Viva – Ação Griô. Esse projeto faz parte dos Pontos de Cultura em Pelotas, chamado Ação Griô – Chibarro mix cultural. É uma das mestres Griô[4] que integra o projeto e tem a incumbência de transmitir de forma oral a tradição e cultura de seu povo. Assim participa como contadora e cantadora de histórias, e oficina de samba de roda, com o tambor sopapo (herança dos escravos negros da região sul do país), e demais projetos socioculturais, como o Integrando gerações com o *rap* da terceira Idade, onde ela canta um *rap* e as suas colegas dançam com os adolescentes. Em novembro de 2011, participou da Feira do Livro em Porto Alegre. Também participa pela Ação Griô de oficinas com os adolescentes do Instituto de Menores, onde canta histórias de vivências e ensina ofícios artesanais aos meninos. Em relação à religião, já participou de missas em respeito à sua madrinha, que era católica. Através do pai, conheceu o espiritismo e aos onze anos, a umbanda que sua mãe frequentava. Hoje, crê nos orixás, mas escolheu o Reiki para seguir. Gosta de vestimentas africanas e é dona de várias roupas típicas, bem coloridas, que ela mesma costura.

Sônia (RS), 70 anos: última filha de uma família de seis filhos, de classe alta, com pai industrial e comerciante. Teve educação em escola católica, onde aprendeu a tocar piano. De origem alemã, sempre foi boa aluna e gostou de estudar. Cultiva ainda hoje amigas de infância. Cursou ensino superior e também mestrado e doutorado. Sua profissão, assistente social, conduziu-lhe na escolha de trabalho com idosos. A sua formação proporcionou a reflexividade necessária para seu engajamento político junto ao Conselho Municipal e Estadual do Idoso e, por sua condição de saúde (diabética), possibilitou seu engajamento junto à Associação dos Diabéticos. Possui vários projetos de vida, que envolvem sua família, amigos, círculos sociais e seu engajamento na associação dos diabéticos.

Maria de Jesus (PI), 74 anos: professora aposentada, é uma líder em sua comunidade, atuando em vários campos político-sociais. Participa do Conselho do Idoso, da Assistência Social, da Mulher e da Criança e do Adolescente. Participa também das ações do Centro de Convivência

---

[4] No Brasil, a palavra Griô se refere a todo(a) cidadão(ã) que se reconheça e/ou seja reconhecido(a) pela sua própria comunidade como: um(a) mestre das artes, da cura e dos ofícios tradicionais, um(a) líder religioso(a) de tradição oral, um(a) brincante, um(a) cantador(a), tocador(a) de instrumentos tradicionais, contador(a) de histórias, um(a) poeta popular, que, através de uma pedagogia que valoriza o poder da palavra, da oralidade, da vivência e da corporeidade, se torna a biblioteca e a memória viva de seu povo. Em sua caminhada no mundo, ele(a) transmite saberes e fazeres de geração em geração, fortalecendo a ancestralidade e a identidade de sua família ancestral e comunidade (BRASIL, 2011).

do Idoso e coordena um Núcleo Intergeracional. Essa vontade de participar e ser ativa nas questões políticas traz desde os 14 anos de idade, quando já panfletava, era líder de turma, participava de movimentos sociais, organizados pelos padres, na escola onde estudava. Enfrentou inclusive a polícia na época da repressão militar e chegou a ser presa. Sua vida foi de muito sofrimento. Já foi filiada em partidos políticos, mas hoje não é mais, pois nunca quis privilégios administrativos de cargos políticos e talvez por isso seja a mais pobre de sua família. No seu partido, teve vários convites como professora, diretora, superintendente, coordenadora. Mas sempre disse não. Preparou-se para a vida e agora acredita estar se preparando para a morte. Quer uma vida longa e digna, não apenas para ela, mas para todos. Diz que nunca se sente realizada e por isso luta por melhores condições de vida para todos.

Oscar (SP), 82 anos: médico aposentado, mora em São Paulo. Há cerca de doze anos dedica-se ao trabalho com idosos. Seu começo foi junto aos grupos de idosos e posteriormente fundou e coordenou um Movimento de Idosos. Como costuma dizer: "Tenho me dedicado integralmente ao trabalho de arregimentar idosos de todas as regiões de São Paulo para se engajarem na luta pelo reconhecimento dos seus direitos que estão apenas nos papéis e não são reconhecidos pela sociedade em geral". Sua ação é maior na área social de atenção aos idosos dependentes. Mesmo quando na ativa criava iniciativas desse tipo. Sua atuação é em rede, envolvendo instituições de vários Estados do Brasil e utiliza as tecnologias virtuais para a divulgação dessas informações. Considera-se um inconformado, revoltado e indignado com a deplorável situação de abandono e maus tratos aos idosos. Por isso, criou esse movimento chamado Movimento do Idoso Solidário (MIS), em que, além de organizar passeatas e marchas em favor dos idosos acamados (dependentes), também elabora projetos que possam ajudar a melhorar sua qualidade de vida, preparando cuidadores e familiares com informações médicas, organizadas em um DVD e distribuídas para instituições que atuam com idosos no país todo e no exterior. O MIS também possui um *site* com informações e divulgação de artigos científicos relacionados à saúde dos idosos, bem como seus direitos sociais.

Osvaldo (RS), 80 anos: desde muito jovem demonstrou interesse pela política, pois, em 1952, com vinte e um anos de idade, trabalhou junto à comissão em um plebiscito para emancipação do município de Giruá (RS), na época distrito de Santo Ângelo (RS). Casou-se e foi residir em Cruz Alta, onde trabalhou no comércio por muitos anos e posteriormente foi representante comercial autônomo. Após se aposentar, dedicou-se à Sociedade Beneficente União Operária e também junto à Associação dos Aposentados e Pensionistas de Cruz Alta, onde foi presidente por vários mandatos. Atualmente no segundo mandato como presidente da Federação Gaúcha dos Aposentados e Pensionistas, com sede em Porto Alegre. Passa a semana toda lá e no final de semana em Cruz Alta, o que significa que viaja toda a semana. Demonstra, portanto, muito vigor pela luta política em prol dos aposentados e pensionistas e no movimento social dos idosos. Quando se encontra em Cruz Alta, aos sábados, é bastante solicitado junto à Associação de Aposentados e Pensionistas, tendo agenda sempre cheia.

Dilceu (RS), 73 anos: bancário aposentado, sempre gostou de cultivar as tradições gaúchas e reunir amigos em clubes recreativos e associações. Tem espírito de liderança e, por isso, gosta de se engajar em projetos sociais e políticos. Seu engajamento político é através do Conselho Municipal do Idoso, do qual é o atual presidente, na cidade de Cruz Alta. Sua experiência de vida e conhecimento, que trouxe desde a infância, por influência da mãe, no que diz respeito ao cuidado com idosos institucionalizados, possibilitaram a escolha por realizar ações sociais junto à Instituição de Longa Permanência para Pessoas Idosas (ILPI), da cidade de Cruz Alta.

Artidório (RS), 72 anos: nasceu na zona rural de Cruz Alta, sendo arrimo de uma família de dez irmãos. O seu pai era dono de terras, mas, aos poucos, por não saber administrar, colocou tudo fora e, com a mãe e os filhos, migrou para a cidade em busca de uma vida melhor. No início foi difícil, pois viviam de favor em casas de famílias, trabalhando para sobreviver. Desde cedo, trabalhou para ajudar no sustento da família. Por se mudarem muitas vezes de casa, seus estudos ficavam prejudicados. Serviu ao quartel e, findo esse período, morou com sua irmã na cidade de São Bernardo do Campo (SP). Fez viagem de trem, levando 60 horas para chegar lá. Cursou a escola de Polícia da Guarda Civil, onde trabalhou por 15 anos. Quando extinguiram esse órgão, passou para a reserva da Polícia Militar. Trabalhou em outras empresas, como a Companhia União dos Refinadores, nas Linhas Correntes, na divisão de fechos e cadarços, nas Indústrias Villares, divisão de equipamentos em São Bernardo do Campo, empresa onde trabalhou Luiz Inácio Lula da Silva, já apelidado de Lula. Nesta empresa permaneceu por nove anos. Casou com uma paulista e morou anos em São Bernardo do Campo. Quando se aposentou, decidiu voltar a viver em sua terra natal: Cruz Alta. Abriu um ponto comercial para vender produtos usados nos Clubes de Mães onde sua esposa participava. Nesse período colaborou com a Associação Comercial e Industrial de Cruz Alta, onde criou a Associação das Micro e Pequenas Empresas (AMPE). Também ajudou na implantação do Conselho Municipal do Idoso de Cruz Alta, em 1999. Passou a ser o primeiro membro efetivo no Conselho, eleito pelo conjunto dos grupos de idosos de Cruz Alta. Neste mesmo ano, o Conselho Estadual do Idoso abriu a discussão para a eleição entre os grupos de idosos de todo o Estado para eleger um representante do interior do Estado. Foi eleito para tal. Seu Doca é conhecido como um representante assíduo, crítico e reflexivo junto ao COMID de Cruz Alta.

Valter (RS), 60 anos: estudou até a 4ª série do primário e parou para ajudar seu pai na lavoura. Casado, pai de um filho, avô de uma neta. Agricultor familiar aposentado. Na agricultura, passou muitas dificuldades, pois sempre trabalhou braçalmente, porque não possui condições de adquirir maquinário agrícola por ser produtor em uma pequena área de terra. Desde a década de 1970 começou a se envolver em alguns movimentos e missões da Igreja Católica. Foi presidente da CPM por duas vezes, atuou na comunidade Santo Antonio na Colônia Pinheiro, fez parte da coordenação da comunidade Santa Flora e foi Presidente do Conselho de Desenvolvimento do distrito de Santa Flora. Participa dos conselhos de Saúde, Assistência Social, Idoso, Desenvolvimento Rural e Transporte. Foi secretário do Sindicato dos Trabalhadores Rurais, tesoureiro e vice-presidente. Criou a Associação dos Grupos de Pessoas Adultas Maiores Rurais (AGPAMAR), do qual foi o primeiro presidente e também trabalha com os grupos da terceira idade. Faz parte da patronagem do CTG Maneco Rodrigues de Santa Flora.

José (AM), 71 anos: foi agricultor, plantava mandioca e cará, depois passou a carpinteiro naval, carpinteiro civil e mais tarde marceneiro, trabalhando com móveis, virou artesão e participa de feiras e exposições em Manaus. Com isso, começou a se entrosar na sociedade e, conforme ele diz, "subiu de nível". Nunca frequentou escola formal, mas aprendeu a ler e escrever aos 21 anos. Hoje, faz uma leitura do mundo muito além da escrita. Mora com a esposa e uma neta, pois os seus seis filhos estão em Manaus, onde trabalham e estudam. Aprendeu a ser líder participando de oficinas na comunidade e de fóruns e conferências. Já foi várias vezes a Brasília (DF) participar de conferências e solicitar verbas para os seus projetos. Atua no Conselho Municipal do Idoso e também é presidente da Associação de Amparo ao Idoso. Faz reuniões em sua comunidade para ensinar os direitos aos idosos, estudando o Estatuto e ensinando-o aos demais, pois diz que foi assim que aprendeu a ter autonomia. "Eu não sou professor, mas aprendi assim como eu quero ensinar meus colegas." Diz que o estudo mudou a sua vida, principalmente o que aprendeu na comunidade. Sua força de vontade em aprender e participar é extrema, pois para ir a Brasília, precisa viajar 26 horas de barco da sua cidade Boa Vista do Ramos até Manaus, e mais quatro horas de avião.

Jan (TO), 65 anos: imigrante europeu, filho de mãe ucraniana e pai polonês, veio para o Brasil com três anos de idade. Fala três idiomas (alemão, polonês e ucraniano). É topógrafo aposentado, mora em Palmas (TO) e participa da Universidade da Maturidade, onde concluiu o curso de Educador Político Social do Envelhecimento Humano e participa do Conselho Municipal do Idoso e Direitos Humanos. Luta por uma política com menos corrupção e mais justiça social. Demonstra revolta e indignação com essas situações, o que é compreensível pelo seu nível de reflexividade e também pela história de vida de sua família, que sofreu as injustiças sociais do mundo durante a guerra. No Brasil, participou de movimentos clandestinos antiditadura. Teve cinco filhos com sua primeira companheira. Morava em Curitiba, mas quando ficou desempregado resolveu ir para a Guiana Francesa. Passando por Palmas, em Tocantins, resolveu dar uma parada e viu, como topógrafo, que havia muito trabalho por fazer e por isso ficou por lá. Não se adaptou com o sistema político social desta região e acabou batendo de frente com políticos bandidos e corruptos, como nunca havia imaginado que existissem. Cerceado de trabalhar em Tocantins, deixou a família e foi para o Pará, onde acabou descobrindo esquemas de corrupção em órgãos do governo federal testemunhando em um caso, que inclusive derrubou políticos de seus cargos. Depois voltou para Tocantins, onde estuda na Universidade da Maturidade. Ao terminar seu curso, pretende visitar alguns parentes na Polônia e talvez fique por lá, pois não se sente tranquilo na região onde mora.

***

Percebe-se que as narrativas de lembranças e memórias que construíram a identidade social e a própria velhice constituem uma importante estratégia lançada como ação social para esses idosos. As memórias compõem a sua trajetória biográfica, sua história, sua vida, como processos fundamentais para a construção da identidade do idoso.

A partir disso, surge a possibilidade de elaboração de projetos, como no caso da Mestra Griô Sirley e dos outros mestres griôs do RS e do Brasil. Também é o caso de Dilceu que, convivendo desde a infância com idosos institucionalizados, hoje se dedica ao apoio social das ILPIs. O mesmo vale para o Valter, que vivenciando as asperezas da vida como trabalhador rural, dedica-se a trabalhar voluntariamente para melhorar a vida destes, e o José, que mesmo sem uma educação formal fez uma leitura reflexiva da dura realidade de um agricultor amazonense e decidiu transformá-la. Para isso foi em busca dos conhecimentos necessários para sua autonomia política, que lhe possibilitou mudar de vida, e hoje colabora para transformar a vida dos outros idosos. Maria de Jesus, mulher nordestina e pobre, traz as lembranças de sua luta por justiça social desde os 14 anos de idade, e Jan, que, movido pelas lembranças da injustiça social de uma guerra – que afugentou seus pais de seu país de origem – lhes dá força e motivação para lutar pela justiça social e dignidade para as pessoas envelhecidas, em uma região do Brasil que dá pouco valor para a ética política, a democracia e os direitos humanos.

Nesta linha de pensamento, Lins de Barros (2006, p. 111) aduz que:

> "Memória e projeto de vida são noções relacionadas. Elas recobrem algumas questões relativas às definições de indivíduo na sociedade contemporânea e às relações entre as percepções de tempo e de indivíduo. O tempo do curso de vida, do nascimento à morte; o tempo do passado elaborado pelas lembranças; o do futuro vislumbrado na construção de projetos de vida, todas estas temporalidades estão conjugadas com outra dimensão do tempo, o tempo da biografia de cada indivíduo que, na sociedade moderna, é capaz de se perceber como uma trajetória e, ao mesmo tempo, como parte de uma história que o engloba e que ele mesmo constrói."

Esta relação da memória com a construção de projetos como forma de sociabilidade, principalmente no período da velhice, revigora a posição do antropólogo Gilberto Velho (2003), o qual explicita que esta relação é importante para a constituição da própria identidade do idoso. Neste sentido, a análise das relações sociais no contexto do idoso permite trabalhar com várias possibilidades, conforme destacado pelo autor.

As sociedades contemporâneas mostram-se complexas e marcadas por "heterogeneidade e variedade de experiências e costumes, contribuindo para a extrema fragmentação e diferenciação de domínios e papéis" e, isso de acordo com Velho (2003, p. 17), contribui para a construção da individualidade, identidade que se coliga a esse tipo de sociedade e, nestas, a memória e os projetos caracterizam amarras fundamentais. Lins de Barros (2006, p. 12-13) reforça essa percepção da individualidade como característica da sociedade moderna e contribuição para a construção de campos de ação entre os idosos:

> "A dimensão da percepção da individualidade é parte da configuração dos valores da modernidade. A margem de opções para que este indivíduo perceba-se como autor ou autora de sua própria biografia é dada pelas possibilidades sociais e culturais. O campo de possibilidades vai definir, assim, o quadro de ações e de representações sociais das trajetórias de vida. Como experiência circunscrita à sociedade moderno-contemporânea, a formulação dos projetos exige do indivíduo a definição de escolhas. Há, portanto, um processo seletivo entre vários caminhos a seguir dentro de um campo de possibilidades dado pela sociedade. Quem faz as opções e define seu futuro acredita que tem alguma forma de controle sobre sua trajetória."

Segundo essa autora, é preciso que o sujeito seja consciente de si, pois o projeto geralmente é fruto da sua própria biografia. Beauvoir (1990), ao demonstrar um estudo sobre a relação do idoso com sua *práxis*, trouxe exemplos de intelectuais e artistas. Na relação com os próprios projetos no seu envelhecimento, toma consciência da sua finitude e da brevidade do seu futuro, mas mesmo assim ainda há concepção de que sempre é possível ampliá-la. Foi assim com Michelangelo que, apesar de toda sua obstinação, não viu a cúpula da Basílica de São Pedro pronta. É um ato heroico de querer superar-se, mesmo conhecendo e assumindo a própria finitude. Sabe-se que a morte é imprevisível, pode chegar cedo, quando ainda se é jovem, ou na velhice. Todavia, com isso se percebe que o engajamento em projetos é característica de idosos de classes econômicas mais baixas, geralmente com pouco estudo, mas bastante politizados e indignados com as diversas situações de subordinação. É mais comum em áreas ligadas a projetos sociais e culturais.

O idoso brasileiro possui vários motivos para se indignar, a começar pela luta em prol de uma sociedade para todas as idades. Significa buscar o reconhecimento e o respeito pelos idosos na esfera pública e a constatação da mídia de que o envelhecimento é heterogêneo. Essa indignação pelo não reconhecimento e falta de respeito ao idoso na sociedade, infelizmente, começa muito tarde. Isso quer dizer que as pessoas só vão se dar conta dessa situação ao se aposentar, pois, conforme expressa Veras (1999), o idoso brasileiro ao final da sua vida vê a sua situação financeira piorada porque na maioria das vezes os seus proventos são inferiores ao que ganhava no período produtivo. Por isso se entende que o idoso, aos poucos, está *acordando* para essa realidade e, através de sua subjetividade, tornando-se mais reflexivo e, portanto, praticando mais a sua cidadania, cobrando mais os seus direitos, muitos deles já expressos em lei, mas ainda não garantidos na prática.

Considerações finais

Ao finalizar esse capítulo, constata-se que os aspectos demográficos mudaram e que o percentual de idosos aumenta a cada década. Portanto, políticas públicas precisam ser efetivadas e priorizadas para essa população. Com isso, passam a exigir a efetivação de políticas públicas nas áreas da saúde, da assistência social, dos transportes, da educação, da saúde, entre outras. Daí a importância das instituições de educação abrirem espaços em seus currículos para a discussão dos processos de envelhecimento e a integração dos idosos na sociedade.

As instituições de educação precisam abrir espaços para a participação de alunos de idades mais avançadas que desejam iniciar, completar ou atualizar seus estudos. Têm-se nas universidades abertas à terceira idade exemplos desse processo, mas que ainda precisam ser ampliadas e repensadas para que as oportunidades cheguem para todos os idosos, independentemente de classe social. Esse, talvez, seja o momento de as políticas educacionais passarem a incluir essa temática em suas arenas de discussão, já que além de possibilitar a abertura desse espaço para os idosos é preciso pensar na formação dos que com eles irão trabalhar.

Sendo assim, o reconhecimento dos idosos encontra eco nos seus projetos de ação cultural, contribuindo nas relações intergeracionais e educacionais. Além disso, considera-se que a área educacional contribui efetivamente para a constituição de atores sociais, o que, portanto, torna a educação, a cultura e o reconhecimento os principais desafios às políticas sociais contemporâneas para os idosos.

Referências

BEAUVOIR, S. *A velhice*. 2. ed. Rio de Janeiro: Nova Fronteira, 1990. v. 1 e 2.

BRASIL. Ministério da Cultura. Secretaria de Cidadania Cultural. Cultura Viva: Ação Griô. 2011a. Disponível em: <http://www.cultura.gov.br/culturaviva/category/cultura-e-cidadania/acao-grio/>. Acesso em: 27 ago. 2011.

GARCES, S. B. B. *Movimentação dos atores idosos na esfera pública e na sociedade civil*: sociabilidades presentes no território dos idosos. Tese (Doutorado em Ciências Sociais) – Universidade do Vale do Rio dos Sinos. São Leopoldo, 2012.

LINS DE BARROS, M. M. Trajetória dos estudos de velhice no Brasil. *Sociologia, Problemas e Práticas*, nº 52, p. 109-132, 2006.

MEAD, G. H. *Espiritu, persona, sociedad*. Buenos Aires: Paidós, 1982.

SCHUTZ, A. *El problema de la realidad social*. Buenos Aires: Amorrortu, 1974.

VELHO, G. *Projeto e metamorfose*: antropologia das sociedades complexas. 3. ed. Rio de Janeiro: Jorge Zahar, 2003.

VELHO, G. Sujeito, subjetividade e projeto. In: VELHO, G.; DUARTE, L. F. D. (Org.). *Gerações, família e sexualidade*. Rio de Janeiro: 7 Letras, 2009.

VERAS, R. P. (Org.). *Terceira idade*: alternativas para uma sociedade em transição. Rio de Janeiro: UNATI/UERJ/Relume Dumará, 1999.

WEBER, M. Classe, estamento e partido. In: ____. *Ensaios de sociologia*. 6. ed. Rio de Janeiro: Zahar, 1963.

YÚDICE, G. *A conveniência da cultura*: usos da cultura na era global. Belo Horizonte: Editora UFMG, 2004.

CONSIDERAÇÕES FINAIS

A redemocratização política favoreceu novos contextos para os direitos e a Cidadania no Brasil. Desde as eleições diretas, em 1989, temos acompanhado a consolidação de um regime democrático, mesmo que diversos analistas tenham enfatizado, com certa razão, que "a democracia política não resolveu os problemas econômicos mais sérios, como a desigualdade e o desemprego", ao mesmo tempo em que as pessoas percebem-se nos processos políticos como que envoltas "num misto de esperança e incerteza" (CARVALHO, 2013, p. 199-200).

A Constituição de 1988, considerada a mais democrática e liberal das cartas magnas brasileiras, ampliou os propósitos de participação cidadã no controle dos procedimentos políticos e administrativos da Política nacional. Igualmente ampliou os direitos sociais, estendendo direitos e garantias jurídicas a amplos contingentes populacionais historicamente desassistidos pelas ações governamentais. O reconhecimento da educação escolar enquanto direito, bem como a assunção de compromissos com o acesso ao ensino fundamental, trouxe avanços consistentes. "O analfabetismo da população de 15 anos ou mais caiu de 25,4% em 1980 para 14,7% em 1996. A escolarização da população de sete a 14 anos subiu de 80% em 1980 para 97% 2000" (CARVALHO, 2013, p. 206). Entretanto, tais circunstâncias explicitam inúmeros desafios, caso do enfrentamento da evasão e da repetência, das distorções idade-série, do analfabetismo funcional, da permanência e da qualidade na educação básica, ou seja, há que mensurar e indicar alternativas às desigualdades escolares. Para a consolidação de tais direitos ainda há muito a ser feito.

De outra parte, os movimentos pela abertura política do país, principalmente a partir do Processo Constituinte, manifestaram novos interesses e demandas por diversos grupos, segmentos e atores sociais da sociedade nacional. Setores historicamente ausentes ou silenciados nas relações políticas brasileiras viram na Constituição um espaço para a expressão de suas realidades e para a vocalização de suas demandas. Isso, historicamente, nos trouxe duas consequências. Primeiramente, houve uma intensificação nos processos de luta social e de imposição de demandas ou pautas na agenda política do país, manifesta na ampliação das iniciativas de movimentos sociais e na fragmentação político-partidária em diferentes direções e orientações. Os processos democráticos, como já advertira Alain Touraine, exigem a percepção e o reconhecimento da pluralidade de atores e culturas que constituem o tecido social, ou seja, só pode ser chamada de democrática "a sociedade que associa o máximo possível de diversidade cultural com a utilização mais ampla possível da razão" (TOURAINE, 1996, p. 190). De fato, a Constituição foi ultrapassada por um movimento constante de disputas, reivindicações e manifestações políticas, sociais e culturais, de tal sorte que não nos parece difícil associar as grandes plenárias nacionais como campos de tensão permanente.

A outra consequência refere-se à pluralização da agenda política nacional, em detrimento das situações pretéritas de busca da unidade nacional ou da nacionalização. Do ponto de vista que acompanha a presente elaboração, a agenda político-educacional brasileira tem demonstrado maior permeabilidade aos debates pluralistas que circundam as escolas e demais instituições formativas, quer seja no campo de suas fabricações políticas, quer seja em seus currículos e em suas práticas pedagógicas. Tais demandas – questões de gênero, de sexualidade, de geração, de etnia e de etnicidade, de acesso à escola, ao conhecimento ou à cultura – inter-seccionam-se com disputas por reconhecimento identitário e cultural, assim como pela busca de garantias materiais de acesso a recursos e direitos a todos os cidadãos.

Educação, cultura e reconhecimento impõem-se como desafios às políticas contemporâneas no Brasil, na razão em que constatamos a pluralização das pautas para os setores sociais, isso no âmbito estatal ou na iniciativa privada. Em todo caso, como anunciado na Apresentação desta obra, as políticas educacionais orientam-se pelas disputas por direitos culturais presentes no mundo contemporâneo, materializando pautas de discussão carregadas de discursos que reivindicam identidades e diferenciações, e com interesses pela garantia de uma educação escolar qualificada e justa para todos.

Desde essas referências, o presente livro procurou delinear estratégias analíticas a fim de descrever, caracterizar e interpretar os contornos contemporâneos das relações entre educação, cultura e reconhecimento, com ênfase na preocupação com os fenômenos da escolarização brasileira. Sendo constituído por uma coletânea de artigos, a obra manifesta preocupação em focalizar diferentes contextos e, através de variadas noções teóricas e metodológicas, compõem um panorama expressivo deste debate. Entretanto, é possível observar alguns avanços que o livro, em sua totalidade, apresenta aos seus leitores e à comunidade científica das Ciências Humanas, em geral.

Um primeiro aspecto a destacar diz respeito à preocupação, inclusive um comprometimento intelectual, dos autores com a produção de uma educação democrática. Dialogando novamente com Alain Touraine, poderíamos acrescentar que "definir a democracia como meio institucional favorável à formação e ação do sujeito não teria sentido concreto se o espírito democrático não penetrasse todos os aspectos da vida social organizada, tanto a escola como a empresa, tanto a empresa como o município" (TOURAINE, 1996, p. 199). A educação e, particularmente, a educação escolar adquirem importantes relevos em uma sociedade democrática. Educar democraticamente implica o reconhecimento de direitos, de deveres e da participação cidadã e, em igual teor, exige o reconhecimento da alteridade, da diferença e da diversidade. Os textos desta coletânea assumem esta orientação, tanto no aprofundamento conceitual acerca das definições de cultura, de reconhecimento e de direitos humanos, para tal manuseando arcabouços teóricos interdisciplinares; quanto na abordagem analítica de atores e segmentos em processos de escolarização, caso de crianças, adultos, idosos, indígenas, dentre outros.

Outro aspecto significativo informa sobre a percepção de que "os programas não são suficientes para definir uma concepção de educação" (TOURAINE, 1996, p. 200). A preocupação do livro recai sobre o conteúdo democratizante das políticas brasileiras de escolarização, daí decorre sua intersecção analítica com a cultura e o reconhecimento, e sobre a definição dos atores (e suas práticas) em ações e relações pedagógicas e educacionais. A educação, com tais preocupações, assume dois objetivos de mesma importância: "por um lado, a formação da razão e da capacidade de ação racional; por outro, o desenvolvimento da criatividade pessoal e do reconhecimento do outro como sujeito" (ibidem, p. 199). Em outros termos, mesmo diante dos atuais empenhos em ampliar a jornada escolar na forma de educação integral, temos que resguardar a pertinência dos saberes e das culturas escolares como instrumento de correção das desigualdades (persistentes) socioculturais e educacionais. A escolarização contemporânea realiza-se com a dupla preocupação expressa acima por Alain Touraine.

Em uma sociedade democrática, há que preocupar-se com as garantias de uma vida digna e segura para todos. Mesmo preocupados com a crescente ampliação das missões sociais da escola, precisamos ponderar sobre os novos agenciamentos que atravessam as experiências e os fazeres cotidianos das instituições de ensino. Merece destaque a preocupação com o meio ambiente, mediante a constatação de que os modelos advindos de uma sociedade consumista e globalizada são insustentáveis e, para tanto, novos modelos de desenvolvimento precisam ser pensados e promovidos.

Por fim, é necessário enfatizarmos que as sociedades não se fazem naturalmente democráticas. A educação, em geral, e a escolarização, em específico, assumem papéis imprescindíveis para a construção de uma cultura democrática, tendo em vista seus mais distintos desafios: a política, a gestão, a formação de professores, a docência, o ensino, a aprendizagem e a pesquisa.

Os organizadores.

SOBRE OS AUTORES

ALESSANDRA VICTOR DO NASCIMENTO ROSA

Doutoranda em Educação pela Pontifícia Universidade Católica do Rio de Janeiro. Mestre em Educação pela Universidade Federal do Estado do Rio de Janeiro. Graduada em Pedagogia pela Universidade Federal do Rio de Janeiro. Atualmente é professora da rede municipal de Nova Iguaçu/RJ e Técnica em Assuntos Educacionais na Universidade Federal do Estado do Rio de Janeiro.

DAYSE MARTINS HORA

Doutora em Educação (Currículo) pela Pontifícia Universidade Católica de São Paulo. Mestre em Educação pela Universidade do Estado do Rio de Janeiro. Graduada em Biologia e em Pedagogia pela Universidade do Estado do Rio de Janeiro. Atualmente é professora no Programa de Pós-Graduação em Educação da Universidade Católica de Petrópolis.

DIRCEU BENINCÁ

Doutor em Ciências Sociais pela Pontifícia Universidade Católica de São Paulo. Mestre em Ciências Sociais pela Pontifícia Universidade Católica de São Paulo. Graduado em Teologia pelo Instituto de Teologia e Pastoral. Graduado em Filosofia pela Faculdade de Filosofia Nª Sª da Imaculada Conceição. Atualmente é bolsista Capes de Pós-Doutorado no Programa de Pós-Graduação em Educação da Universidade Nove de Julho.

ÉRIKA CHRISTINA GOMES DE ALMEIDA

Mestre em Educação da Universidade Federal do Estado do Rio de Janeiro. Graduada em Pedagogia pela Universidade Vale do Rio Doce. Atualmente é professora na Universidade Vale do Rio Doce.

JOSÉ ROGÉRIO LOPES

Pós-Doutor em Antropologia pela Universidade Federal do Rio Grande do Sul. Doutor em Ciências Sociais pela Pontifícia Universidade Católica de São Paulo. Mestre em Ciências Sociais pela Pontifícia Universidade Católica de São Paulo. Graduado em Pedagogia pela Universidade de Taubaté. Atualmente é Professor Titular no Programa de Pós-Graduação em Ciências Sociais da Universidade do Vale do Rio dos Sinos.

LÍGIA MARTHA COIMBRA DA COSTA COELHO

Doutora em Educação pela Universidade Federal do Rio de Janeiro. Mestre em Teoria Literária pela Universidade Federal do Rio de Janeiro. Graduada em Letras e em Pedagogia pela Universidade Santa Úrsula. Atualmente é professora no Programa de Pós-Graduação em Educação da Universidade Federal do Estado do Rio de Janeiro.

PAULO CÉSAR CARBONARI

Doutorando em Filosofia pela Universidade do Vale do Rio dos Sinos. Mestre em Filosofia pela Universidade Federal de Goiás. Graduado em Filosofia pelo Instituto Berthier. Atualmente é professor no Instituto Berthier.

ROBERTO RAFAEL DIAS DA SILVA

Doutor em Educação pela Universidade do Vale do Rio dos Sinos. Mestre em Educação pela Universidade do Vale do Rio dos Sinos. Graduado em Pedagogia pela Universidade Estadual do Rio Grande do Sul. Atualmente é professor no Programa de Pós-graduação em Educação da Universidade Federal da Fronteira Sul.

RODRIGO MANOEL DIAS DA SILVA

Doutor em Ciências Sociais pela Universidade do Vale do Rio dos Sinos. Mestre em Ciências Sociais pela Universidade do Vale do Rio dos Sinos. Graduado em Pedagogia pela Universidade Estadual do Rio Grande do Sul. Atualmente é professor na Universidade Federal da Fronteira Sul.

RODRIGO SABALLA DE CARVALHO

Pós-Doutor em Educação pela Universidade Federal de Pelotas. Doutor em Educação pela Universidade Federal do Rio Grande do Sul. Mestre em Educação pela Universidade Federal do Rio Grande do Sul. Graduado em Pedagogia pelo Centro Universitário La Salle. Atualmente é professor na Universidade Federal da Fronteira Sul.

SIDNEY REINALDO DA SILVA

Pós-Doutor em Educação pela Universidade Estadual de Campinas. Doutor em Filosofia pela Universidade Estadual de Campinas. Mestre em Filosofia pela Universidade Estadual de Campinas. Graduado em Filosofia pela Pontifícia Universidade Católica de Campinas. Atualmente é professor no Instituto Federal do Paraná.

SOLANGE BEATRIZ BILLIG GARCES

Doutora em Ciências Sociais pela Universidade do Vale do Rio dos Sinos. Mestre em Ciências do Movimento Humano pela Universidade Estadual do Estado de Santa Catarina. Graduada em Educação Física pela Universidade de Cruz Alta. Atualmente é professora do Programa de Pós-Graduação em Práticas Socioculturais e Desenvolvimento Social da Universidade de Cruz Alta. Pró-Reitora de Graduação da mesma instituição.

TELMO MARCON

Pós-Doutor em Educação Intercultural pela Universidade Federal de Santa Catarina. Doutor em História pela Pontifícia Universidade Católica de São Paulo. Mestre em História pela Universidade de Brasília. Graduado em Filosofia pela Universidade de Passo Fundo. Atualmente é professor no Programa de Pós-Graduação em Educação da Universidade de Passo Fundo.

ZORAIA AGUIAR BITTENCOURT

Doutoranda em Educação pela Pontifícia Universidade Católica do Rio Grande do Sul. Mestre em Educação pela Universidade Federal do Rio Grande do Sul. Graduada em Letras pela Faculdade Porto-Alegrense. Atualmente é professora na Universidade Federal da Fronteira Sul.

Formato	17 x 24 cm
Tipografia	Iowan 11/13
Papel	Offset 90 g/m² (miolo)
	Supremo 250 g/m² (capa)
Número de páginas	200
Impressão	Alternativa Digital